日本国際政治学会編

二国間と多国間をめぐる日本外交

国　際　政　治

本誌の電子ジャーナルについて

本誌に掲載された論文を、自らの研究のために個人的に利用される場合には、電子ジャーナルから論文の PDF ファイルをダウンロードできます。独立行政法人・科学技術振興機構 (JST) の以下の URL を開き、『国際政治』のサイトにアクセスしてご利用ください。なお、刊行後2年間を経過していない新しい号については、会員のみを対象として限定的に公開します。

J-STAGE　http://www.jstage.jst.go.jp/browse/kokusaiseiji

目次

日本国際政治学会編『国際政治』第212号「二国間と多国間をめぐる日本外交」（二〇二四年三月）

序論　二国間と多国間をめぐる日本外交

高橋和宏

はじめに

かつて、戦後日本外交史は実り難き研究分野であった。研究進展を妨げていた最も大きな原因は、日本の外交文書公開の遅れである。戦後期を対象とする日本の外交文書公開は、占領期を対象として一九七六年にスタートし、一九八五年からは「生きた記録」と呼ばれた講和後の文書が公開されてきた。だが、慎重な審査が必要になるなどの理由により公開ペースは次第に鈍化し、「三〇年ルール」は形骸化していった。日米安保条約改定といった重要外交案件も一向に公開されないという問題も抱えていた。その結果、講和後の日本外交史研究では、主要な外交案件については米国の外交文書を主たる一次史料とするのがオーソドックスな研究手法となった。そのなかからも数多くの優れた研究が生み出されていったが、米国の史料から日本外交の主体性を再現するには自ずと限界があった。

しかしながら、こうした史料公開の遅れによる研究上の制約はこの二〇年ほどの間でほぼ解消されたといってよいだろう。二〇〇一年の情報公開法施行を皮切りに、外務省独自の公開促進策である「要公開準備制度」（二〇〇九年～二〇一一年）、いわゆる「密約」調査後の外交記録公開制度の刷新（二〇一〇年）、そして、公文書管理法（二〇一一年施行）によって、外交文書の公開状況は劇的に改善した[1]。公開される外交文書が質・量ともに飛躍的に充実したことに加えて、外交指導者や外交官のオーラルヒストリーの蓄積も進んだ。近年では、これらを立体的に組み合わせ、外交交渉や政策決定過程を克明に再現する戦後日本外交史研究が次々と発表されている[2]。特に二〇一〇年代に発表された戦後日本外交史研究は「複数国の史料と関係者へのインタビュー（オーラルヒストリー）を組み合わせて、政策決定プロセスを克明に描き、外交政策形成をめぐる政官関係の変容にも目配りがなされるなど、その実証精度は飛躍的に向上している」（井上正也）[3]。

この進展を先導しているのは日米関係史研究であろう。一九五一年のサンフランシスコ平和条約と旧・日米安全保障条約の締結から安保改定、沖縄返還、一九七〇～八〇年代の同盟関係の強化といった安全保障面での二国間関係を中心に、原子力や経済・金融といった政策領域についても研究が進んでいる[4]。日中関係や日韓関係についても国交正常化までの交渉過程を中心に優れた研究が多数発表されている[5]。米国などの主要な国との二国間関係については教科書や共同プロジェクトによる優れた成果物が多数公刊されている。

多国間外交についても、国連[6]、国際通貨基金（IMF）[7]、関税及び貿易に関する一般協定（GATT）[8]、世界保健機関（WHO）[9]、経済協力開発機構（OECD）[10]、国際エネルギー機関（IEA）[11]といった組織への加盟や創設についての研究が進み、東南アジアを舞台とする一九六〇年代の地域機構の設立をめぐる日本の対応についても複数の研究がある[12]。一九八〇年代末までの日本外交の主要な争点は、かなりの程度、解明されてきたといってよいだろう。

本特集は、こうした戦後日本外交史研究の蓄積をベースとして、二国間外交と多国間外交の交錯という視点から戦後日本外交を捉えなおし、戦後日本外交を再検証することを目的としている。

一般に二国間（バイ）と多国間（マルチ）の外交交渉はそれぞれ独立したものとして理解され、また外交史研究でもそのように叙述されることが多かった。だが、実際の外交交渉では、二国間関係が緊張しているときに多国間外交の場で妥協点を見出そうとしたり、二国間で事前に議論を重ねてから国際会議に臨んだり、あるいは国際機関や多国間枠組みでの合意事項を特定国に伝達したりというように、二国間外交と多国間外交とは相互に密接に関連しあっている[13]。こうした事例を複層的に検証することを通じて、これまで描かれてこなかった戦後日本外交の彫刻を試みるのが本特集の目的である。

以下では、まず、①占領期、②国際社会復帰の時代（一九五〇～六〇年代）、③「経済大国」としての役割の模索（一九七〇年代～一九八〇年代）、④グローバリゼーションへの対応（一九九〇年代～）、という四つに時期を区分し、いくつか特徴的な事例を取り上げながら、二国間外交と多国間外交の関係性という視点で戦後日本外交の軌跡を素描する。ついで、各論文の意義と内容を特集のテーマに沿って紹介する。

一　二国間と多国間をめぐる戦後日本外交の軌跡

(1)　占領期

一九四五年九月二日、降伏文書が調印された。降伏文書には連合国最高司令官のマッカーサー（Douglas MacArthur）を筆頭に、米国、中華民国、英国、ソ連、オーストラリア、カナダ、フランス、オランダ、ニュージーランドの代表が署名し、多国間枠組みの中で日本占領は始まった。日本政府は当初、スイスやスウェーデンなど中立国との外交関係を維持しようとしたが、連合国はそれを認めず、外交権は失われた。対外関係処理という意味での外交は消滅し[14]、占領軍との折衝が「外交」を意味する時代を迎えたのである。一二月にはモスクワで米英ソ三カ国による外相会談が開催され、ワシントンＤＣに対日占領政策の最高決定機関として米英ソや中華民国など一一カ国からなる極東委員会を設置すること、連合国軍総司令部（ＧＨＱ）に対する諮問機関として米英中ソの代表による対日理事会を東京に設置することが決められた。初期の対日占領政策はこうした米ソ協調を前提とする多国間枠組みによって進めていくことが企図されていた。当然のことながら、日本政府には対日理事会に参加する権利は与えられなかったが、終戦連絡事務局の朝海浩一郎がその動きをフォローし、各国要人と会談を重ねるなど、対日占領政策をめぐる多国間外交を外側から注視していた。

だが、米ソ冷戦の高まりによる極東委員会・対日理事会の機能不全を待つまでもなく、日本占領において実権を握ったのはマッカーサー率いるＧＨＱであった。支配と被支配という垂直的な関係の下、日本政府は戦後日本の国家と社会の基本形態を長期にわたって規定することになるＧＨＱ・米国との濃厚で緊密な交渉を続けた(15)。対日占領は、形式的には極東委員会・対日理事会というマルチの枠組みと、米国・ＧＨＱと日本政府とのバイの関係とが交錯するという体制だったが、ほどなくして多国間枠組みは形骸化し、占領期の日本の対外交渉はもっぱら米国・ＧＨＱとの関係を軸に展開していくこととなった。一九五〇年になると一部制約はあるものの国際会議や関連国際協定への参加、在外事務所の設置が認められ、講和会議が具体化してくる翌一九五一年にはようやく各国の在日外交代表との直接交渉が許可された(16)。

経済分野に目を向けると、一九四四年のブレトンウッズ会議で方針が定められたＩＭＦと国際復興開発銀行（ＩＢＲＤ）はそれぞれ一九四五年と一九四六年に活動し始めていた。ブレトンウッズ会議が想定していた貿易分野の国際貿易機構（ＩＴＯ）は一九四八年に憲章策定まで漕ぎ着けたものの、米国などが条約案を批准せず、暫定協定であるＧＡＴＴによって批准国間の関税引下げが図られていくことになった。こうして国際経済分野での多国間枠組みは始動していたものの、占領下の日本が参加を認められることはなかった。一方、ＧＨＱは米国からの援助に依存する日本経済の建て直しを目的として、一九四七年八月には制限付きで民間貿易の再開を認めた。一九四八年以降は米ソ対立による対日占領政策の転換を反映して、ＧＨＱは日本の対外貿易を後押しするようになり、一九四九年には韓国や中華民国との貿易協定が締結された。日韓・日中（中華民国）との貿易は、戦前の域内貿易を再構築する試みだったといえる。もっとも、日本経済にとって死活的な重要性を持っていたのは、援助や朝鮮戦争勃発後の特需を含む、米国との二国間経済関係であった。

来日したダレス（John Foster Dulles）特使との累次の「外交交渉」を経て、一九五一年にサンフランシスコで対日平和条約と日米安全保障条約が調印される。講和会議には計五二カ国が参加し、ソ連・ポーランド・チェコスロバキアの三カ国を除く四九カ国（日本を含む）が平和条約に署名した。このサンフランシスコ平和条約には、二国間・多国間協定に基づく外国軍隊の日本国内での駐屯・駐留（第六条（a））や各連合国との安定的・友好的な貿易・海運その他の通商関係を築くための条約・協定の締結交渉（第一二条）、賠償請求国との二国間交渉（第一四条）のように条約発効後の二国間・多国間条約との接続を想定していた。戦後日本外交はサンフランシスコ平和条約という多国間条約を基盤とし、そこから派生する複数の二国間条約・多国間条約によって構成される条約枠組みといえる。一方、安全保障面において、米国は各国との交渉の段階では「太平洋協定」構想を掲げて日本を含む多国間の安全保障枠組みの構築を模索したものの、域内各国の反発が強く、結果的に米国を中心とする「ハブ・アンド・スポークス」型の同盟網を構築した。戦後日本の安全保障政策は、米国を媒介として東アジアに結びついていたのである。

(2) 国際社会復帰の時代（一九五〇～一九六〇年代）

サンフランシスコ講和会議で残された最大の問題はアジア諸国との関係再構築のための平和条約や賠償協定交渉であった。波多野澄雄は、サンフランシスコ平和条約を起点とし、その後の二国間の平和条約・賠償協定によって形成された諸条約の束を「講和条約体制」と概念化している。「講和条約体制」は「日本の安全保障や国際社会への復帰のみならず、戦争や植民地支配に起因する「請求権問題」を解決し、今後起こりうる歴史問題も封じ込め、アジア太平洋の国際秩序の安定をもたらす基盤」であった[17]。中華民国との間ではサンフランシスコ平和条約発効（一九五二年四月二八日）と同日に日華平和条約が結ばれ、その後、インド（一九五二年）、ビルマ（一九五四年）、インドネシア（一九五八年）とも個別の平和条約が締結された。また、東南アジア諸国との間では、サンフランシスコ平和条約一四条（a）一に基づくフィリピン（一九五六年）、南ベトナム（一九六〇年）の賠償協定、個別の平和条約に基づくビルマ、インドネシア（一九五八年）との賠償協定のほか、賠償請求権を放棄した諸国などへの経済協力の協定も個別に締結された。一九六五年には韓国との国交正常化が実現し、日韓基本条約にあわせて請求権・経済協力協定が結ばれた。これらの二国間条約は、サンフランシスコ平和条約の規定に基づくか、あるいはその内容を敷衍しており、また賠償交渉も各国間で相互参照された。また、平和条約の枠外にあったソ連（一九五六年）や中華人民共和国（一九七二年）とも紆余曲折の末に国交正常化が実現した。サンフランシスコ講和会議での多国間外交から始まり、近隣諸国との二国間外交へと連接していった東アジア諸国との「多角的個別方式」による関係修復外交は、「戦後の東アジアにおける国際秩序を、網目状の分散ネットワークで構成される包摂型の外交体制へと向かわせる」という効果も有した[18]。

一方、独立を回復した日本外交が追求したもう一つのテーマが、国際連合をはじめとする国際機関への加入であった。国連加盟はソ連の反対により日ソ国交正常化後の一九五六年のこととなるが、この間、日本は国連の下部機関である国連アジア極東経済委員会（ECAFE）や国連教育科学文化機関（UNESCO）のような機能的機関への加入と活動を積み重ねることで、国連加盟への道を拓こうとした。[19]

こうした多国間枠組みへの参画やその内部での活動では、米国との二国間関係が大きく作用していた。たとえば、ＩＭＦへの加入（一九五二年）に際して日本は第一四条を適用して国際収支が安定するまで暫定的に為替制限を継続することとした。一四条国には毎年、制限措置の理由を判断するためのコンサルテーションが課されていたが、一九六一年の対日コンサルテーションにおいて日本は一四条国から八条国への移行勧告を先送りすべく、米国が求める貿易自由化に対応することで米国に好意的な考慮を要請していた。[20] ＧＡＴＴ加盟においては米国の積極的な支持やＧＡＴＴ事務総長との連携によって西欧諸国から日本加盟の同意を取り付けたものの、三五条援用による対日通商差別が残存することとなった。ＧＡＴＴ三五条援用撤回交渉は、適用国との二国間交渉とＧＡＴＴでの多国間交渉とが連動して進展することになる。また、米国のサポートと西欧諸国への個別の説得の末、一九六四年にはＯＥＣＤへの加盟が実現する。ＯＥＣＤ経済政策委員会の第三作業部会（ＷＰ３）は一九六〇年代を通じて国際通貨問題が議論される舞台となっていたが、このＷＰ3を含め、通貨問題は大蔵省が米国との二国間外交やＩＭＦ・ＯＥＣＤなどとの多国間外交を専管的に担った。[21]

南北問題の高まりを背景として、ＩＭＦ八条国移行やＯＥＣＤ加盟と同じ一九六四年に第一回国連貿易開発会議（ＵＮＣＴＡＤ）が開催された。[22] 国際的な南北の対立構図にアジア諸国との関係性が取り込まれることを懸念した日本外交は、東南アジア諸国との関係修復を試みることを一つの目標として、一九六六年に東南アジア開発閣僚会議やアジア開発銀行のように、一九六〇年代後半に日本は東南アジア諸国との間でいくつかの地域機構の創設を主導したが、その過程では米国との密接な意見交換が重ねられており、[23] また域内各国とも個別の二国間外交が繰り広げられた。東南アジアを舞台とする多国間枠組みと二国間外交との連接は、九・三〇事件後のインドネシア債権国会議などでも見られた。[24]

(3)「経済大国」としての役割の模索（一九七〇〜一九八〇年代）

一九七一年の二度の「ニクソン・ショック」でも、二国間外交と多国間外交とが交錯した。とくに国連中国代表権問題をめぐっては、二重代表制や中華民国の議席確保について米国との間で協議が重ねられていた。[25] 金ドル兌換停止を軸とするニクソン政権の新経済政策発表後の通貨外交も、ＩＭＦやＧ10、ＯＥＣＤのＷＰ3といったマルチの枠組みと、第八回日米貿易経済合同委員会（一九七一年九月）などでの二国間外交を舞台として展開した。日本は一ドル三六〇円という平価調整を多国間ではなく、米国との直接交渉で決めたいと考えたが、結局はＧ10によるスミソニアン合意（一九七一年一二月）で複数通貨の多角的な再調整が行われ、さらにその後、変動相場制へと移行した。[26]

一方、一九七〇年代から八〇年代の日本外交には「経済大国」としての役割が期待されていた。一九七四年の第一次石油危機後、日本は産油国との対話を掲げて、エネルギー・ワシントン会議に積極的に関与し、国連資源問題特別総会では消費国間協調を推進した。そうしたエネルギー資源外交はIEA設立へと結実することになる。[27]

一九七五年には第一回となるサミットがフランスのランブイエで開催され、日本も参加した。初期サミットでは、日本と西ドイツが拡張的なマクロ経済政策によって世界経済をけん引する「機関車」であるべきとされ、福田赳夫が経済成長率七％を公約するなど政策協調が実現した。[28] 一九八三年のウィリアムズバーグ・サミットでは、ソ連のINF配備によってG7諸国の安全保障が揺さぶられるなか、中曽根康弘がG7参加国の安全は不可分と主張して意思統一を図るなど、[29] サミットは安全保障を含めた諸問題を日米二国間関係以外でカバーする多国間枠組みであった。また、日本にとってのサミット外交には、会議前や会議中の米国・西欧諸国との直接交渉だけではなく、サミットとASEANなどアジア諸国との間をつなぐ仲介者という役割もあった。

一九八五年にはそれまで水面下で進められてきた先進国五カ国（日・米・英・独・仏＝G5）の蔵相・財務長官と中央銀行総裁がニューヨークで会合し、ドル高を是正するための国際通貨協力策、プラザ合意を発表した。一九八七年にはさらにG5にイタリアとカナダを加えたG7によるルーブル合意によって行き過ぎたドル安の是正が図られる。こうした多国間の国際通貨協力合意に至るプロセスやその後のフォローアップにおいても、米国財務省と日本大蔵省とのバイの関係で事前折衝が重ねられていた。[30]

一九七〇年代から八〇年代の日本は、サミットなどの多国間外交や貿易摩擦問題をめぐる米国やEC諸国との二国間外交を通じて、「経済大国」としての役割を自覚し、「国際経済秩序の共同管理者」としての道を歩み始めた。[31] 他方で、冷戦終結直後の湾岸戦争では、本来は多国間外交の問題がもっぱら米国からの要請にどう応じるかという二国間外交の課題として受けとめられ、対応に翻弄された。米国との二国間関係を通じて国際情勢をとらえてきた戦後日本外交の限界が湾岸戦争での外交敗戦につながったのである。

(4) グローバリゼーションへの対応期（一九九〇〜二〇一〇年代）

冷戦終焉後、日本外交は経済・安全保障の両面でグローバルな多国間枠組みへの期待を高めた。

一九八〇年代半ばからから一九九〇年代半ばにかけてピークを迎えた日米経済摩擦は、米国との二国間外交にとどまらず多国間外交にも波及した。米国は日本に対して通商法第三〇一条や一九八八年の包括通商競争力法スーパー三〇一条という国内法に基づき繰り返し一方的に制裁措置を課した。また、日米構造協議や日米包括経済協議などの二国間交渉では、日米間の貿易不均衡是正や内需主導型への日本経済への転換などが課題となった。こうした米側からの執拗な要請に対して、日本は二国間問題として対処していた。だが、一九九〇年代に争点化した自動車・自動車部品の貿易摩擦では、交渉決裂を繰り返したのちに、米国による一方的な制裁措置は自由貿易主義に反するとOECD閣僚理事会で訴えて、OECD諸国からの賛同を得た。[32] 日本は、一九九五年一月に発足した多国間枠組みである世界貿易機構（WTO）を重視する姿勢をとり、米国との貿易問題も多国間の自由貿易枠組みを通じて紛争を処理しようとしたのである。だがＷＴＯはその後、加盟国の急増などの理由により徐々に機能不全へと落ち込んでいく。これを受けて、日本は二〇〇〇年前後に経済外交方針を劇的に転進し、二国間や地域的なＦＴＡ（自由貿易協定）・ＥＰＡ（経済連携協定）重視へと舵を切った[33]。二〇〇二年のシンガポールとのＥＰＡを皮切りとして、ＣＰＴＰＰ（包括的・先進的ＴＰＰ協定）（二〇一八年一二月発効）や日ＥＵ・ＥＰＡ（二〇一九年二月発効）、ＲＣＥＰ（地域的な包括的経済連携協定）（二〇二二年一月発効）など大型のＥＰＡを締結している。

多国間外交と二国間外交の揺らぎは安全保障分野にもみられた。一九九三年に細川護熙首相の諮問を受けて一九九四年に防衛問題懇談会がまとめた「日本の安全保障と防衛力のあり方　二一世紀へ向けての展望」（通称、樋口レポート）では、「能動的・建設的な安全保障」を可能にするものとして、国連の集団安全保障機構やＡＳＥＡＮ地域フォーラム（ＡＲＦ）という地域レベルでの「多角的安全保障協力」を掲げた[34]。「樋口レポート」は整合性のある総合的な安全保障政策の構築のためとして、日米安保協力よりも多角的安全保障協力を先に置いたことが注目されたが、実際には、冷戦後に日米両国に広がった「平和の配当論」への懸念から、冷戦終結が即、日米安保体制の見直しには繋がらないと指摘した点にその後の日米安保共同宣言につながる先駆的な意味がある[35]。「樋口レポート」が想定したアジア・太平洋地域における多角的安全保障枠組みは、ＡＲＦが定着し、二〇〇三年には北朝鮮の核兵器開発問題に対処するために北朝鮮と米国・中国（議長国）・日本・韓国・ロシアが参加する六者会合が開始されたものの（二〇〇八年の第六回会合後中断）、実効的な安全保障を提供するには至っていない。他方で、日米安保体制は「日米安保共同宣言」（一九九六年）などの一九九〇年代後半の「日米安保再定義」を起点として、同盟関係の強化が進んだ。近年では、オーストラリアや英国など「準同盟国」とも呼ばれる国々とも二国間での安全保障協力が進展している。現在の日本の安全保障政策は、基軸となる日米同盟と準同盟国やインド太平洋諸国との二国間の安全保障協力、そして、日米豪戦略対話[36]や日米豪印四カ国によるクアッドなどの少数の国家群によるミニラテラリズムという二国間・多国間の重層的なフレームワークによって構成されている。

国際金融面では一九九七年に発生したアジア通貨危機において日本大蔵省が「アジア通貨基金」構想を主導し、アジア地域の金融協力の制度化を図った。同構想は米国の反対が大きく挫折したものの、二〇〇〇年には日中韓とＡＳＥＡＮ諸国による二国間の通貨交換協定を組み重ねた金融支援体制として、チェンマイ・イニシアティブ（ＣＭＩ）が成立する。ＣＭＩはリーマンショック後の二〇一〇年には「マルチ化」し（ＣＭＩＭ）、通貨スワップ発動の手続き共通化や多国間での迅速・円滑な通貨融通が図られている。また、アジア通貨危機のような事態の早期発見・再発防止を目的として「ＡＳＥＡＮ＋３マクロ経済調査事務局（ＡＭＲＯ）」が二〇一六年に発足した[37]。

冷戦後の日本外交は国連を舞台とする積極的な多国間外交も展開

した。村上論文が指摘するように、一九九二年一月の安保理首脳会議に参加した宮澤喜一の演説が安保理改革の口火を切った。宮澤内閣が進めたカンボジアPKOへの参加は常任理事国入りの条件と位置付けられていたのである。その後、ラザリ（Razali Ismail）国連総会議長による改革案の提案をへて、二〇〇四年九月には常任理事国入りを目指す日本・ドイツ・ブラジル・インドによるG4が結成された。日本外交は総力を挙げて安保理常任理事国入りを目指したが、G4が主導した常任理事国（六議席）と非常任理事国（四議席）の追加を目指す決議案は、中国の強い反対により採択の見通しが立たず、投票に付されないまま二〇〇五年に廃案となった。歴史認識問題などをめぐる中国や韓国との二国間関係のもつれが国連外交へと波及し、長年の念願である安保理常任理事国の地位を逃したのである。

このようにグローバル化が進展した冷戦後の時期、日本外交は多国間外交への期待と挫折をへて、貿易摩擦や湾岸戦争時の対応で傷ついた日米二国間関係を建て直して同盟の制度化を進める一方、インド太平洋諸国との地域的な多国間枠組みを重層的に構築している。

二　特集論文の概要と意義

本特集は、戦後期の日本外交を対象とする歴史分野を中心に、理論研究のアプローチによる研究も含め一〇編の論文によって構成されている。以下では、二国間外交と多国間外交の交錯という特集のテーマに結び付けながら、各論文の概要と意義を紹介したい。

貿易立国をめざす講和後の日本にとって、英国・英連邦諸国や西欧諸国から課せられたGATT三五条に基づく対日通商差別の撤廃は喫緊の外交課題であった。GATT三五条問題は、GATTでの多国間外交と同時に、援用国との個別の二国間外交によって撤回を実現するという複合的な外交が必要となった。このGATT三五条の対日援用問題を分析したのが鈴木論文と山口論文である。

鈴木論文はGATT総会や西欧諸国との二国間関係で展開したGATT三五条援用撤回交渉を、貿易自由化、帝国の維持、冷戦、日本のナショナリズムという複数の論理が交錯する問題と捉え、その全体像を描き出している。GATT加入後、日本は総会の場で三五条対日援用は自由貿易を使命とするGATTの理念に反していると訴えた。また、一九五九年のGATT東京総会で日本自身の貿易自由化の遅れが問題視されたことを契機に国内の自由化を加速し、翌年以降の総会では日本の貿易自由化進展を外交カードとして援用国を牽制し、日本支持の国際世論形成に努めた。一方、首相や外相の訪欧の際には英国やフランスに対して三五条の早期撤回を訴えた。帝国の衰退に直面する英国は日本市場への期待から徐々に態度を軟化させたのに対して、日本は「対等性」を優先し、セーフガード条項によって事実上の貿易制限措置を残した形での援用撤回を容認していく。池田政権は欧州諸国との交渉において、対日通商差別は日本にとって「プレステージ」「ディグニティ」に関わる問題であり、自由主義陣営全体の結束のためも撤回が必要であるとナショナリズムと冷戦のロジックを駆使して説得を試みた。自由化を進める日本市場へのアクセスという貿易自由化の論理が特に効果を発揮し、池田政権期にこの問題は解決する。対日通商差別撤回やOECD加盟などを通じて、日本外交は先進国というアイデンティティを獲得したのである。鈴木論文は貿易自由化・帝国・冷戦・ナショナリズムというGATT三五条対日援用問題を動かしていた各国の論理を描き出し、その国際的な位置づけを明らかにしており、冷戦史研究や帝国史研究にも貢献する内容となっている。

巨視的な観点からGATT三五条援用問題の位相をとらえた鈴木論文に対して、山口論文は最初に援用撤回に応じた英国との二国間交渉を詳細に明らかにしている。一九五九年の岸信介訪英の際、日本は英国が要求するセンシティブリストとセーフガードを受け入れ、英国は三五条を撤回するという条件で合意する。だが、通商航海条約交渉はセーフガード条項とセンシティブリストの扱いをめぐってほどなく行き詰まる。その一因は、英国が求める二国間セーフガード条項であった。日本はGATTに新設された破壊的競争作業部会での多国間セーフガード条項の進展に期待したが、当時のGATTには多国間セーフガードを実効的に行うための制度は整っていなかった。結局、英国を交渉妥結へと導いたのは、日本市場へのアクセス拡大という経済的実利であった。通商航海条約交渉と並行して行われていた貿易取極交渉を通じて、英国は貿易自由化を進める日本への輸出拡大への期待を高めた。一方、日本は貿易取極が定める「ポンド対ポンド原則」（輸入制限解除により生まれた輸入改善価値を日英両国で均等にする）で生じた大幅な貸越と、三五条援用国には日本の貿易自由化を均霑しないとする「逆差別」措置を示唆することをカードとして交渉を進めた。一九六〇年代前半に日本が急激に貿易自由化を進めたことが日英通商航海条約締結へとつながり、GATT三五条対日援用撤回が実現したのである。日本側の外交文書を活用して日英交渉を再検証した山口論文は、自由貿易体制として不完全なGATTという多国間枠組みと貿易拡大という経済合理性を追求する二国間関係とが連接するなかで、対日通商差別撤回交渉が展開したことを明らかにしている。

続く中西論文は、一九六七年の佐藤栄作の東南アジア・大洋州訪問と米国訪米について、官邸の役割に注目して検証している。一九六〇年代半ばに日本は東南アジア開発閣僚会議を開催するなど、東南アジアにおける多国間外交を活発化していた。中西論文は楠田実を中心とする官邸のSオペがそうした東南アジア多国間外交の成果を国内世論からの支持調達へと結び付け、もって「七〇年安保」を乗り越えようとしていたと指摘する。Sオペはテレビ番組を通じて佐藤が国民に東南アジア外交の理念を直接語りかけるなどのメディア戦略を講じた。一方、外遊先をめぐっては、沖縄返還という外交目標につなげるべく米国へのアピールのために南ベトナム訪問を主張する佐藤に対して、Sオペは国内世論への配慮から同国訪問に慎重だった。だが、佐藤の決意が固いとみるとメディアを通じて外遊意義の周知や北ベトナムへの特使派遣といった対策を講じた。訪問先の東南アジアで佐藤は東南アジア開発閣僚会議への中立主義諸国の参加を訴えることで地域のリーダーシップの発揮を試み、その直後の訪米では東南アジア外交構想を語った。楠田を中心とするSオペは国内世論の支持を獲得することを目的とした東南アジア外交を構想するなかで、内政と外交、東南アジア外交と対米外交という「二重の連関」を実現したのである。中西論文は官邸主導で展開された戦後日本外交の重要な事例を詳述すると同時に、日本の東南アジア外交と対米外交の連接を描き出している。また、一九六八年にピークを迎える国内のベトナム反戦運動や一九六九年の佐藤・ニクソン首脳会談での沖縄返還合意にSオペの外交構想がどう繋がっていくのかを考えるうえでも示唆に富む。

武田論文は国際プルトニウム貯蔵（IPS）と呼ばれたプルトニウム国際管理構想の提案から挫折にいたる展開を叙述している。各国が保有する平和利用のプルトニウムをIAEAの下で国際管理することで軍事転用を防止しつつ平和利用も認めようとするIPSは、核不拡散体制の強化と核燃料の確保という日本の核政策の二つの目的を実現可能とするものだった。交渉開始（一九七八年）当時の日米原子力協定は米国起源の核燃料の再処理のために米国からの事前同意を義務付けていたが、カーター（Jimmy Carter）政権はプルトニウム利用を中止しようとしていたため、日本の原発燃料確保は難しい状況に追い込まれていた。こうした米国との二国間関係への依存を脱するうえでも、IPSによるプルトニウムの国際管理は日本にとって重要な意味を持ったのである。利害関係が複雑に入り乱れるなか、日本は「ミニIPS」と呼ばれた独自の打開策を提示するなど当初は積極的に動いた。だが、一九八一年に発足したレーガン（Ronald Reagan）政権が原子力協定での事前同意権に柔軟な姿勢を示して包括的事前同意制度を採用すると、日本はIPSへの期待値を下げた。その後、IPSの交渉は先進国間の対立から先進国と途上国との南北対立へと様相を転じ、結局とん挫した。この間、日本は先進国間での二国間関係を優先してプルトニウム再利用を円滑に実施できる有利な条件を勝ち取っていくが、その反面で途上国との対話への熱意は失われていった。武田論文は旧原子力協定による米国との二国間関係の軛を脱する一つの構想としてIPSという多国間枠組みが位置づけられたこと、その多国間交渉の混乱と米国の政策転換をうけて結局は米国などとの二国間協定へと帰着していくプロセスを再現し、そうした日本の対応が南北問題という国際秩序にいかに向き合うかという大きな外交課題につながることを明快に論じている。

IPSでもみられた先進諸国による多国間協力枠組みとして最も重要なものがサミットであろう。第一回会合からの参加国である日本が初めて議長国として迎えたのが、一九七九年の東京サミットであった。白鳥論文は、この東京サミットの準備段階から首脳会談までのプロセスを事務レベルでの準備会合やIEA理事会での議論も含めて分析している。東京サミットはイラン革命後の石油価格の高騰（第二次石油危機）のあおりを受けて、エネルギー問題が前面に出るサミットとなった。カーター政権下で円滑ではなかった日米関係は、大平正芳訪米で首脳間の信頼関係は構築できたものの、サミットでの政策協調は実現しなかった。エネルギー問題に関心を高めるフランスとは事前の首脳会談でも歩み寄りは難しかった。事前調整がつかないまま迎えたサミット本番では国別の中期輸入目標数値の設定が争点となった。日本は中期数値目標には反対の立場であったが、米国も同じだろうとの目論見は外れ、カーターは中期国別目標数値の設定に賛成した。初日の会合で激しい議論を交わしていた仏独の首脳は、英国も含めて二日目朝に秘密裏に会合し、意見のすり合わせを行っていた。外堀を埋められた日本は、米国からもたらされた妥協案を受けて、内閣が潰れるとまで言われた中期数値目標を首脳会談の場で受け入れたのである。合意事項からみると東京サミットは「成功」と評価できるが、政府内部では外務省と通産省の対立を解消できず、首相を支える国内基盤も脆弱であった。そうした政治レベル・首脳レベルでの外交指導の構造的な脆弱性のゆえに、二国間と多国間の交錯するサミットという外交舞台に翻弄される結果となったのが一九七九年の東京サミットの実態であった。サミット関連の史料公開は日本が先行しており、それを活用した白鳥論文はサミット研究においても先駆的な研究に位置づけられよう。

一九七〇年代以降の「グローバル化」は外交アクターの多元化や外交イシューの多様化をもたらした。その一例が、長論文が取り上げる捕鯨問題である。日本は捕鯨をめぐる国際枠組みである国際捕鯨委員会（ＩＷＣ）に一九五一年に加盟した。一九七〇年代になると米国は捕鯨を環境問題の一つとして位置づけ、ストックホルム国連人間環境会議やＩＷＣ年次大会の場で商業捕鯨のモラトリアムを訴えた。そうした動きを後押ししたのが反捕鯨を掲げる国際ＮＧＯの存在であった。一九八二年にＩＷＣが三年後の商業捕鯨全面停止を可決すると日本は反対の意思を表明しつつ、米国との直接交渉で事態の打開を図った。他方、米国側も日本と交渉することで議会内の反捕鯨勢力の慰撫を意図していた。日米交渉では双方が捕鯨問題を「文化」や「感情」を論拠に議論を戦わせたが、交渉を重ねていく中で南極海での調査捕鯨という落としどころを見出していった。日本は急進的な意見に傾き、機能不全に陥っているＩＷＣでの問題解決を断念する一方、商業捕鯨モラトリアムへの異議申し立ての取り下げや調査捕鯨での捕獲頭数を少なくするといった譲歩を示しつつ慎重に米国と二国間の交渉を重ねることで、南極海での捕鯨を継続することができたのである。このように長論文は捕鯨問題をテーマとして、両国の国民やメディアが相手国に抱くイメージや感情、社会的・文化的要素という従来の外交では重要視されてこなかった要因が外交交渉に転嫁し、両国関係を規定するという多元化した日米関係の特徴を浮き彫りにしている。

若月論文は天安門事件から第三次円借款再開までの対中外交を、日米関係やサミット外交に位置づけながら明瞭に描いている。天安門事件直後から日本は欧米諸国とは一線を画して中国への制裁措置には慎重な姿勢を示し、アルシュ・サミット（一九八九年）では孤立しながらも強い対中非難に抵抗した。結果、ブッシュ（George H. W. Bush）大統領が日本の立場に理解を示したこともあり、アルシュ・サミットでの中国に関する宣言は日本の望むラインに落ち着いた。その後の日米首脳会談でも中国の改革開放路線の継続を楽観視し、共同して対中政策を推進していくという方向性が見られた。日本は米国の対中柔軟姿勢を利用し、対米協調の範囲内で中国との関係改善を図ったのである。一方、日本は中国に対してアルシュ・サミットの結果を直接伝達して改革開放路線の継続を求めつつ、関係改善のシグナルも送った。ヒューストン・サミット（一九九〇年）で日本は第三次円借款の再開を主張し、フランスの反対を受けたものの、最終的には米国の支持を受けて条件付きで認められた。円借款再開にあたって、日本は中国に経済協力の四指針を伝えたが、それは国際社会に理解される日中関係の構築を目指すものだった。日本はサミットというマルチの場や米国・欧州諸国との二国間外交、さらにはＡＳＥＡＮの動向なども踏まえながら多角的なアプローチで対中関与政策を進め、中国にも二国間外交を通じてその意図を直接繰り返し伝えていた。そうした外交努力を通じて、日本は「西側の一員」と「アジアの一員」という外交アイデンティティの両立を試みたのである。米中対立が激化する現在、若月論文は対中関与政策の歴史的検証という意味でも重要な意味を持つ。

　村上論文は冷戦末期に日本が国連安保理の非常任理事国として展開したカンボジア外交を、タイとの共同外交工作を中心に検証している。カンボジア国連暫定統治機構（ＵＮＴＡＣ）展開後の選挙実施に向けた検討において、安保理常任理事国（Ｐ５）による協議から排除された日本はタイと協力し、パリ協定ではシハヌークとフン・センを提携させるローカル・オーナーシップ支援策を打ち出したり、日タイとポル・ポト派による三者協議で武装解除・動員解除を促すといった独自の外交を展開した。三者協議でのポル・ポト派武装解除交渉は、頓挫しても中国に同派を見切らせるという外交効果も期待できた。安保理議長国であったフランスの采配により、日タイ工作は新たな安保理決議に至るシナリオの中核として、決議七八三号で安保理の正式な承認を得た。日タイ工作はポル・ポト派の離脱により失敗に終わるが、その後の新たな安保理決議に向けたＰ５協議が暗礁に乗り上げると、日本が決議案を起草し、また中国への説得を図るなどして、安保理決議七九二号を主導した。日本は安保理や拡大Ｐ５という多国間協議に日タイ工作という二国間協議を組み合わせた「マルチトラック方式」の外交を展開し、重層的なアプローチで和平交渉に深く関与した。安保理での不利な立場を日タイ工作によって打開した当該期のカンボジア外交は、日本外交史上において特筆すべき事例であり、その実相を克明に検証した村上論文の意義は大きい。

　本特集を締めくくる畠山論文は、理論的なアプローチを用いて二〇一〇年代以降のインド太平洋地域秩序をめぐる日本とオーストラリアの対応を比較・検証している。準同盟国とも位置づけられる日本とオーストラリアだが、対中外交では異なる対応がみられる。この状況を説明するために、畠山論文は脅威を「外的脅威」「内的脅威」「国際的脅威」に分類し、日豪両国の対中二国間外交と中国をめぐる多国間外交を検証している。日本は第二次安倍晋三政権が中国との二国間関係を改善し、対中協力姿勢を続けてきたが、クアッドなどの多国間外交では東シナ海・南シナ海での法の支配の重要性を訴えて中国の現状変更行動を批判している。オーストラリアは二国間外交では経済的な関心から対中関係を重視し、中国への挑発的な措置も避けていた。だが、中国によるオーストラリア国内への影響工作が明らかになり、さらにオーストラリアがコロナウイルス発生源の調査を中国に要請したこと受けて、豪中関係は一気に悪化した。他方、多国間外交でオーストラリアはクアッド首脳会議への参加や南太平洋島嶼国への訪問を通じて、中国の影響力拡大を阻止を図っている。オーストラリアは中国を主権とアイデンティティへの脅威ととらえたがゆえに、中国に強硬な姿勢を示すようになったのである。以上の検証を踏まえ、脅威の性質と地理的近接性がバランシングするか否かという国家行動に影響を与えると畠山論文は結論付けている。畠山論文は、二国間と多国間という分析枠組みと、豪州との比較という視点によって、二〇一〇年代以降の日本の対中国政策の特徴を明らかにすることに成功している。

おわりに

　ここまでの紹介に示されているように、戦後日本外交は二国間と多国間の外交を組み合わせ、国際社会での地位獲得や経済的利益の確保、安定的な地域秩序の模索といった国益を国際公益と重ね合わせながら追求してきた。そうした日本外交の軌跡と特徴を描き出した本特集掲載論文は、日本国内の外交史・国際関係史研究は海外に比肩しうるとの黒崎輝の評価[38]を再確認させるものである。

　こうした研究をさらに進展させるための一つの視点は、戦後国際政治における日本の存在を相対化することであろう。一九七〇年代以降の「経済大国化」の時代、国際経済分野において日本は主要なアクターの一つであり、また貿易摩擦や経常収支不均衡にみられるように「ジャパン・プロブレム」は国際問題そのものであった。現代においても、戦後国際経済秩序の基軸とされてきた自由貿易に疑問符が突き付けられるなか、日本はＣＰＴＰＰ成立に貢献するなど、各国との積極的なＦＴＡ・ＥＰＡを通じて自由貿易体制を支えている。国際政治・安全保障分野でも緊張度が高まる東アジアにおいて日本の存在は域内各国に影響を与えている。日本が打ち出した「自由で開かれたインド太平洋（ＦＯＩＰ）」という地域秩序概念は、それぞれ思惑は微妙に異なるにせよ、米国や欧州諸国、ＡＳＥＡＮにも共有されるようになっている。

　このような日本の存在を各国はどう捉え、第三国間でいかなる議論が交わされていたのか。あるいは、安保理常任理事国問題のような国際機関における日本のポジションの変更について関係各国間でどのような交渉が行われたのか。そうした各国の対日認識は日本との交渉にどう反映したのか。日本の外交文書を用いて詳細に明らかにしうる日本側の政策判断や交渉方針と、日本の史料からは窺い知れない関係各国の日本に対する認識や政策とを組み合わせ、二国間外交と多国間外交とを立体的に積み重ねて外交プロセスを再現することで、戦後日本外交の国際的位相がいっそう明確になろう。それはまた、戦後国際関係史や冷戦史のなかに日本を位置付けていくという、より大きな課題に取り組んでいくことにもつながるはずである。

(1) 外交記録公開制度の変化については、服部龍二『外交を記録し、公開する』東京大学出版会、二〇二〇年。

(2) 外交記録公開制度の変遷と戦後期日本外交の研究史の展開については、黒崎輝「序論　冷戦と日本外交」『国際政治』第二〇九号、二〇二三年三月、一―一三頁。また、高橋和宏「外務省文書からみた日本の安全保障政策史」『防衛学研究』第五八号、二〇一八年三月、も参照。

(3) 井上正也「日本の国際政治学における日本外交史」『国際政治』第一九九号、二〇二〇年三月、一―一九頁。

(4) 二〇一〇年前後以降に刊行された日米二国間関係をテーマとする代表的な研究として、楠綾子『吉田茂と安全保障政策の形成　日米の構想とその相互作用　一九四三―一九五二年』ミネルヴァ書房、二〇〇九年。中島琢磨『沖縄返還と日米安保体制』有斐閣、二〇一二年。吉田真吾『日米同盟の制度化　発展と深化の歴史過程』名古屋大学出版会、二〇一二年。武田悠『「経済大国」日本の対米協調　安保・経済・原子力をめぐる試行錯誤、一九七五―一九八一年』ミネルヴァ書房、二〇一五年。野添文彬『沖縄返還後の日米安保　米軍基地をめぐる相克』吉川弘文館、二〇一六年。木村隆和『日中国交正常化と日米関係　対米「自主」外交の裏面史』三恵社、二〇一七年。山本章子『米国と日米安保条約改定　沖縄・基地・同盟』吉田書店、二〇一七年。池宮城陽子『沖縄米軍基地と日米安保　基地固定化の起源　一九四五―一九五三』東京大学出版会、二〇一八年。高橋和宏『ドル防衛と日米関係　一九五九―一九六九』千倉書房、二〇一八年。川名晋史『基地の消長一九六八―一九七三　日本本土の米軍基地「撤退」政策』勁草書房、二〇二〇年。長史隆『「地球社会」時代の日米関係　「友好的競争」から「同盟」へ　一九七〇―一九八〇年』有志舎、二〇二二年。山口航『冷戦終焉期の日米関係　分化する総合安全保障』吉川弘文館、二〇二三年。石本凌也「米ソ戦略兵器制限交渉をめぐる日本外交　一九七二―一九七九年」『国際政治』第二〇九号、二〇二三年三月。

(5) 二〇一〇年代以降の研究成果として、井上正也『日中国交正常化の政治史』名古屋大学出版会、二〇一〇年。金恩貞『日韓国交正常化交渉の政治史』千倉書房、二〇一八年。崔慶原『冷戦期日韓安全保障関係の形成』慶應義塾大学出版会、二〇一四年。朴敬珉『朝鮮引揚げと日韓国交正常化交渉への道』慶応義塾大学出版会、二〇一八年。李秉哲『新冷戦・新デタントと日本の東アジア外交　大平・鈴木・中曽根政権の対韓協力を中心に』東京大学出版会、二〇二三年。

(6) Pan Liang, *The United Nations in Japan's Foreign and Security Policymaking, 1945–1992: National Security, Party Politics, and International Status* (Harvard University Asia Center/Harvard University Press, 2006). Phillip Y. Lipscy and Nobuhiko Tamaki, "Japan and International Organizations," in Robert J. Pekkanen and Saadia M. Pekkanen eds., *The Oxford Handbook of Japanese Politics* (New York: Oxford University Press, 2021).

(7) 浅井良夫『ＩＭＦ８条国移行　貿易・為替自由化の政治経済史』日本経済評論社、二〇一五年。

(8) 赤根谷達雄『日本のガット加入問題　「レジーム理論」の分析視角による事例研究』東京大学出版会、一九九二年。また、柴田茂紀「日本のＧＡＴＴ仮加入とカナダ」『国際政治』第一三六号、二〇〇四年三月。

(9) 詫摩佳代「戦後日本外交における国連――保健福祉分野を通じた一考察」小宮京・伏見岳人・五百旗頭薫編著『自民党政権の内政と外交――五五年体制論を越えて』ミネルヴァ書房、二〇二三年。

(10) 鈴木宏尚『池田政権と高度成長期の日本外交』慶応義塾大学出版会、二〇一三年。柴田茂紀「日本のＯＥＣＤ加盟とドル防衛問題」『国際政治』第二〇九号、二〇二三年三月。

(11) 白鳥潤一郎『「経済大国」日本の外交　エネルギー資源外交の形

成　一九六七―一九七四年』千倉書房、二〇一五年。

(12) 保城広至『アジア地域主義外交の行方　一九五二―一九六六』木鐸社、二〇〇八年。曺良鉉『アジア地域主義とアメリカ　ベトナム戦争期のアジア太平洋国際関係』東京大学出版会、二〇〇九年。

(13) 大芝亮「多国間外交と多国間主義　国連、G8・G20、ブレトンウッズ機関」大芝亮編『日本の外交　第五巻　対外政策　課題編』岩波書店、二〇一三年、三一四頁。

(14) 波多野澄雄編『日本外交の一五〇年　幕末・維新から平成まで』日本外交協会、二〇一九年、二五二頁。

(15) 五百旗頭真編『戦後日本外交史　第三版増訂版』有斐閣アルマ、二〇一四年、三〇頁。

(16) 外務省編『日本外交文書　占領期　第一巻』六一書房、二〇一七年、第二五九文書、第二六〇文書、第二六三文書、第二六八文書、第二八四文書。

(17) 波多野澄雄「サンフランシスコ講和条約体制の形成とその揺らぎ　帝国の解体と賠償問題」川島真・細谷雄一編『サンフランシスコ講和と東アジア』東京大学出版会、二〇二二年、六頁。

(18) 福島啓之『戦後日本の関係修復外交　国際政治理論による歴史分析』ミネルヴァ書房、二〇二一年、三九八―三九九頁。

(19) 国連加盟の経緯については、Pan Liang, *op.cit.*, pp. 253–290.

(20) 浅井、前掲書、第八章。また、伊藤正直『戦後日本の対外金融　三六〇円レートの成立と終焉』名古屋大学出版会、二〇〇九年、一六九―一八五頁。

(21) 柏木雄介『激動期の通貨外交』金融財政事情研究会、一九七二年、四七―六三頁。

(22) 第一回UNCTADに関しては、高橋和宏「南北問題と戦後国際経済秩序　第一回UNCTADをめぐる国際関係」『国際政治』第一八三号、二〇一六年。

(23) 曺、前掲書、第三章・第四章。また、高橋、前掲書、第三章。

(24) 宮城大蔵『戦後アジア秩序の模索と日本　「海のアジア」の戦後史　一九五七―一九六六』創文社、二〇〇四年、二一二―二二三頁。

(25) 井上、前掲書、四二二―四六三頁。

(26) 伊藤、前掲書、二五九―三五七頁。

(27) 白鳥、前掲書、第五章。

(28) マクロ経済政策協調をめぐる日米交渉については、武田、前掲書、八〇―一四二頁。また、ロンドン・サミット（一九七七年）とボン・サミット（一九七八年）での福田内閣の対応については、田所昌幸「マクロ経済政策の国際協調と日本　一九七六年―七九年」『法學研究　法律・政治・社会』第七六巻第九号、二〇〇三年九月。

(29) 吉田真吾「ウィリアムズバーグ・サミットへの道程　中曽根政権とINF交渉、一九八二―一九八三年」『近畿大学法学』第六九巻第四号、二〇二二年三月。

(30) プラザ合意前後の日米交渉については、船橋洋一『通貨烈烈』朝日新聞、一九九二年。また、NHK取材班『NHKスペシャル 戦後五〇年その時日本は　第六巻』日本放送出版協会、一九九六年。

(31) 白鳥、前掲書、三七二―三七三頁。

(32) 小尾美千代『日米自動車摩擦の国際政治経済学　貿易政策アイディアと経済のグローバル化』国際書院、二〇〇九年、二二〇―二二二頁。

(33) 鈴木一敏「日本のFTA政策積極化　経済外交再構築と交渉戦術」大矢根聡編『日本の経済外交　新たな対外関係構築の軌跡』勁草書房、二〇二二年、一九九―二〇〇頁。

(34) 防衛問題懇談会「日本の安全保障と防衛力のあり方　二一世紀へ向けての展望」一九九四年八月一二日、データベース「世界と日本」(https://worldjpn.net/documents/texts/JPSC/19940812.O1J.html)、二〇二三年一二月二四日最終アクセス。

(35) 河野康子「樋口レポートの作成過程と地域概念」河野康子・渡邉昭夫編著『安全保障政策と戦後日本　一九七二―一九九四　記憶と

記録の中の日米安保』千倉書房、二〇一六年、一三三―一三四頁。
(36) 冷戦後の日米豪の安全保障関係については、佐竹知彦「日米豪の安全保障協力」『国際政治』第二〇六号、二〇二二年、一三七―一四四頁。
(37) 片田さおり『日本の地経学戦略 アジア太平洋の新たな政治経済力学』日本経済新聞出版、二〇二二年、第六章。
(38) 黒崎、前掲論文、一二頁。

(たかはし　かずひろ　　法政大学)

日本国際政治学会編『国際政治』第212号「二国間と多国間をめぐる日本外交」（二〇二四年三月）

GATT三五条対日援用問題
——自由貿易、帝国、冷戦、ナショナリズム——

鈴木宏尚

はじめに

一九五五年九月一〇日、日本は、関税及び貿易に関する一般協定（GATT、ガット。本稿は基本的にはガットを用いる）への正式加入を果たした。しかし、英国、フランス、ベネルクス三国等の欧州（西欧）諸国、そしてオーストラリア、ニュージーランド等の英連邦諸国が日本の加入に際してガット第三五条（以下、単に三五条とも記す）を援用し、日本とガット関係に入ることを拒んだ。ガット第三五条は、一定の条件のもとに特定締約国との間でガットの規程を適用しなくてもよい旨を定めた規定である。[1]日本に対して三五条を援用する国は、他のガット加盟国との間で輸入制限を撤廃したり関税を引き下げたりしても、それを日本には適用しなくてもよいということになる。これは、日本に対する経済的差別であった。以後、とくに世界経済において重要な地位を占めていた西欧諸国のガット三五条の撤回は、日本外交の重要な課題の一つとなる。

これまで、ガット三五条対日援用問題そのものを対象とした一次資料に基づく研究は、おそらくない。とはいえ、この問題は、日英関係あるいは日米欧関係についての研究において部分的には言及されてきた。[2]とくに日英通商関係の研究では、英国が三五条援用を撤回していく過程が詳細に明らかにされている。[3]本稿は、そうした成果を利用しつつ、ガット第三五条対日援用問題をより広い観点から問い直そうとするものである。

ガットは「自由・無差別・多角」の理念に従って自由貿易を拡大していくための国際貿易のルールであったが、貿易自由化だけでなく、帝国や冷戦といった複数の論理が交錯する場であった。同様に、三五条対日援用問題も、日本、西欧諸国、米国のそれぞれの思惑や論理が交錯する問題であった。

日本にとって、三五条援用の撤回は、国際経済社会への完全な復帰と将来的な貿易拡大にとって必要であった。そして、西欧諸国に対等な通商関係を拒否されたことはナショナリズムを刺激した。

西欧諸国にとって、三五条の援用は、日本を西側に結びつけるためにガットには加入させたいが、国内産業・経済の保護のために、日本との経済競争は回避したいという「冷戦と国内経済のジレンマ」への妥協策であった。そして英国やフランスが、(旧)植民地地域における日本との競争を懸念していたことに鑑みれば、三五条援用は「冷戦と帝国の維持のジレンマ」への対応であった。

米国にとっては、西欧諸国のガット三五条対日援用は、自らが推進する自由貿易の理念に反するものであったし、冷戦戦略上日本を西側に結びつけるためにも、三五条の援用によって日本を「仲間はずれ」にすることは好ましいことではなかった。

以上のような構図を念頭に置きつつ、本稿は、ガットという多国間外交の場と、援用国の中心であった西欧諸国との二国間外交における、三五条援用撤回のための日本の取り組みを検討していく。

なお、本稿では、新しくガットのメンバーになることについては「加入」、すでに加入している国については「加盟国」あるいは「締約国」の語を用いる。また、本稿ではガットを国際機関としている。ガットは「協定」であり、厳密には国際機関ではないが、総会、理事会、事務局等が置かれており、事実上国際機関であるとして差し支えないだろう。(4)

一　ガット三五条対日援用問題の諸相

(1) 複数の論理が交錯する場としてのガット

そもそも自由貿易を推進するための国際貿易のルールとして成立したガットは、さまざまな利害と論理が交錯する場であった。

第一に、ガット本来の役割からして、貿易自由化と自国経済・産業の保護がせめぎ合う場であった。ガットは、「自由・無差別・多角」を理念としている。輸入における数量制限をなくし、自国産業保護の手段は関税のみとする。そしてその関税も二国間で関税引き下げ交渉を行った成果を他の加盟国にも適用する(最恵国待遇)。さらに多国間で関税引き下げ交渉(ラウンド)を行うことによって、貿易自由化を推進するのがガットの役割であった。

第二に、ガットは、帝国の維持と普遍的な自由貿易主義がせめぎ合う場であった。よく知られているように、ガットは、国際貿易機関(ITO)の挫折によって、ITO憲章の一部が生き残るかたちで成立した。ITO設立交渉では英米間の抗争が見られた。世界恐慌後のブロック経済が第二次世界大戦の経済的な要因となったとの反省にたって、戦後、米国は、英国とともに自由・無差別・多角の理念に基づく自由貿易体制を構築しようとした。しかしながら、英国は英連邦特恵を維持しようとし、米国の普遍主義的自由貿易主義と対立する。結局、米国は多角的な自由貿易体制の構築のために妥協し、特恵の幅を拡大させないことを条件にこれを継続することを認めた。また、植民地や海外領土は市場でもあったから、特恵の維持は第一点目の貿易自由化と自国経済・産業の保護のせめぎ合いとも重なるものであった。

第三に、ガットは、冷戦における「西側の」国際機関であった。ガットと国際通貨基金（ＩＭＦ）を両輪とする戦後の自由貿易体制（ＩＭＦ＝ＧＡＴＴ体制）は、そもそもは英米ソの戦時大同盟による国際秩序構築の一環であり、社会主義国を排除してはいなかった。しかし、冷戦が始まるにつれ、ソ連をはじめとした社会主義諸国は自由貿易体制から離脱していく。(5) ＩＴＯが未成立に終り、ガットが成立した後、ガットは事実上西側の国際機関として発展していった。

このように、ガットは貿易自由化と帝国秩序、そして冷戦という複数の論理が交錯する場であったのである。

(2)　日本のガット加入と三五条援用

日本は、第二次世界大戦後、国際社会に復帰するにあたって、国際連合やＩＭＦ、ガットへの加盟を目指した。この中でもＩＭＦとガットへの加盟は、国際経済社会への復帰にあたり不可欠であった。日本は連合国の占領から独立した後、これらの国際機関への加盟を目指すが、ＩＭＦには独立から間もない一九五二年八月に加盟を実現するものの、(6) ガットへの加入には三年あまりの時間を要した。

ガットへの日本の加入が困難だったのは、英国やフランスといった西欧諸国、そしてオーストラリアなどの英連邦諸国が日本の加入に反対したからである。日本のガット加入に反対したこれらの国々は、日本との経済競争を恐れていた。(7)

一方で、米国は日本のガット加入を支援していた。米国は、日本のガット加入に、冷戦という状況の下で日本を西側に結びつけるという意味を見出していた。また、日本をガットに加入させることによって輸出市場を提供し、共産圏との貿易に向かわせないという意図もあった。米国政府は、日本がガットに加入して世界市場にアクセスできなければ、日本の貿易は共産中国やソ連ブロックに向かうと恐れていた。(8)

米国の支援と英国・英連邦諸国及び西欧諸国の反対という構図の下で、日本は一九五三年の仮加入を経て、(9) 五五年九月、ガットへの正式加入を実現する。しかし、英国、フランス、ベネルクス三国、そしてオーストラリア、ニュージーランド、南アフリカといった諸国が、日本に対してガット三五条を援用し、日本とガット関係に入ることを拒んだ。

日本のガット加入時、英国やフランス、ベネルクス三国など、三五条援用国にも関税については日本にガット税率を適用する、すなわち最恵国待遇を与えている国もあった。(10) しかし、その後もそれが維持される保証はなかったし、これらの国は日本製品に対して輸入制限を課した。

三五条対日援用国はガット加盟国三四カ国中半数に近い一四カ国にも上った。さらに英国、フランス、オランダは後に独立することになる植民地を抱えていたから、日本は世界の多くの市場で、貿易上の差別待遇に苦しむこととなる。また、日本は、三五条援用国とは恒久的な通商条約を結べず、暫定的な通商取極や貿易協定を結んで不安定な状況下で貿易をしなければならなかった。

(3) ガット三五条対日援用問題の諸相――冷戦、帝国、ナショナリズム

米国は、三五条対日援用撤回を支援した。それは、日本のガット加入を支援したのと同じく、冷戦下で日本を政治経済的に西側に結びつける必要があったからである。また、日本も米国に支持と斡旋を求めていた。

三五条対日援用国の筆頭は英国であった。英国は、当初日本のガット加入に反対していたが、結局は日本の加入を認めたものの、一九五五年九月、日本のガット加入が決定されるに際し正式に三五条を援用した。英国は、三五条援用の理由について、将来日本製品が国内市場に氾濫した場合、現行ガットの規程では十分な救済措置を講ずるには不十分であることを挙げていた。(11) そもそも保護主義傾向が強かったフランスも三五条援用の理由として国内産業の保護を挙げた。英国やフランスの日本製品に対するおそれとは、国内市場への影響とともに東南アジアの（旧）植民地地域における輸出競争に対するものでもあった。(12) 英国やフランスには一九三〇年代に安価な日本製品が市場を撹乱した記憶が残っていた。(13)

ベネルクス三国は、他の国が三五条を援用するのに自国が適用しない場合には、日本製品が自国に集中し、国内産業に危害を与えるおそれがあることを理由としていた。(14) ベネルクス三国は、英国やフランスの態度を見てそれまでの方針を転換し、日本との関税交渉を見送ったのである。(15) ベネルクス三国による三五条援用は、英国やフランスに比べて消極的な理由からであった。

英国やフランスが三五条を日本に対して援用しつつも、日本の加入自体には賛成したということは、ある種の妥協であり、ジレンマの現れであった。英国内では、日本のガット加入について、商務省と外務省の対立が見られた。英国商務省が日本製品との競争を恐れる繊維産業（ランカシャー）の利益を代弁していた一方で、外務省は、冷戦下で日本を西側に結びつけることの重要性を認識し、また日本の加入を支援する米国との関係からも、日本をガットに加入させるべきであると考えていた。(16) 田中孝彦はこうした英国商務省と外務省の対立を「冷戦の論理と国内経済保護の論理のせめぎあい」と呼んだが、(17) すなわち日本をガットに加入させる一方で三五条を援用するという対応は、冷戦下で日本を西側に結びつけつつ国内経済・産業を保護するという「冷戦と国内経済の妥協」であったといえる。これはフランスも同様であった。フランスは、日本に対する経済的差別待遇が、日本を共産圏の方に追いやることになることを懸念していた。(18)

そして、英国やフランスの国内経済・産業の保護は、（旧）植民地地域という市場の確保と結びついていた。第二次世界大戦の終結後、脱植民地化の動きにより、公式の植民地は失われていったが、経済的な利益と影響力を維持し、海外領土の市場を利用して戦後の経済復興をはかろうとしていた。(19) とするならば、三五条対日援用は「帝国の維持」を意味していたともいえ、「冷戦と国内経済の妥協」は、「冷戦と帝国の妥協」でもあったと考えることができる。

そして、日本にとってガット三五条対日援用は、輸出拡大の障害

となると同時にナショナリズムにかかわる問題でもあった。それは、西側の一員として国際社会に復帰したにもかかわらず、西側の主要国である英国やフランスなどから「自由貿易体制へ対等な参画を許されないことからくる」ナショナリズムである。[20]日本に対する経済的差別である三五条対日援用は、明治時代の不平等条約と重なった。[21]西欧諸国の三五条対日援用撤回すなわち外務省のいう「経済関係の正常化」は、まさに戦後日本の「条約改正」であった。

こうしてガット第三五条援用撤回は、日本の重要な外交課題の一つとなり、以後、日本は、ガットという多国間外交の場及び援用国との二国間外交において、これを追求していくこととなる。

二　ガットにおける日本の外交的努力――「貿易自由化の論理」

(1) 総会における援用撤回の要請

まずガットの主な会議について述べておこう。ガットの最高意思決定機関は「締約国団（会議）」と呼ばれる「総会」であった。通常年一回開催されたが、本稿の対象時期には複数回開催されることもあった。そして総会会期中には各国の貿易担当大臣が出席し、とくに重要な問題について討議する大臣会議が開かれた。さらに総会の会期外に緊急の問題が生じた場合は、理事会が開かれ討議された。[22]

ガット第三五条第二項では、締約国団（総会）は、特定の場合における三五条の運用を検討し、適当な勧告をすることができる旨を定めていた。つまり総会は、三五条の援用についてそれが適当であるかどうかを検討したり、援用撤回のための方式について勧告を行なうことができた。[23]したがって、日本はまずガット総会で三五条援用撤回を訴え、三五条対日援用が不合理であるという「世論」をガットにおいて醸成しようとした。

ガット正式加入後の最初の総会である第一〇回総会（一九五五年一〇月）では、高碕達之助経済企画庁長官がスピーチを行い、一四カ国が三五条を援用したことに対する遺憾の意を表明しつつも、[24]援用撤回の具体的な案を示すことができなかった。しかし日本代表団は援用国と非公式に討議し、また、総会の注意を喚起するよう動いた。

ガット事務局長ウィンダム・ホワイト（Eric Wyndham-White）も日本に協力的であった。三五条第二項に基づき総会が勧告をなすことは英国等の反対により不可能となったが、ウィルグレス（Leolyn Dana Wilgress）議長（カナダ代表）は、三五条を援用する権利は認めるものの、日本に対する広範な援用は、ガット自体としても重要問題であり、加盟国全体の関心事であると指摘した。さらに議長は、総会が直ちに三五条第二項に基づく勧告を行うことは考えていないが、この問題を解決まで総会の議題に留めるとともに、さらに日本と関係国との間で早期撤回のための協議を続けることを勧告する旨の発言を行った。[25]以後、三五条対日援用問題は、毎回総会の議題に上るようになった。

三五条の援用国は、日本は低賃金国であり、不当に安価な日本製品が市場を撹乱するおそれがあるということを主張していたから、日本はそうした日本経済に対する「誤解」を解かねばならなかった。そのための絶好の機会が一九五九年一〇月から一一月にかけて東京で開催された第一五回総会（東京総会）であった。ガット総会が欧州以外の地で開かれるのは初めてであった。

東京総会招致のきっかけは一九五七年の第一二回総会で議長を務めたインドのジャー（L. K. Jha）代表から非公式に打診を受けたことだった。日本は翌五八年の招致を目指すが、事務局のあるジュネーブ以外で開催される利点が感じられない等の理由でいくつかの国から反対に合い、見送られる。日本は、その後も「ガット総会の東京開催は何よりもまず参加各国代表にわが国の実情を正しく認識せしめる機会を与え、ガット第三十五条援用撤回の機運を作る好機ともなるという考えに基づき[26]」粘り強く招致工作を続けた。その結果、五八年二月のガット事務局の視察を経て、東京での開催は可能であり、かつアジアでガット総会を開く意義は少なくないとして、同年一〇月の第一三回総会にて第一五回総会の東京開催が決定された[27]。

総会本会議に先立って開催された大臣会議では、藤山愛一郎経済企画庁長官が、日本の経済事情について三五条援用撤回により生じる懸念は全くないことを説明し、撤回を強く要請した[28]。また、総会本会議では、米国代表のディロン（C. Douglas Dillon）国務次官が、三五条対日援用国が一四カ国にも上る事態に言及し、それが、日本のためだけではなく、ガットの運営のためにも遺憾であるとの発言を行い、多数の非援用国は米国の発言に支持を与えた[29]。

一九六〇年六月に開催された第一六回総会において、萩原徹代表（在カナダ大使）は、三五条第二項に基づいて三五条の運用をレビュー（再検討）することを要請した。萩原は、駐スイス、カナダ、フランス大使などを歴任し、加入時からガットの問題に関わっただけでなく、後の経済協力開発機構（ＯＥＣＤ）加盟など第二次世界大戦後の経済外交を担った外交官である。萩原は、新しい加盟国の多くが三五条を援用する可能性があるから、英国、フランス、ベルギーのような海外領土を有する国は進んで援用を撤回し範を示すべきであること、日本は翌六一年のガット新規関税交渉に参加したいが援用国とは交渉に入れず、せっかくの関税交渉の範囲が制限され、世界貿易に不利な結果を生ずることを指摘し、同年中にも三五条の運用をレビューすることの妥当性について総会が考慮することを望む旨を強調した[30]。

(2) 自由化の推進

一九五八年の西欧諸国の通貨交換性の回復を契機として、貿易・為替の自由化の動きが世界的に強まっていた。さらに米国は国際収支の悪化により一九五〇年代半ばからドル防衛策をとり、他国に自由化を迫っていた[31]。すでに高度経済成長期に入っていた日本は、ＩＭＦやガットの場で自由化を強く求められた。

一九五九年のガット東京総会大臣会議において、ディロン米国務次官は「主要貿易国の経済の著しい回復および各国の外貨事情の好転によってもたらされた通貨の交換性回復の結果、［中略］もはや、通貨地域別輸入制限を是とする根拠は失われた」として、対ドル差別待遇を維持している国にその撤回を迫った[32]。日本の輸入制限については、国際収支上の理由に基づいてこれを続けることが一応認められたものの、各国からの批判は厳しいものであった。さらにディロンは、東京滞在中、佐藤栄作蔵相と会談し、日本の早期自由化を迫った[33]。

このような国際的な自由化の趨勢と圧力のなかで、東京総会を契機として通産省や財界も自由化の方向へ転換していった[34]。日本政府は、一九六〇年一月、貿易・為替自由化推進会議を設置し、同年六月、貿易・為替自由化計画大綱を発表した。大綱は六三年四月までに八〇パーセントの自由化を目指すものであった。

日本は、日本自身の自由化の推進を三五条援用撤回のカードとして総会に臨むようになる。一九六〇年一一月に開催された第一七回総会本会議において、萩原大使は、多数の国が日本に対して三五条を援用していることが、ガットの精神に反し、ガットの運営に障害となっていること、日本の自由化促進を妨げていること等の理由を列挙し、総会に対して第三五条第二項に基づくレビューを行うことを正式に提案した[35]。その結果、一九六一年八月末から九月初めにかけてレビュー作業部会が開催され、三五条援用はガットにおける正常な慣行ではないこと、三五条援用問題は二国間交渉のみならずガットの場で解決を促進すべきこと、新規加入国による援用の際、事前に意見交換を行うように勧告すること等を骨子とする報告書が作成された。同報告書は第一九回総会（一九六一年一一月）大臣会議及び本会議で討議され、藤山経済企画庁長官は、日本が自由化推進に努力しているにもかかわらず多数の国が三五条を援用していることは、ガットの根本目的に反するものであると訴えた。また、総会本会議において、萩原大使は、日本は自由化を推進しているが、ガット三五条対日援用問題が解決されない場合、対日差別を行っている国に対しても自由化を適用するかどうかジレンマに陥ると発言した[36]。つまり萩原は、日本が自由化措置をとっても三五条援用国に対しては適用しないことを仄めかし、日本の自由化推進をカードとして用いたのであった。藤山や萩原の発言に対し、米国をはじめ多くの締約国がこれに好意的な応答を行い、英国も交渉中の通商航海条約が妥結した際にはこの問題は解決される旨述べた[37]。後述するように、日本の貿易自由化推進は、英国が対日姿勢を転換する要因となった。三五条対日援用についてのレビュー作業部会の報告書は全会一致で採択され、理事会において審議が続けられることになった[38]。

以上のように、日本は、ガットにおいては、三五条援用がガットの理念に反していること、そして日本自身が自由化を推進していることを主張し、日本支持の「世論」を醸成しようとした。さらに日本は、日本自身の自由化をカードとして示すことによって、援用国を牽制したのである。日本はガットの場において「貿易自由化の論理」を用いていた。

三　二国間外交の展開（1）――「帝国の衰退」と英国の態度変化

ガットは日本に有利な場であったといえる。三五条援用はガットの理念に反するので日本の主張に正当性があったし、日本と西側の結びつきを確実にしたい米国も援用撤回を支援したからである。しかしながら、援用撤回は援用国が決定するものであり、ガットにおける日本の工作には限界があった。結局のところ二国間外交によって援用国に撤回を受け入れさせねばならなかった。その中でも日本がとくに重視したのが英国であった。

(1) 岸首相の訪欧

一九五九年七月、岸信介首相は西欧諸国を訪問した。岸は、英国、フランスでガット三五条対日援用の撤回を要請した。

英国のマクミラン（Harold Macmillan）首相との会談では、貿易の拡大も議題となり、岸は、マクミランに対して、日本の輸出自主規制により、英国が懸念しているような日本製品の洪水的流入はないとして、三五条の早期撤回を訴えた。これに対してマクミランは、この問題の詳細は財務大臣や商務大臣と話し合うことを提案し、日本の要請に対して同情はするが、英国は自国の経済力を維持していかなければならないと述べ、明確な答えを避けた(39)。

しかしながら、変化の兆しはあった。岸は、エクルス（David Eccles）商務相とエイモリー（Derick Heathcoat-Amory）財務相との会談でも三五条の援用撤回と最恵国待遇の復活を希望した。英国側は、それが困難であることを強調しながらも適切なセーフガード（緊急輸入制限）の取極について日英共同で検討を始めるよう提案し、岸もこれに同意した。

日英通商航海条約交渉は、日本のガット加入直後から始まっていたが、幾度かの中断を挟み進展していなかった。英国側がセーフガードを条件として示したことで、日英両国は、岸訪英をきっかけとして条約締結への大きなはずみを得たのであった(40)。

フランスでは、岸はドブレ（Michel Debré）首相と会談し、フランスのガット三五条対日援用の撤回を要請するが、ドブレ首相は、この要請を「テーク・ノート」し、この問題の検討について最善の注意を払うと述べるにとどまった(41)。

岸はその後、日米安全保障条約の改定に力を注ぐようになり、三五条対日援用問題をめぐる日欧の関係は大きな進展を見せなかった。英国やフランスにとっても最優先すべきは、欧州諸国や（旧）植民地との関係であり、それに比べれば日本との通商問題に対する優先度は、必ずしも高くなかった。

(2) 「市場としての日本」の浮上

岸訪欧に関して、日本国内では三五条問題については進展なしと受け止められたが(42)、水面下では、英国の対日態度は変わりつつあった。一九六〇年末に至って、英国は、市場撹乱対処法策と残存輸入制限の維持を認める規定を含めた条約の締結と同時に対日ガット三五条援用撤回の原則に同意する旨を、初めて正式に日本に対して通知した(43)。

英国の対日姿勢の転換は、その対外通商政策全体と関わっていた(44)。英国は、第二次世界大戦後、植民地や英連邦諸国との特恵的な通商関係、つまり帝国経済によって経済を立て直そうとしていた。しかし、一九五〇年代を通して、脱植民地化や英連邦諸国の自立傾向が進み、さらに英国自身が市場として植民地やコモンウェルスからの輸入を吸収できなくなっていった。英国に先んじてオーストラリアやニュージーランドが三五条援用撤回に動いたのも、このような文脈のもとでであった[45]。そうしたなかで、英国は欧州との通商関係を再編成しようとし、まずは欧州経済機構（ＯＥＥＣ）を利用した自由貿易地域（ＦＴＡ）の形成（プランＧ）を試みるも、フランスとの対立により未成立に終わった。英国は、一九六〇年には五八年に発足した欧州経済共同体（ＥＥＣ）に対抗してスウェーデンやノルウェー、デンマークといった国々と欧州自由貿易連合（ＥＦＴＡ）を結成するが、六一年八月にマクミラン首相は、ＥＥＣへの加盟申請の意志を明らかにする。つまり、英国の対外通商政策は、一九五〇年代を通じて、「帝国」から「欧州統合」へと転換していくのである。

このような「帝国の衰退」にともなう英国の市場の多角化という流れのなかで、日本の輸出市場としての重要性が高まっていった。契機となったのは日本の自由化であった。前節で見たようにガット東京総会を契機として日本では貿易自由化の機運が高まっていた。一九五九年一一月、在ロンドン日本大使館は、英国が対日差別を無制限に続けるならば、日本が将来貿易を自由化してもそれを英国には適用しない可能性がある旨を英国政府に伝えた[46]。これを受けて商務省では、今後対日差別を継続することは期待できないとの認識がもたれるようになる[47]。そして、一九六一年一月に開かれた英国政府の委員会では、厳しい対日差別を行っている英国のような国は日本の貿易自由化による恩恵を受けられないであろうとの報告があった。つまり日本の自由化が進んでも、今度は英国が日本市場から排除されることになり、英国に不利益が生じるおそれが出てきたのである[48]。日本に対して厳しい態度を取っていた商務省は、成長が見込める日本市場への英国企業の進出を促がすために三五条援用撤回に転換したのであった[49]。

(3)　「対等性」を求めた日本

英国は三五条援用撤回の方向に転じたものの、交渉はすんなりとは進まなかった。一九五九年前後の条約交渉で争点となったのは、最恵国待遇についてであった。英国商務省は数量制限を認める条件付きの最恵国待遇を主張したのに対し、日本側は無条件のそれを主張した。日本にとって最も重要視すべきは、「対等」な貿易機会の確保と三五条援用撤回であったからである。結局のところ、この点については条約にセーフガード条項を設けるかわりに無条件の最恵国待遇を認めることで妥協が成立した[50]。

次に問題となるのは、セーフガードについてである。一九六〇年一二月八日、英国政府は対日通商政策について、通商条約の締結、取極に基づく双務的セーフガード、三五条援用撤回という基本方針を決定した[51]。条約交渉において争点となったのはセーフガードの期限であった。英国側は無期限のセーフガードを主張したが、日本側はこれに難色を示した。

条約交渉からは、英国が国内産業の保護を重視しているのに対して、日本が経済的利益よりもむしろ「対等性」の回復を重視していたことが浮き彫りになる。日本にとってガット三五条援用撤回は、経済的というよりもむしろ政治的に必要なのであった。

四　二国間外交の展開（2）——池田政権の攻勢

(1) 池田政権と三五条援用問題の浮上

一九六〇年七月に発足した池田勇人政権は、三五条援用撤回やOECD加盟といった西欧諸国との関係緊密化に力を入れた[52]。その背景には、池田が米・西欧諸国との対等化による日本の国際的地位の向上を目指していたことに加え、一九六〇年前後の国内外の情勢変化によって、三五条援用撤回を含めて西欧諸国に接近することの必要性が高まったことがあった。第一に、岸政権末期の安保騒動によって顕在化した国内の中立傾向と西側からの孤立への不安があった。前出の萩原は、次のように述べている。

> 日本は、「自ら『西』側陣営に属していると自負しながら、『西』側陣営のみの機構には、ほとんど加盟して」おらず、「ガットを『西』側の機構と解すれば、ガットに加盟していることは、日本としては唯一の例外であ」る[53]。しかし西側の主要国のうち、「国際貿易上重要な役割を担っている英仏ベネルックスなどの諸国が、日本に対してガット三五条を援用して」おり、それは「きわめて複雑な、変態的な事態」である[54]。日本は西側陣営と日米安保条約という「たった一本の線」でしかつながっておらず、そうした西側との結びつきの脆弱さは日本の孤立や中立化につながるおそれもある。

したがって、萩原にとり、西欧諸国の対日経済差別を解消することは、日本と西側の結びつきを「多辺化」し強化することによって、国内の中立傾向を抑制するという点で重要であった。萩原は日本のOECD加盟についても、自由陣営と日本の関係の多辺化という観点からこれを重視しており、また、OECD加盟のためにもガット三五条の問題を早期に解決すべきであると考えていた[55]。

第二に池田政権が打ち出した国民所得倍増計画により輸出拡大の必要性が高まっていた。日本経済の成長は輸入を増加させるため、輸出による外貨獲得が重要になる。日本の輸出のおよそ三分の一は米国市場に向けられていたが、ドル防衛により、米国市場には陰りが見え始めていた。だからといってアジア・アフリカ等発展途上国の市場としての魅力は乏しく、当面の課題として、日本の市場開拓は、西欧に向かうしかなかった。

第三に、EECの興隆と、米国・EECの日本抜きの経済的提携の動きが日本に懸念を生じさせた。一九五八年に発足したEECは目覚ましい経済成長を進めていた。EEC六カ国のうち、フランスとベネルクス三国が日本に対して三五条を援用しており、しかもEECは、移行期間が終了すると域外に対して共通関税を設定することになっていたので、その前に三五条問題を解決し、差別待遇が固定化されることを回避せねばならなかった。加えて、六一年八月、前述のように英国がEEC加盟を申請する。英国とはすでに三五条援用撤回を前提に通商航海条約交渉が進められていたが、その締結が急がれた。

さらに一九六二年一月、ケネディ（John F. Kennedy）政権は、米国とＥＥＣとの間で関税を引き下げる通商拡大法の制定を発表した。これについて日本は、米欧の日本抜きでの経済的提携を懸念した。(56)

(2)　「冷戦の論理」と「ナショナリズムの論理」

一九六一年七月、小坂善太郎外相が西欧諸国を訪問した。すでに見たように英国との通商航海条約の締結交渉が進んでおり、小坂訪英の際にはセーフガードの問題が協議された。英国側は無期限のセーフガード条項を設けることを主張していたが、小坂は条約と同じく期限を設けることを提案した。その際、小坂は、自由陣営の結束の必要性を説き、「日本が通商面において、西欧諸国から差別されているということは国民に与える心理的影響は大きく共産主義者の宣伝に乗せられる恐れがある」として英国側を説得しようとした。(57)三五条援用等による経済的差別は、自由陣営を分裂させようとする共産陣営につけこまれる、だから、三五条援用を撤回し、自由陣営の結束を強化しなければならないという「冷戦の論理」である。これは前述のような「萩原の不安」を反映したものであったと思われる。

セーフガードの問題は、結局のところ日本側提案の五年の期限で妥結したが、必ずしも英国は日本の「冷戦の論理」によって説得されたわけではなく、条約の妥結による日本市場への進出のために、日本の非妥協的な態度に折れる形となった。また、最終的に日本は日英通商航海条約の締結に際して、セーフガードだけでなく、輸出自主規制や残存輸入制限といったおよそ「自由」貿易からは程遠い措置を受け入れる。日本は、セーフガードのような実質的差別待遇を残しても、三五条援用撤回を優先したのである。(58)

小坂は、フランスでも、「自由陣営に属する両国の繁栄と強化のため」対日経済差別待遇を至急改善することを求めた。(59)しかし、小坂の回想によれば、フランスは植民地の多くが次々と独立している時期であり、「今は新独立国の援助にたいへんで、日本どころではない」といった態度であったという。(60)

一九六二年八月に日英通商航海条約交渉が妥結し、一一月に池田首相が訪英してロンドンで署名されることになった。この訪欧においてとくに重視されていたのは英国とフランスの二カ国であった。(61)これに先立ち、九月、大平正芳外相が訪欧する。フランスはＥＥＣの中心国であり、また、日本には英国を通じてＥＥＣをアウトワード・ルッキング（外向き）に保つという構想があったからである。通商航海条約の締結によって日本との経済関係を正常化させる英国がＥＥＣに加盟することになれば、「他の加盟国の対日差別待遇の撤廃ないし緩和について直接間接に影響を与えることが期待」できた。(62)

大平は訪問各国で、経済差別は単に経済的な問題ではなく、日本国民の「面子」や「プレステージ」にかかわるものであるとし、その撤回を要請した。(63)大平のいう「面子」や「プレステージ」はナショナリズムと言い換えてもよい。大平は、「ナショナリズムの論理」によって経済差別の撤回を求め、これは池田訪欧の際にも引き継がれた。

(3)　池田訪欧と三五条援用問題の解決

一九六二年一一月、池田首相が英国、西ドイツ、フランス、ベネルクス三国など欧州七カ国を訪問した。

外務省は、池田訪欧の会談準備資料において、小坂訪欧の際と同じく「冷戦の論理」を打ち出した。ソ連は、自由陣営を米国、EEC、日本という三つの経済ブロックに分裂させようと画策しており、日本に対する経済的差別待遇は、そうした共産主義陣営の戦術にある程度の基礎を与えている、したがって、このような事態を改めることが「自由陣営強化のため緊急事」[64]だというのである。そして、日本が西欧諸国の対日差別の速やかな撤回を強く希望するのは、単に経済上の理由ではなく、「自由主義陣営全体の強化のためには、日本と欧州諸国は、直接の連繫を強めることが必要」[65]だからであるとされた。

池田は訪問した各国首脳との会談において、この線に沿って三五条援用撤回を要請した。池田は、日米欧を自由陣営の三本柱とし、その柱の一つである日本が、経済的差別待遇を受けていることやOECDに加盟できないのは、「ディグニティ」（大平のいうプレステージ）にかかわるとして、各国首脳に訴えた。[66]池田は「冷戦の論理」と「ナショナリズムの論理」を用いていた。

池田は、フランスのド・ゴール（Charles de Gaulle）大統領との会談でも、日米欧の緊密な提携による自由陣営の強化を説きつつ日仏経済関係の改善を要請した。これに対し、ド・ゴールは、輸入割当を増やし輸入制限品目数を減らす交渉を速やかに終わらせ、その後にガット三五条援用撤回を含むより長期的な解決を計るとの見通しを示した。[67]フランスも三五条の撤回に前向きの姿勢を見せたのである。

池田は、英国で日英通商航海条約の調印に立ち会い、マクミランとの会談では、EECをアウトワード・ルッキングに保つよう要請した。日英通商航海条約は一九六三年四月に発効し、英国は四月九日付文書をもってガット事務局長に三五条援用撤回を通告した。[68]ベルギーとオランダとの共同コミュニケには三五条援用撤回が盛り込まれた。そもそも英国の態度を見て三五条援用に踏み切ったベネルクスにとって、英国が撤回した今、援用を続ける理由は乏しかった。

池田訪欧の後、フランスやベネルクス三国との通商条約交渉が本格化し、ベネルクス三国とは一九六三年四月、フランスとは同年五月に通商条約が結ばれ、発効をもって三五条の援用が撤回されることとなった。しかしながら、これらの条約には日英通商航海条約と同様にセーフガードや残存輸入制限が盛り込まれ、実質的な差別は残ることとなった。[69]

おわりに

ガット第三五条対日援用問題は、貿易自由化（と自国産業の保護）、帝国の維持、冷戦、ナショナリズムという複数の論理が交錯する問題であった。

日本はガットという多国間外交の場においては、ガットの理念に沿って差別待遇の撤回を訴え、援用撤回支持の「世論」を醸成していった。また、日本自身も自由化を進めることで、それをカードとして援用国を牽制した。日本がガットにおいて用いていたのは「貿易自由化の論理」であった。二国間外交においては、加えて、「ナショナリズムの論理」と「冷戦の論理」によって、西欧の援用国の説得を試みた。

このように整理すれば、日本は西欧諸国の「帝国の論理」に対して、貿易自由化、ナショナリズム、そして冷戦という三つの論理で立ち向かっていたといえる。そして、英国の撤回過程を見る限り、最も効果的であったのは「貿易自由化の論理」であった。英国は「帝国の衰退」のなかで日本の市場を求めた。他方で「冷戦の論理」と「ナショナリズムの論理」がどの程度効果があったのかは定かではない。西欧諸国も日本を自由陣営に留める必要性を認識していたから、「冷戦の論理」が作用する素地はあった。だが、結局のところ三五条援用撤回に際し国内産業の説得が必要であり、そのためには「冷戦の論理」よりも「貿易自由化の論理」の方が効果をもったのだと考えることができよう。

また、日本は三五条援用国の中心であった西欧諸国と通商条約を締結し、三五条の撤回を実現するが、通商条約には実質的な差別が残された。日本にとっては経済的差別を完全に撤回させることよりも、三五条援用撤回による「対等性」の確保が重要だったのである。

いずれにせよ西欧諸国のガット三五条援用撤回は、日本のナショナリズムを満足させることとなった。問題が解決した一九六四年は、ＯＥＣＤ加盟、ＩＭＦ８条国移行、そして東京オリンピックが重なり、日本は先進国というアイデンティティーを持つようになる。「世界主要国」である日本に対する「通商面の差別除去という長年の懸案も、ここに入り一段落を迎えるに至」った。[70] 戦後日本の「条約改正」は達成されたのであった。

（1）三五条は、当初はガットになかった規程であるが、加盟国を増やすために新規加入条件を全会一致から三分の二以上の賛成に緩和するにともなって追加された（池田美智子『ガットからＷＴＯへ——貿易摩擦の現代史』ちくま新書、一九九六年、八六—八七頁）。

（2）日英関係についてはNoriko Yokoi, *Japans Postwar Economic Recovery and Anglo-Japanese Relations, 1948-62*, London: Routledge, 2003, 森健資「一九五〇年代の日英通商関係（1）（2）（3・完）」『経済学論集』第七六巻四号（二〇一一年一月）・第七七巻一号（二〇一一年四月）・第七七巻二号（二〇一一年七月）、日米欧関係については、鈴木宏尚『池田政権と高度成長期の日本外交』慶應義塾大学出版会、二〇一三年。

（3）Yokoi, *op.cit.*, 森、前掲論文。

（4）小松勇五郎『ガットの知識』日経文庫、一九六三年、二一—二二頁、津久井茂充『ガットの全貌〈コンメンタール・ガット〉』日本関税協会、一九九三年、一六—一七頁。

（5）冷戦の始まりとともに自由貿易体制からソ連が離脱していくプロセスについては、鈴木宏尚「自由貿易体制の構築と冷戦の始まり——試論的考察」『静岡大学法政研究』二六巻二・三・四号、二〇二二年六月。

（6）日本のＩＭＦ加盟については、浅井良夫『ＩＭＦ８条国移行——貿易・為替自由化の政治経済史』日本経済評論社、二〇一五年、第一部。

（7）日本のガット加入については、赤根谷達雄『日本のガット加入問題——《レジーム理論》の分析視角による事例研究』東京大学出

版会、一九九二年、田所昌幸「戦後日本の国際経済秩序への復帰――日本のGATT加盟問題」『国際法外交雑誌』九二巻第一号、一九九三年四月。

（8）Francine McKenzie, *GATT and Global Order in the Postwar Era*, Cambridge: Cambridge University Press, 2020, p. 76.

（9）日本のガット仮加入については柴田茂紀「日本のGATT仮加入とカナダ」『国際政治』一三六号、二〇〇四年三月。

（10）「英国、オランダ、ベルギー、ルクセンブルク、オーストリア、インドに対し先方のGATT税率適用を条件にわが国にも適用する旨通報訓令」外務省編『日本外交文書　GATTへの加入　下』六一書房、二〇二二年、一〇二三頁。

（11）萩原徹監修『日本外交史30　講和後の外交（Ⅱ）経済（上）』鹿島研究所出版会、一九七三年、二九一頁。

（12）田村総領事発重光大臣宛、第五八二号「（ガット総会模様報に関する件）」一九五五年一〇月二九日発、外務省記録『関税及び貿易に関する一般協定関係一件　総会関係（第十回）』（以下、『ガット総会関係』と略記）（E'4.1.0.7-1）、外務省外交史料館（以下、外史と略記）。McKenzie, *op.cit.*, p. 77.

（13）一九三〇年代の日本製品の輸出攻勢については、石井修『世界恐慌と日本の「経済外交」――一九三〇～一九三六年』勁草書房、一九九五年。

（14）萩原監修、前掲書、二九一頁。

（15）Memorandum from the Assistant Secretary of State for Economic Affairs (Waugh) to the Acting Secretary of State, May 26, 1955, *Foreign Relations of the United States(FRUS), 1955–1957, Volume IX, Foreign Economic Policy; Foreign Information Program*, doc. 33.

（16）赤根谷、前掲書、二四九―二五〇頁、木畑洋一「日本の国際社会復帰と日英関係」小菅信子、ヒューゴ・ドブソン編『戦争と和解の日英関係史』法政大学出版局、二〇一一年、田中孝彦「冷戦初期における国家アイデンティティーの模索――一九五〇年代の日英関係」木畑洋一、イアン・ニッシュ、田中孝彦編『日英交流史 1600―2000　2政治・外交Ⅱ』東京大学出版会、二〇〇〇年、McKenzie, *op.cit.*, p. 77.

（17）田中、前掲論文、二九四頁。

（18）Yuichiro Miyashita, "La France face au retour du Japon sur la scene international, 1954–1964," Thèse de doctorat, Institut d'Etudes Politiques de Paris, 2012, pp. 633–641.

（19）フランスについては、菊池孝美「フランスの近代化計画と植民地」廣田功・森健資『戦後再建期のヨーロッパ経済――復興から統合へ』日本経済評論社、一九九八年、第七章。

（20）高橋和宏「池田政権期における貿易自由化とナショナリズム」『国際政治』一七〇号、二〇一二年一〇月、四六頁。

（21）渡辺昭夫『アジア・太平洋の国際関係と日本』東京大学出版会、一九九二年、一〇七頁。

（22）小松、前掲書、三八―三九頁、津久井、前掲書、一七―一八頁。

（23）萩原監修、前掲書、二九〇頁。

（24）田村総領事発重光大臣宛、第七八六号「三十五条援用問題に関する高碕代表のステートメント送付の件」一九五五年一〇月二八日発、『ガット総会関係（第十回）』（E'4.1.0.7-1）、外史。

（25）萩原監修、前掲書、二九三―二九四頁、田村総領事発重光大臣宛、第六一〇号「（ガット総会模様報告に関する件）」一九五五年一一月一四日発、『ガット総会関係（第十回）』（E'4.1.0.7-1）、外史。

（26）『わが外交の近況』第四号、一九六〇年六月、二〇八頁。

（27）同右。

（28）外務省経済局「ガット第一五回総会について」一九六〇年二月、外務省記録『関税及び貿易に関する一般協定　総会関係　東京総会（第一五回）』（マイクロフィルム番号E'0223）、外史。

（29）同右。

（30）萩原監修、前掲書、二九四頁、経済局国際機関課「ＧＡＴＴ第一六回締約国団会議報告書」一九六〇年八月、『ガット総会関係（第十六回）』（E'4.1.0.7-1）、外史。

（31）ドル防衛については、高橋和宏『ドル防衛と日米関係——高度成長期日本の経済外交１９５９～１９６９年』千倉書房、二〇一八年。

（32）通商産業省通商産業政策史編纂委員会『通商産業政策史　第８巻　第Ⅲ期　高度成長期（１）』通商産業調査会、一九九三年、一八二頁。

（33）Memorandum of Conversation, October 28, 1959, *FRUS, 1958–1960, Volume XVIII, Japan; Korea*, pp. 227–230.

（34）通商産業省通商産業政策史編纂委員会、前掲書、第二章。

（35）萩原監修、前掲書、二九四頁、経済局国際機関課「ＧＡＴＴ第一七回締約国団会議報告書」一九六一年三月、『ガット総会関係（第十七回）』（E'4.1.0.7-1）、外史。

（36）経済局国際機関課「ガット第一九回締約国団会議及び大臣会議報告書」一九六二年三月、『ガット総会関係（第十九回）』（E'4.1.0.7-1）、外史。

（37）同右。

（38）萩原監修、前掲書、二九四頁。

（39）Record of Conversation between the Prime Minister and the Prime Minister of Japan, July 27, 1959, PREM 11/2738, The National Archives, London (TNA). 大野大使発藤山大臣宛、第六六二号、「（岸総理とマ首相との会談に関する件）」一九五九年七月一四日発、外務省記録外交記録『岸総理欧州及び中南米訪問関係一件（一九五九・七）』第一巻（A'.1.5.0.5-1-1）、外史。

（40）田中、前掲論文、二六二—二六四頁。

（41）安原和雄「開放体制に向って」安原和雄、山本剛士『戦後日本外交史Ⅳ　先進国への道程』三省堂、一九八四年、一九〇頁。

（42）例えば『朝日新聞』一九五九年七月一七日社説。

（43）鈴木千夫「日英通商航海条約の締結——経緯と内容とその意義」『経済と外交』一九六二年一二月上旬号、八頁。

（44）以下の記述は、次の文献に依拠している。益田実『戦後イギリス外交と対ヨーロッパ政策——「世界大国」の将来と地域統合の進展、一九四五～一九五七年』ミネルヴァ書房、二〇〇八年、小川浩之『イギリス帝国からヨーロッパ統合へ——戦後イギリス対外政策の転換とＥＥＣ加盟申請』名古屋大学出版会、二〇〇八年。

（45）オーストラリアは一九五七年七月、日豪通商協定の署名に際し、三年以内のガット適用、すなわち三五条撤回を明らかにし、ニュージーランドは五八年九月、日本との通商協定署名に際し、三年以内のガット適用を明らかにした（萩原監修、前掲書、二九六、二九八頁）。

（46）森、前掲論文（３・完）、七三—七四頁。Liberalisation: Japan, Note by the President of the Board of Trade, non-date, BT 11/5764, TNA.

（47）Liberalisation: Japan, BT 11/5764, TNA.

（48）森、前掲論文（３・完）、七三—七四頁。

（49）同右、八三頁。

（50）同右、七四—七五頁。

（51）同右。

（52）日本のＯＥＣＤ加盟については、鈴木宏尚、前掲書、第五章。

（53）萩原徹「ガットに関する若干の考察」『国際問題』第五号、一九六〇年八月、五頁。

（54）同右。

（55）同右、九頁、萩原大使発外務大臣宛「２ヵ国協定に基づくセーフガード条項に関する件」一九六二年一月二日付、外務省記録『関税及貿易に関する一般協定関係一件　第三五条関係　一般』（ＣＤ—Ｒ番号 E'-233）、外史。

(56) この項の記述は鈴木宏尚、前掲書、第四章に依拠している。
(57) 大野大使発池田大臣臨時代理宛、第八八七号「小坂大臣とモードリング、エロル両大臣との会談の件」日付不明、外務省記録『小坂外務大臣欧州訪問関係一件　英国の部』（マイクロフィルム番号A'0363）、外史。
(58) 前掲、「2ヵ国協定に基づくセーフガード条項に関する件」
(59) 古垣大使発池田大臣代理宛、第五〇四号、「小坂大臣のフランス訪問の件」一九六一年七月一一日発、外務省記録『小坂外務大臣欧州訪問関係一件　フランスの部』（マイクロフィルム番号A'0363）、外史。
(60) 小坂善太郎『議員外交四〇年　私の履歴書』日本経済新聞社、一九九四年、七二頁。
(61) 欧西長「大平大臣訪欧計画の件」一九六二年七月三〇日、外務省記録『大平外務大臣欧米訪問関係一件』（マイクロフィルム番号A'0357）、外史。
(62) 日本国際問題研究所『貿易自由化と経済外交』日本国際問題研究所、一九六三年、五七頁。
(63) 「大平外務大臣訪欧の際の会談要旨」、外務省記録『大平外務大臣欧米訪問関係一件』（マイクロフィルム番号A'0357）、外史。
(64) 欧亜局「総理訪欧会談用調書」一九六二年一〇月一九日、外務省記録『池田総理欧州訪問関係一件』（マイクロフィルム番号A'0365）、外史。
(65) 同右。
(66) 同右。
(67) 同右。
(68) 萩原監修、前掲書、二九九頁。
(69) 「一体化する世界経済・多角化する経済外交――一九六三年の経済外交の回顧」『経済と外交』一九六四年一月上旬号、六―七頁。
(70) 「第四四回（臨時会）における大平正芳外務大臣の外交演説」一九六三年一〇月一八日、『わが外交の近況』第八号、一九六四年八月、資料、六頁。

〔付記〕本稿は、ＪＳＰＳ科研費（26380229）の成果の一部である。

（すずき　ひろなお　静岡大学）

日本国際政治学会編『国際政治』第212号「二国間と多国間をめぐる日本外交」（二〇二四年三月）

GATT三五条援用撤回問題と日英通商航海条約

——対日貿易差別をめぐる日英外交　一九五九—一九六二——

山口眞人

はじめに

復興から高度成長へと時代が移りつつあった一九六〇年、時事通信社から発刊された『自由化読本』という小冊子がある。国内に根強い懸念が残る中でも、経済をさらに成長させるためには貿易自由化に取り組む必要があるとして、日本の政策や取り組みを丁寧に解説したものである。執筆陣には、牛場信彦（外務省経済局長）、松尾泰一郎（通産省通商局長）、酒井俊彦（前大蔵省為替局長）といった面々が名前を連ね、貿易自由化が日本の自主的な取り組みであることが強調されている[1]。

一九五五年に日本はGATT（関税及び貿易に関する一般協定）に加盟したが、英国が率先する形でGATT協定三五条を援用して「日本とはGATTの自由貿易関係に入らない」と宣言し、それにフランス、オランダ、オーストラリアなど一三カ国が追従した[2]。加盟は果たしたものの、三分の一以上の国から最恵国待遇を得られず、日本の工業製品輸出は滞ることとなった。日本はGATTを舞台に対日差別撤廃を訴え続けたものの、直接実を結ぶことはなかった。対日差別撤廃を進める上では二国間交渉が突破口となった。六〇年一月から日本は貿易自由化に取り組み、と同時に英国との二国間交渉に注力したのである。六二年一〇月に貿易自由化率八八％を達成し、翌月日英通商条約が調印され、三五条援用は撤回された。これを機に対日貿易差別撤廃の動きが欧州全体に拡大した。日本の貿易自由化と日英通商条約の間には何か強い関係があるのではなかろうか。

日英通商条約についての先行研究は二つあり、いずれも英国の外交一次資料を用いたものであり、一つは二〇一一年の日本論文、もう一つは二〇〇三年の英国論文である。両論文共に、英国商務省が対日政策を転換し三五条撤回を日本に提案したことによって、紆余曲折はあったけれども通商条約合意に至ったと主張する論文である。しかし、貿易差別という日英両国の相互不信が招いたテーマについて、英国の情報だけを用いている限り日本側の価値観や政策を公平に評価することは難しい。

そこで本稿は、日英双方の外交一次資料を用い、日英通商条約が合意した理由を、英国側の視点だけではなく、日英双方の視点から解明することを目指したものである。一九六〇年に英国は三五条撤回を提案したけれどもなぜ行き詰ったのか、一九六一年に日英交渉は貿易自由化によって何が変化し締結に進んだのか、を明らかにする。

一　対英経済交渉の転機――一九五九年

(1) 欧州主要国の対日差別

欧州主要国の対日差別の概要は以下の通りである。

英国は対日貿易差別の筆頭国であり、GATT三五条の援用を率先すると共に二〇〇～三〇〇品目に渡る対日輸入制限を行い、日本は共産圏諸国に近い輸入制限を受けていた。フランス及びベネルクス諸国も英国同様三五条を援用していたが、輸入制限には差異があった。ベネルクス諸国の制限品目数は数十品目であり英国よりも少ないが、フランスの場合は英国よりも多い品目数であった。イタリアは三五条こそ援用していなかったものの、フランスと同レベルの対日輸入制限を行っていた。第二次世界大戦時に日本と同盟国であった西ドイツは輸入制限数こそ少なかったものの、繊維製品などの輸入は制限していた。

(2) 三五条撤回をめぐる構図

日本そして米国から対日貿易差別撤廃を求められていた西欧諸国の基本的な考え方は、当時の報道や交渉経過をふまえると、次のようにまとめられる。まず、GATT三五条援用は多数の援用国が存在する状況にあり、ある種の既得権かつ保険として出来るだけ長く保有しておきたいものになっていた。英国は通商条約を締結すれば三五条を撤回すると白書にて宣言していたけれども、日本自身が自由貿易でなく保護貿易政策を採っていたこと、フルセットの通商条約を目指したことがあり、交渉はまとまらず三五条は撤回されないでいた。

欧州側としては、センシティブリストとセーフガードを要望するようになっていた。センシティブリストとは、輸入制限を継続する品目リストであり、差別廃止が国内政治として格別に難しいものについては、日本が差別を受け入れることを要求していた。セーフガードとは、日本製品の輸入によって欧州の国内市場が攪乱することを恐れ、自国産業を保護する仕組みを要求するものであり、実効性に疑問符のついていたGATTの多国間セーフガード（一九条及び二三条）ではなく、二国間セーフガードを求めていた。英国はこのセーフガードとして、英国自身が輸入ライセンスを用いて輸入制限をコントロールして、市場攪乱が生じた場合には、報復として輸入制限品目を追加する考えであった。[7]

一方、日本が最優先していたのは、三五条を撤回させることであった。[8] なぜなら、三五条は対日差別を正当化する切り札として用いられ、日本の交渉余地を大幅に狭めたからであった。日本が貿易差別削減交渉を行なおうとしても、相手国が三五条を提示し、日本とは交渉しないと拒絶されるとそれ以上交渉できなかったからである。先ず三五条を撤回させ対等の立場になり、その代わりにある種の貿易差別を日本が自主的に受容する方がはるかに望ましかったからである。例えば、センシティブリストを最小限に絞って受容するほうが、多くの貿易差別を解消できるので、日本にとって有利になる、との考えである。セーフガードについては、オーストラリアで実績のある日本の輸出自主規制を採用することが日本の提案であった。

(3) 岸首相から三五条撤回の申し入れ

一九五九年夏の岸信介首相訪英が新たな交渉機会を生むことになった。岸は英国閣僚に対して、「日英間の経済関係の最大の問題は、ＧＡＴＴ三五条の援用撤回である。日本側で輸出自主規制を行う覚悟があるので、通商条約を締結したい」と申し入れた。[9] これに対し英国側は、日英の政治的関係継続を優先して日本の主張を認め、三五条撤回の代わりに、英国のセンシティブリストとセーフガードを日本が受容することを逆提案してきたのである。結果、両首脳はこの提案を具体化することについて秘密合意したのである。[10] そして、英国側は商務省のヒューズ（William Hughes）次官補をリーダーに任命し、日本側との交渉を進めることになった。

(4) 日英通商交渉の事前会議

ヒューズ商務次官補は、英政府代表団を率いてＧＡＴＴ東京総会に出席し、一一月四日と一六日に外務省を訪問し、牛場信彦経済局長と非公式に面談した。牛場は日豪通商協定を取りまとめたキーマンであり適任だった。二人は行き詰っていた日英通商航海条約について率直に話し合い、概要以下の内容が話された。[11]

日本は英国に三五条撤回を強く求めているが、政治状況から見て英国が輸入制限を全面的に解除できないことは日本側も承知していた。それゆえ、三五条撤回＝最恵国待遇と引き換えに対日輸入制限をフレームワーク化して条約に盛り込むことが不可欠であることを確認した。日本側は三五条撤回については、早期の撤回を求めており、即時撤回または三年後に撤回するという二つの方式を披露した。そして、二人は、ＧＡＴＴのセーフガード条項が実効的でないと評価していることを披露しあった。日本が提案する輸出自主規制方式と英国が提案するセーフガードを比較しその得失を議論した。最後に牛場はセンシティブリストについて、膨大な品目リストになれば日本として合意できないこと、西ドイツとの間で進めている漸進的改善方式が望ましいこと、を説明した。

二 貿易自由化への取り組みと日英交渉の再開——一九六〇年

(1) 貿易自由化の積極的推進

一九五九年九月に外務省経済局は、「為替自由化に対する基本的立場」を各省に配布し、貿易自由化の積極的推進を主張した(12)。この文書と併せて収録された「貿易自由化の具体案」は、概略以下のように貿易自由化の必要性を訴える。①欧州を中心に始まった貿易自由化の流れは最早食い止めることは出来ず、日本はこの流れに乗る必要がある、②日本は国産品愛用ではなく国際分業に基づき貿易自由化を前提とした産業政策を整えることに方針転換すべき、③北米や欧州諸国の先進国から日本の自由化方針が疑惑の目で見られないよう、理念転換をはっきり表明すべき、④貿易自由化と言ってもすべての輸入品目を直ちに全て自由化されるわけではなく輸入制限を残すものがあっても構わず、欧州諸国が貿易自由化を一〇年かけて実行したことを参考に、自由化する品目としない品目を研究し、戦略を練って対処すべきである(13)。民間有識者が執筆した参考資料ではあるが、各種協議やその後の状況と照らしても、この主張は概ね外務省の基本的立場と一致していると言える。そして日本の貿易自由化は急進的に実行された（表1参照）。

(2) 英国内での通商交渉に関する事前会議

一九六〇年二月ヒューズは、日英秘密合意を実現するため、条約交渉案を作成した。その内容は、①日本は非共産国の中で英国から輸入差別されている唯一の国である、②英国は一九五五年以来三五条を援用して日本の工業製品二〇〇品目を輸入禁止している、③日本政府と国民は英国の差別を嫌っている、他の三五条援用国の対日差別は英国よりも少ない、④英国は一九五五年の白書で約束したように日本に最恵国待遇を与える（三五条撤回）べきである、⑤現在の輸入差別を維持すれば日本を共産圏に追いやることになり、英国が逆差別される可能性がある、以上の理由により対日貿易差別を続けると日英関係が悪化することは必至である。この商務省の対日政策転換案はＥＰＣ（Economic Policy Committee：経済政策委員会）にて説明され、予想外の驚きを以て迎えられた(14)。なぜなら、五〇年

表1　日本の貿易自由化実績

年	月	自由化品目数	自由化率：%
1960	1		37
	4	586	41
	7	61	42
	10	481	44
1961	4	660	62
	7	112	65
	10	500	68
	12	70	70
1962	4	8	73
	10	230	88
	11	8	88

出典は浅井良夫、『IMF8条国移行』27頁から加工

代ソニークロフト（Peter Thorneycroft）商務大臣に率いられた商務省は対日強硬派の最右翼であり、三五条援用の張本人であったから、人々は戸惑ったのである。それでも、英国には三五条援用そのものが持つ非倫理性を嫌う考えがあり、この提案は受容され、三月初めには英国交渉団は三五条を撤廃して日本に最恵国待遇を与える交渉権を獲得した。しかし、英国内の対日不信感を一掃できたわけではなかった。マクミラン（Harold Macmillan）首相からは交渉日程をイースター以降に延期せよとの指示があり、[15] 日英通商航海条約の第四次交渉は、一九六〇年五月に東京で行われることになった。

(3)　一九六〇年の貿易取極交渉

牛場とヒューズが面談した一九五九年一一月、日英間には新たに問題が生じていた。英国が対ドル地域向けの輸入制限を緩和した際、対日輸入制限はそのまま放置されて緩和されず、日本は共産圏と同等の輸入制限にされたのである。この件は、日本側の不満を大いにあおったけれども、一九六〇年二月八日からロンドンで新しく貿易取極交渉が始まることになったので、いったんは収まった。しかし、ヒューズたち英国商務省の考えは日本に対し譲歩するものではなかった。英国として特別な対日優遇対応は一切しない、日本が輸入制限を緩和して欲しければ、「ポンド対ポンド原則」に基づき、日本側から先に英国に対し輸入制限を緩和すべきであると考えていた。「ポンド対ポンド原則」は典型的なギブアンドテイク原則であり、日英双方が輸入制限を解除して創出した輸入改善価値を日英双方ともに均等にするとの原則である。商務省は日本への不信感を抱いており、日本が急進的に貿易自由化を進めるとは予想できていなかった。典型例がヒューズである。彼は国際通で有能な商務官僚であったが、「日本はまだ多くの輸入制限をしているし、国際収支の問題もまだまだ深刻である。多くの年月をかけても、日本経済がドイツのように強力になる、あるいは日本の輸入市場に将来性があるとはとても信じられない」と一九五九年一〇月の訪日直前に書いていた。[16] それでも英国の交渉姿勢には若干の変化があった。英国交渉団は、日本側が互助の態度でいる限りは極端な対日差別は改めたこと、他方で対日輸入制限を減らす努力を始めたこと、などである。[17]

対する日本には、有力な交渉材料があった。前述のように、一九六〇年四月から貿易自由化が始まり、多くの品目で輸入制限の解除が予定されていたからである。日本の交渉団は、英国から出来るだけ多くの輸入可能品目（OGL：Open Government License）獲得や品目別数量制限（クォータ）増量を求めて邁進した。日本は輸入制限解除方式として、輸出国を限定しない形で当該品目にのみ設定されるグローバルクォータを初めて設定し、英国が輸出を望む小型乗用車、工作機械などに適用した。[18] 日本製カメラが英国から評価され、西ドイツ製カメラが独占していた英国市場に参入し始めたことも日本側の交渉材料となった。[19]

ポンド原則には、輸入改善価値を日英均等にすることが極めて重要であったが、日英間での見積もり額には大きな差異が生じていた。そこで、ヒューズの決断によって、輸入改善価値については一年後に実績金額を確認して均等になるよう精算する合意がなされた[20]。最終合意金額は、英側ＯＧＬについては日本側評価八四五／英国側評価四五〇万三千ポンド、日本側自由化については英側評価七八〇／日本側評価四七一万八千ポンドでほぼ均等になり[21]、合意するに至った。

一九六〇年七月一五日、日英貿易取極が発表され、それは日英両国から驚きをもって迎えられた。なぜなら今回の貿易制限解除額は少額であったけれども、従来解除額が極小に近い値であったことと比べれば、日本からの輸入制限が大きく解除されたように見えたのである。英国では日本との競争にさらされた業界から、「商務省は日本に好意的である」との批判が盛り上がった[22]。

(4) 第四次通商条約交渉

一九六〇年五月九日から、第四次日英通商航海条約交渉が、英国側は在京大使館のウォーナー（E. R. Warner）公使と商務省のフィリップス部長（E. L. Phillips）、日本側は牛場経済局長をトップにして始まった。

まず英国側は、日本に最恵国待遇を与える条件として二国間セーフガード条項を提案した。その特徴は、英国政府が強力に紛争解決できる権限を保有すること、期限は無期限であることであった。しかし、日本が希求していた三五条撤回については、条約締結時なのか、条約終結時なのかあいまいだった。また、商務大臣からの指示があり、二国間セーフガード条項を日本が受容することを確約しない限り、センシティブリストの開示は禁じられた[23]。これに対し牛場は、センシティブリストを確認しないとセーフガード条項全体を評価できないと反論した[24]。牛場はフィリップスに「ロンドンに帰ったらどうか?」と揶揄する始末であり[25]、交渉は行き詰ってしまった。

五月二七日になって、ようやく英国はセンシティブリストを開示したが、それは①輸入禁止するものとして、綿織維製品、トランジスタラジオ、カメラ、光学機器、食器、おもちゃ、網など、②輸入数量を制限するものとして、造船、ゴム、時計、スクリュー、各種果物など、③市場攪乱が起きた場合制裁として輸入制限するものとして、スポーツ用品、傘、自転車、オートバイ、宝石、など多数であり[26]、日本が最小化されるのではと期待したレベルにはとても届くものではなかった[27]。さらに、二国間セーフガード条項が無期限であることが日本側として大きな問題となった[28]。なぜなら、日本政府は産業界に対し「数年間の間は辛抱するように」として説得していたけれども、無期限であればとても産業界を説得できなくなったからである。

七月に入ってから日本側は二つの選択肢（日本②Aおよび日本②B）を対抗提案として示した。

日本と英国の提案論理については複雑なので図1を使って説明する。図の見方であるが、四つの象限の縦軸は三五条の即時撤回か否かによって上下に分かれる。横軸は右側がＧＡＴＴのセーフガード条項を採用するものであり、左側は二国間セーフガード条項を採用するものである。象限の中に提案名が記載されている。左下象限に英国の最初の提案（英国提案①）、次に右上象限に日本提案②Ａ、右下象限に日本提案②Ｂ、左上象限に英国提案③が記述されている。

		日本の交渉目標： 35条を撤回させ、対日貿易差別をできるだけ最小化する （2国間セーフガード条項の有期限化 ＋センシティブリストの最小化）	
		2国間セーフガード条項を採用する	GATT公認の多国間セーフガード条項を採用する。ただし、GATT側が可能になるまでは2国間セーフガード条項を暫定採用する
英国の交渉目標： 35条を撤回するので、2国間セーフガード条項の無期限化 ＋大きいセンシティブリストを日本に認めさせる	35条は即時撤回される	**英国提案③　60/12** 英国は35条を即時撤回するので、日本は2国間セーフガード条項の無期限化 ＋大きいセンシティブリストを認める	**日本提案②A　60/7** 日本は完全なGATTの最恵国待遇の権利を獲得し、2国間セーフガード条項をいつでも破棄できるようにする。
	35条は即時撤回されない	**英国提案①　60/5** 日本は2国間セーフガード条項の無期限化 ＋大きいセンシティブリストを認める	**日本提案②B　60/7** GATTの多国間セーフガードが成立せず3年経過した場合は、2国間セーフガード条項は終了させる

図1　1960年の日英通商条約交渉における日英提案論理の比較：筆者作成

日本と英国の交渉目標については、英国を最左翼に日本を最上位に記載している。

英国の交渉目標は三五条撤回と引き換えに、二国間セーフガード条項とセンシティブリストを、日本に受け入れさせることであった。セーフガード条項の有効期間については、三五条援用を復活させることが政治上不可能であることから、セーフガード条項は無期限でなければならないとの論理で、無期限を強く主張した。センシティブリストについては、大きなセンシティブリストを主張した。

これに対し、日本の交渉目標は、三五条を撤回させることに加え、英国の対日貿易差別をできるだけ最小化することであった。しかし、日本が英国提案①を分析してみると、貿易差別の最小化どころか、むしろ、貿易差別が恒久化されることを危惧しなければならない事態になった。そこで日本は、一九五九年一一月の牛場・ヒューズ会談では実効的ではないとしたＧＡＴＴの多国間セーフガード条項を採用することにし、ＧＡＴＴの準備が整うまでは二国間セーフガード条項を暫定として受け入れると逆提案したのである。その真意は二国間セーフガード条項の破棄を目的とするものである。日本提案②Ａでは、日本は完全な最恵国の権利を保有しているので、いつでも二国間セーフガード条項を破棄できる、日本提案②Ｂでは日本側から破棄はできないが、最大三年間辛抱すれば時間切れで二国間セーフガード条項を終了できる、との論理であった。日本が最恵国待遇を獲得できていなかった時代のもどかしさがその根底にある。

こうして日英通商交渉は完全に行き詰った。一一月になりヒューズは、五月の交渉開始時点に立ち戻ることを目的に、英国提案③を作成し、閣僚の了解を取り付けた[29]。

一九六〇年一二月一四日、ロンドンにおいてヒューズは、英国提案③を日本交渉団に回答した[30]。それまでの英国の三五条撤回への消極的な姿勢から、日本代表は日本提案②Bを英国が受諾すると予想しており、英国提案③に対し驚きの意を示した[31]。しかし、日本国内でAB二案の採否に関する論争が未決であったことから、即答はできず、日本に持ち帰る形となった。

岸の投じた一石によって、英国商務省は三五条撤回という画期的な提案を行ったけれども、日英双方が相手国に対する不信感を抱き続け、解消することができなかったことにより、日英合意には至らなかったのである。

(5) GATTへの日本からの働きかけ

日本のGATTに対する期待は、GATTに破壊的競争作業部会が発足したことであった[32]。しかし、この作業部会の目的は市場を攪乱するような競争行為の発生を調査し予防対策を立てることであったが、日本の期待に反して検討は進展せず[33]、一一月になっても日本は多国間セーフガード条項のドラフト案すら手に入れることができなかった[34]。なぜなら、日英が期待する多国間セーフガード条項に求められる要件には、輸出国と輸入国のそれぞれが遵守すべきルールを設計するだけでなく、このルールが順守されなかった場合の迅速かつ公平な仲裁や調停機能が不可欠であった。要するに、日英間の貿易状況を把握し、仲裁する機能をGATT組織内に新設することが求められていたのであるが、当時のGATTでは実現不可能だったのである。このことは、日本がGATTに三五条援用問題を提訴した際にGATTがとった対応を見ればそのことがよく理解できる。

二国間交渉を進める一方で、日本はGATTに対日三五条援用問題を提訴し、レビューを要請していた。その理由は、①日本の貿易自由化で生じたメリットに援用国がただ乗りすることは不合理であること、②GATTの多角的関税交渉に日本が参加できないこと、③三五条を援用した植民地から独立した国が宗主国を見倣い新たに三五条を援用する可能性があること、である。三五条援用国は一六国に増えていた。インド、ブラジルは日本と通商条約を締結し三五条を撤回したけれども、カンボジア、ガーナ、ハイチ、ナイジェリアが新たに三五条を援用したのである[35]。

六一年八月末、ジュネーブで作業部会が開かれた[36]。対日差別の現状については、①対日差別を行っていないのは一国のみ、②無差別待遇を約束する国はベネルクス三国、③差別的待遇をしているが二国間定期協議で改善している国は英国はじめ多数存在、④二国間協議を行わず差別を放置している国はガーナやオーストリアなど三国、が報告された。また、三五条援用の特徴として、①理由は日本商品による自国市場攪乱の恐れが主たるものであること、②三五条援用が日本の貿易自由化促進の障害になること、③三五条援用は日本が関税交渉を行う際の障害になっていること、④市場攪乱防止策について満足すべき多角的解決が見出されれば本件解決が促進されること、が指摘された。対日差別撤廃に向けて現状の問題が的確に指摘された形だが、ＧＡＴＴはこの問題の具体的解決には向かわなかった。

しかしながら、日本外交にとってＧＡＴＴは新たに援軍となったのである。六一年一一月のＧＡＴＴ総会でホワイト（Eric Wyndham White）事務局長は、「ＧＡＴＴ三五条援用国は、作業部会の報告をよく読んで欲しい」をＧＡＴＴ総会決議として採択し、国際社会は貿易自由化に邁進する日本にエールを送ったのである。

三　対英経済交渉の分水嶺——一九六一年

(1) 顕在化する貿易自由化の成果

日英交渉が停滞する一方で、英国の機械類の対日輸出は急増していた。一九五九年に三九〇万ポンドだったものが、六〇年には六八〇万ポンドの実績となり、六一年には九〇〇万ポンドに急伸する見込みとなった。英国商務省は、「最近の日本の自由化は英国の予想以上で、昨年の英国の予想を大幅に上回るものであった」と貿易自由化の成果を率直に認めている(37)。対日輸出増大によって、輸出産業が英国の貿易政策に与える影響が増大することになった。

一方、自由化の進展に伴って輸入改善価値について、予想をはるかに超える不均衡が生じた。前述のように、輸入改善価値に生じた不均衡は実績に基づき次の交渉時に精算する約束となっていた。一九六一年六月に行われた貿易実績の検証では、英国側の輸入改善価値が八〇万九千ポンドに対して、日本側は三六四万八千ポンドとなり、四・五倍もの開きが生じた(38)。再検証したけれども結果は変わらなかった。たった一年のことではあるが、日本は英国に対し「ポンド対ポンド原則」による輸入改善価値において、大きな貸越を持つ国に変化したのである。

その理由を以下に考察する。マクロに見れば、輸入改善価値は自由化された日本市場に比例すると考えられ、自由化で増分した日本市場の大きさ（金額）＝自由化率の増分×日本のＧＤＰに比例すると考えられる。六一年の日本のＧＤＰは英国の六割の規模であったから、日本の自由化率増分に対し、均衡させるには、英国は対日自由化率を日本の自由化率の六割増分させる必要があったにも拘らず、英国側の実行した対日自由化率は小さすぎたのである。

日本の自由化政策が挫折する予想もあったけれども、日本は貿易自由化を最後まで走り切ったのである。

(2) 小坂外相が条件付きで英国提案③を受諾

一方、貿易自由化を進めたことで日本政府は新たな難題に直面していた。日本が急進的に自由化を進めたにもかかわらず、西欧諸国の対日輸入制限緩和は進んでおらず、結果として西欧諸国が日本の一方的自由化措置にただ乗りする不公平が生じていた(39)。この点が日本国内で問題視され、自由化を急進的に進める日本政府への批判が沸き起こったのである。

内に自由化批判を抱え、ＧＡＴＴを舞台とした多国間交渉の見通しが立たない中で、日本政府内でも三五条撤回を優先する意見が有力となっていった。対日差別の源泉は三五条にあり、ＧＡＴＴへ訴えても実を結ばないのであれば、二国間交渉を通じて三五条を撤回させ、対日輸入制限を大幅に削除させることが最優先であるとの考えである。こうして、英国提案③を受け入れることになった[40]。

六一年七月に小坂善太郎外相が訪英し、通商条約について二国間セーフガード条項を有期限に変更する条件付きで英国提案③の受託を表明した[41]。有期限化について商務省は猛反対したけれども、この頃には、英国閣僚は日本との貿易拡大を優先する風向きに変わっていた。そして、英国閣僚は八月のＥＰＣにて有期限化を承認した[42]。これで、通商条約のフレームワークについて両国は大枠合意することができ、日英間にはセンシティブリストの縮小が課題として残ったのである。

(3) 日英交渉の急展開

日英両国は、まず六一年の貿易取極交渉に取りかかった。交渉はフィリップスが来日し八月二五日から東京で始まったが、日本の貿易自由化はさらに進展しており困難が生じていた。交渉開始時点で輸入改善価値の日本側貸越は九二〇万ポンドにまで膨らんでおり、英国側の返済額が当初の争点であった。フィリップスは不均衡の源泉となっていた「ポンド対ポンド原則」の取り下げを日本に要望すると同時に、今回返済できるのは一八〇万ポンドであると回答したが、交渉を通じて三八〇万ポンドまで増額すると再回答した。この過程で日本側に明らかになったのは、英国側の輸入改善余地が残されていないことであった。同年一〇月には日本のさらなる自由化が予定されていたこともあり、英国が追い詰められたのは明白であった。

しかしながら、日本側は貿易取極交渉をめぐって英国に意趣返しすることは、自らの利益にならないと理解していた。貿易自由化を進めた結果、全体として日英の経済関係が良好となっていたこともあり、建設的に解決できる道を望んでいたのである[43]。それゆえ日本は、九月二一日に一〇月自由化分の五〇〇品目を英国には無条件で均霑することを宣言した。これを受けて、フィリップスは対日経済交渉全体が危機に陥っているこの事態を打開するために、フィリップスがロンドンに戻り通商条約についても交渉権を握り、貿易取極と通商条約の交渉を同時に進めることを本国の閣僚に上申した[44]。貿易取極交渉で対日輸入制限を大幅に解除しなければならないことは必然だったので、貿易取極交渉と通商交渉の整合性を確保しながら対日譲歩を行う必要に迫られたのである。この上申案が採用され、一〇月七日、英国は日本にロンドンで通商条約と貿易取極の交渉を同時に進める旨の覚書を提示した。日本側はこれを歓迎し、早期の交渉再開に同意した[45]。

ところが、今回の交渉はさらに緊迫するものに変化した。「貿易自由化を半年早めて、一九六二年一〇月には自由化率九〇％達成する」と日本が発表したことに加え[46]、一二月に七〇品目を自由化するにあたり日本は新戦術を採用したからである。厳しい対日差別を続ける英仏伊三国に対し逆差別の可能性を予告して、相手国から輸入の自由化を勝取る戦術を採用したのである。一二月の日本の自由化品目には自動車、トラクターがあり[47]、英国はここで日本から対英輸入差別されることはとても耐えられなかった。日本側は、東京に佐藤栄作通産相が外務省と通産省を統括する最終意思決定者として[48]、欧州にはＧＡＴＴ閣僚会議出席のため出張中の藤山愛一郎経済企画庁長官が、英仏伊との交渉に注目して待機し、逆差別の実施という重大な意思決定を日本が実行可能な体制を敷いていた。日本側交渉担当者は「自由化への完全均霑の保証の有無を含め強力な交渉を行った」と当時をふり返っている(49)。

ロンドンにおける貿易取極交渉は一一月一五日から始まった。英国が大幅譲歩の姿勢を早期に表明したので、早くも一七日には英国は逆差別の対象外になった。そして、フランスも日本側に譲歩したことから対象外となった(50)。イタリアが譲歩しなかったことで対応が問われた。最終的にイタリアのみに逆差別を適用することに外務省が反対し、実施は見送られた(51)。こうして日本が逆差別を予告しつつ行った貿易交渉は、英仏両国に対する日本側の勝利で終わったのである。

ともあれ、英国は画期的な譲歩を行い、カメラ、造船、オートバイなどの輸入制限を大幅に緩和した。対日ネガティブ品目は三八あったものが、二四にまで縮小され、対日輸入制限はほぼ半減するという大きな成果になった。残されたのは輸入改善価値の貸越の件であった。日本は、英国側の対日貿易差別撤廃に向けた意志を信じる形で、貸越を一方的に放棄することに踏み切ったのである(52)。日英貿易取極は、一二月二二日に調印された。通商条約は残されていたものの、貿易取極交渉を通じて日英間に信頼感が形成されたことは大きな収穫であった。

一九六一年の日英交渉を総括すると、日本の交渉力が強化され、その要因は日本が急進的に貿易自由化を遂行していることにある。日本の貿易自由化は英国の対日貿易観を三つの点で大きく変えた。①日本が先行して輸入市場を開放したことにより、英国の輸出が急増し日本が有望な輸出先になった（表２を参照）、②輸入改善価値競争で英国は負け続け、日本の自由化率とＧＤＰの大きさを実感した、③逆差別の可能性を示唆され、日本製品を差別し続ければいつ

表２　英国の対日貿易　1958–61

英国から見た対日輸出　　単位：百万ドル

	1958	1959	1960	1961	61/59 比
機械機器	14.9	19.5	36.8	48.5	249%
化学品	6.2	9.7	10.8	14.9	154%
原材料	19.2	42.9	20.8	35.4	83%
その他	19.1	31.4	30.7	38.1	121%
総計	59.4	103.5	99.1	136.9	132%

英国から見た対日輸入　　単位：百万ドル

	1958	1959	1960	1961	61/59 比
機械類	0.2	5.2	11.4	31.9	613%
化学品	2.3	2.6	2.6	2.5	96%
繊維品	9.3	10.6	13.8	13.2	125%
食料品	73.4	58	62.6	40.6	70%
その他	20	27	30.1	26.5	98%
総計	105.2	103.4	120.5	114.7	111%

出典は鈴木干夫、経済局スターリング地域課「日英通商航海条約の締結」『経済と外交』第 402 号、1962 年 12 月、20 頁を加工。

逆差別されても対抗できないことを痛感したこと、である。幸運もあった。六一年の実績が英国の出超であったことは幸いであった。商務省は対日貿易差別について日本に対し大幅に譲歩したけれども、英国内から大きな批判は生じなかったのである。

四　日英通商航海条約をめぐる終盤の攻防——一九六二年

(1)　残された日英交渉の課題

英国商務省にとって残された戦略は明確になった。英国の対日輸出が日本から逆差別されないために、できるだけ早く通商条約を締結することが最優先となった。交渉を見渡すと、英国側が早期妥結を望んでいた一方で、日本側は条件にこだわりを見せる形となっていた(53)。

条約締結に向けて、日英間には一般条項と貿易のセンシティブリストが大きな課題として残されていた。一般条項は一九五九年の第三次交渉以降、一旦話し合いが停止していたが、フルセットの通商航海条約を目指していた英国側として、保険、海運、事業活動、為替管理及び外資統制といった事項に関する合意は譲れない。センシティブリストについては、英国側の品目数と自由化期限が争点であった。ほとんどの産業で対日輸入制限が行われている状況もあり、日本側としては交渉で可能な限り輸入制限を少なくして欲しい旨を要求することはできるものの、現実には商務省の英国内調整が主体作業となっていた。

(2)　最終局面

四月下旬、英国はエロール（Frederick Erroll）商務相を訪日させて日本に交渉促進を働き掛けた。池田勇人首相との会談で、エロールは「通商条約は満足いくまで議論するのではなく、あまり時間をかけないで締結することを望む」と述べ、池田の同意を得た(54)。

日本側が条約締結に前向きであると確信した英国側は、七月から八月にかけてヒューズを東京に派遣し、一般条項を交渉させた。この交渉ではヒューズが活躍し一般条項は合意された(55)。

最後まで残されたのがセンシティブリストである。商務省は、センシティブリストから削除する品目として、時計、ゴルフボール、光学機器、おもちゃ、繊維製品の一部、航空省の管轄の機器、トランジスター関係を、内閣に提案し、英国産業との調整を行った(56)。自由化対象にされた産業のなかでは、毛織物産業が最後まで商務省の意向と強く対立し続けたが、最終的に一八〇あったセンシティブリストは七九品目にまで縮小した。綿製品関係およびトランジスター関係六一品目は輸出自主規制となり、センシティブリストの品目内容はライター、ナイフ類、ミシン、漁網、双眼鏡、電子顕微鏡、おもちゃ、陶磁器など一八品目に絞られセンシティブリストに明記され、さらに時期別に数量制限の緩和目標が設定され、一九六八年にはすべての制限を撤廃すると明記された。

(3)　条約調印

日英通商航海条約は、一九六二年一一月一四日、ロンドンにて池田首相とマクミラン首相の立会いの下で調印された。

日本国内の反響は一般的に極めて良好であった。自民、社会、民社三党は幹事長談話を発表し歓迎の意向を表明し、財界、各関係業界、海運界の代表等も条約の成立を支持していた(57)。

通商航海条約の批准について、英国下院では一二月五日に討議された。一七人の議員が登場して五時間にわたる討論が行われたが、その基調は日本経済の目覚ましい発展、日本の貿易自由化に鑑み、英国としてこの際日本と条約を結ぶことは有利であるとの意見であった。もちろん反対意見も出された。日本の輸出補助金に不満、日本の毛織物製品がセンシティブリストから外されたことへの不満、日本の自主輸出規制では不安、まだ意匠盗用問題が存在すること、商務省に対する批判などであるが、最終的に条約は承認を得た(58)。

おわりに

日英通商航海条約締結に至った最大の要因は、日本が一九六〇年一月から六二年一〇月まで、急進的に貿易自由化を実行したことに求められる。そこから外交として得られる教訓は、貿易差別国は正当性を失い、自由貿易国は正当性を得たことにより、日欧間の貿易パラダイムが大転換したことである。こうして繊維などの伝統的工業製品を除き、日本の重工業製品は原則自由に欧州に輸出できるようになったのである。

英国商務省は二段階で日本に歩み寄った。一つは、六〇年において、対日差別を放置すれば政治問題として悪化すると予見し、英国から三五条撤回に大きく歩み寄った。しかしながら、日英は相手国に対する不信感を抱き続けたことにより、合意に至らなかったのである。

二つは、六一年以降の大きな変化である。日本が貿易自由化を急進的に実行したことにより、日本市場が先行して開放され英国の輸出が急増したこと、日本のＧＤＰと自由化率の大きさに気付いたこと、対日貿易差別を放置しておけば日本から逆差別される可能性に英国が気付いたこと、である。こうして商務省は、対日貿易差別を最小化して、日英通商条約の締結に至ったのである。

二国間条約と多国間条約について本論文から言えることは、英国のセーフガードのように監視、仲裁、制裁が強く求められる要件には、一九六〇年当時のＧＡＴＴの組織力では対処が不可能であり、二国間条約によって実現する他に方法がなかったことである。

(1) 牛場信彦・酒井俊彦・伊原隆・松尾泰一郎・松尾金蔵『自由化読本』時事通信社、一九六〇年。
(2) 赤根谷達雄『日本のガット加入問題――レジーム理論の視角による事例研究』東京大学出版会、一九九二年、二八二頁。
(3) 森建資「一九五〇年代の日英通商関係(三・完)」『東京大学　経済学論集』七七―二、(二〇一一年七月)。本論文は、商務省の対日方針転換など日英通商条約における英国側論理を、英国側一次資料に基づいて詳細に描いた論文である。
(4) Noriko Yokoi, *Japan's Postwar Economic Recovery and Anglo-Japanese Relations, 1948–62* (London: Routledge, 2003), Chapter 9. 森およびYokoi 論文以外の主な研究には以下があるが、いずれも日英間の貿易交渉は対象外である。高橋和宏「池田政権と貿易自由化とナショナリズム」『国際政治』第一七〇号、二〇一二年九月、は、池田勇人が貿易自由化を積極的に推進することで日本固有のナショナリズムを産み出した過程を日米関係の観点から論証している。浅井良夫『ＩＭＦ８条国移行——貿易・為替自由化の政治経済史』（日本経済評論社、二〇一五年）は、ＩＭＦへの対応の観点から貿易自由化について詳細な分析をしている。また、吉次公介『池田政権期の日本外交と冷戦』（岩波書店、二〇〇九年）と鈴木宏尚『池田政権と高度成長期の日本外交』（慶應義塾大学出版会、二〇一三年）は、主に政治的な観点から池田政権の対欧州外交を取り上げている。

（5）西欧諸国による対日差別の概要は、経済局欧州課「欧州諸国の輸入制度と対日待遇の現状」『経済と外交』第三六一号、一九六一年三月、二—一四頁。

（6）Robin Gray, "The Anglo-Japanese Commercial Treaty of 1962: A British Perspective," in Ian Nish (ed.), *Britain & Japan: Biographical Portraits, Vol. 2* (New York & London, Routledge, 1997), 301–317.

（7）Memorandum of Commercial Relation with JAPAN by the Board of Trade, 1 February 1960, FO371/1506060 60-65.

（8）外務省「外交青書昭和三五年わが外交の近況」一九六〇年六月。ガット東京総会の開催に触れ、ガット第三十五条の対日援用の撤回を希求する旨が記載されている。

（9）外務省欧亜局「岸総理欧州訪問の際の各国首脳との会談要領案（イギリス）」一九五九年六月一五日、外務省記録『日英通商航海条約関係一件』第三巻、B'5.2.0 J/B1、外務省外交史料館（以下、外史、と略記）。

（10）Memorandum of Commercial Relation with JAPAN 前掲資料、60–65.

（11）Telegram from Tokyo to FO, 6 November 1959, FO 371/141473 FJ1152/61; 藤山大臣発在英大野大使宛電報第五六九号「日英通商航海条約及び貿易取極に関する件」一九五九年一一月七日、前掲『日英通商航海条約関係一件』第三巻、所収、藤山大臣発在英大野大使宛電報第五六二号「日英通商航海条約に関する件」一九五九年一一月一九日、前掲『日英通商航海条約関係一件』第五巻、所収。

（12）経済局総務参事官室「為替自由化に対する外務省の基本的立場」一九五九年九月一日、外務省記録『本邦貿易・為替自由化関係（一般一）』第一巻、E'2.0.0.32、外史。

（13）木内信胤「貿易自由化の具体案」作成日不明、同右所収。

（14）Note from P.G.F. Dalton to MacDermot and Lord Lansdowne, Commercial Relation with Japan E. A. (60)13, 16 February 1960, FO 371/150606 97-98.

（15）Note from P.G.F. Dalton to MacDermot and Hughes, Commercial Relation with Japan, 15 March 1960, FO 371/150606 FJ1152/41G.

（16）Note from W. Hughes to Chadwick FO, 8 October 1959, FO371/141473 FJ1152/55 (A).

（17）在英大野大使発藤山大臣宛電報第三〇三号「日英貿易交渉に関する件」一九六〇年三月二八日、外務省記録『日英貿易支払協定関係一件 日英貿易会談合意議事録関係（一九六〇年七月一五日付）』第一巻、B'5.2.0/J/B2-9、外史。

（18）藤山大臣発在英大野大使宛電報第一七二号「日英貿易交渉に関する件」一九六〇年四月四日、同右所収。

（19）在英大野大使発藤山大臣宛電報第二九五号「日英貿易交渉に関する件」一九六〇年三月二五日、同右所収。

（20）在英大野大使発藤山大臣宛電報第四七七号「日英貿易交渉に関する件」一九六〇年五月一四日、同右所収。

（21）外務省経済局スターリング地域課「日英貿易取極めについて」一九六〇年七月一一日、同右所収。

（22）外務省経済局スターリング地域課「日英新貿易取極めに対する英国内反響についていて」一九六〇年七月二六日、同右所収。

（23）Telegram from the Board of Trade to Tokyo, 12 May 1960, FO371/150608 FJ1152/68G(a).

（24）藤山大臣発在英大野大使宛電報第二五〇号「日英通商航海条約交渉に関する件」一九六〇年五月一九日、前掲『日英貿易支払協定関係一件　日英貿易会談合意議事録関係（一九六〇年七月一五日付）』第一巻、所収。

（25）Note of Commercial Treaty with Japan by Warner, May 13, 1960, FO371/150608 97.

（26）Noriko Yokoi, 前掲書, p. 144–145.

（27）鈴木千夫、経済局スターリング地域課「日英通商航海条約の締結」『経済と外交』第四〇二号、一九六二年一二月、一〇頁。

（28）当初、英国提案の二国間セーフガード条項は、①英側の一方的権利であること、②英側の措置に対する日本側の対抗措置や補償は考慮されないことなど一方的なものであった。最終的には双務的かつ乱用を防止する内容に校正して合意となった。

（29）Memorandum by the President of the Board for Economic Policy Committee negotiation for a Commercial Treaty with Japan, November 1960, FO 371/150612 53-59.

（30）Minutes of Forth round of discussion 21st meeting, 14 December 1960, FO371/158513.

（31）在英大野大使発藤山大臣宛電報第一二〇三号「日英通商条約交渉再開に関する件」一九六〇年一二月一四日、前掲『日英通商航海条約関係一件』第三巻、所収。

（32）Memorandum by J.E.Chadwick, FO, Commercial Treaty with Japan, July 25, 1960, FJ1152/118, FO371/150611, 6.

（33）Note from Hughes of the Board of Trade to Warner in Tokyo, Oct 3, 1960, FO371/150611, 116-117 and Note from Warner in Tokyo to Hughes of the Board of Trade, Oct 12, 1960, FO371/150611, 121-122.

（34）Memorandum by the President of the Board of Trade about Negotiation for a Treaty with Japan at Economic Policy Committee, FO371/150612, 54.

（35）Michiko Ikeda, Chapter8 Applying GATT Article XXXV to Japan, *Japan in Trade Isolation* I-House Press, 2008, 275.

（36）経済局国際機関課後藤「ガット対日三十五条援用レビュー作業部会」『経済と外交』第三七三号、一九六一年九月、六頁。

（37）Memorandum to the President of the Board of Trade for the Meeting with Japanese Foreign Minister, July 1961, FO371/158515.

（38）Assured Report on Preliminary Discussion in Tokyo for Anglo-Japanese Trade Negotiation 1961, June 15–June 30 1961, FO371/158515.

（39）Minutes of the Meeting with Japanese minister by Hughes, 9 May 1961, FO371/158515, 20-21.

（40）外務省経済局「日英通商航海条約交渉について」一九六一年一一月一〇日、「日英通商航海条約関係一件」第六巻、所収。

（41）鈴木宏尚、前掲書、一三二―一三四頁。なお、小坂はフランスとイタリアも歴訪し、自由貿易原則を強調している。

（42）Noriko Yokoi, 前掲書, p. 149.

（43）経済局スターリング地域課「日英貿易取極交渉について」一九六一年九月、外務省記録『日英貿易支払協定関係一件　日英貿易会談合意議事録関係（一九六一年一一月二二日付）』第三巻、B'5.2.0 J/B2-10'外史。

（44）Telegram from Tokyo to FO, 22 September 1961, FO371/158516 95-97.

（45）Telegram from Tokyo to FO, 9 October 1961, FO371/158516 FJ1152/75.

（46）Press Release by Times, 1 August 1961, FO371/158516

FJ1152/61(A).

(47) 森建資、前掲論文、八九頁。

(48) 池田勇人首相は一一月一六日から三〇日までパキスタン、インド、ビルマ、タイを訪問していて日本を留守にしていた。

(49) 鈴木千夫、前掲「日英通商航海条約の締結」、二〇頁。

(50) 経済局欧州課西宮「日仏新貿易取極の締結」『経済と外交』第三八三号、一九六二年三月、六―九頁。

(51) 経済局欧州課羽澄「イタリアの対日輸入制限――日・イ協議の経緯と背景」『経済と外交』第三九〇号、一九六二年六月、五頁。

(52) 在英大野大使発小坂大臣宛電報第九〇九号「日英貿易取極め交渉に関する件」一九六一年一二月一六日、前掲『日英貿易支払協定関係一件　日英貿易会談合意議事録関係（一九六一年一二月二二日付）』第三巻、所収。

(53) 鈴木千夫、前掲「日英通商航海条約の締結」参照。以下、条約締結に至る経緯は特に断りの無い限り、同論考に拠っている。

(54) Note of a Meeting between President of the Board of Trade and the Japanese Prime Minister, 26 April 1962, FO371/164997.

(55) 大平大臣発在英大野大使宛電報第七四〇号「日英通商航海条約交渉に関する件」一九六二年八月一一日、前掲『日英通商航海条約関係一件』第八巻、所収：Letter from Morland to Hume, 31 August 1962, FO371/165001 FJ1152/101.

(56) Note by the President of the Board of Trade, 7 July 1962, FO371/164997.

(57) 経済局総務参事官室「経済特別情報第三七三号」一九六二年一一月二一日、前掲『日英通商航海条約関係一件』第一二巻、所収。

(58) 在英大野大使発大平大臣宛電報第一八三四号「日英通商条約につき英下院の評価に関する件」一九六二年一二月六日、前掲『日英通商航海条約関係一件』第一一巻、所収。

（やまぐち　まこと　社会技術革新学会）

日本国際政治学会編『国際政治』第212号「二国間と多国間をめぐる日本外交」（二〇二四年三月）

官邸における東南アジア外交の模索

――佐藤栄作総理の一九六七年東南アジア・大洋州諸国歴訪と訪米――

中西友汰

はじめに

一九六〇年代後半、ジョンソン（Lyndon Johnson）政権期の米国は、ベトナム戦争の激化や国際収支問題の深刻化を背景として、日本に対して米国のアジア戦略における経済面での責任分担を強く望むようになった。その一方、六四年に発足した佐藤栄作政権は、徐々に沖縄返還の実現に向けた取り組みを本格化させていた。そのため通説では、六七年一一月の訪米時における沖縄返還交渉の進展を目的として、佐藤が九月から一〇月にかけて東南アジア・大洋州諸国歴訪を実行したと理解されている[1]。

しかしながら、通説とは異なる東南アジア外交構想が佐藤官邸、特に楠田實首席秘書官らのブレーン集団のなかに存在していた。彼らは国内支持獲得を目的とした東南アジア外交を追求したのである。

楠田らのブレーン集団は「佐藤オペレーション（以下、Ｓオペ）」と呼ばれ、新聞記者を中心的なメンバーとし、中長期的な観点から内政・外交政策を佐藤に提言した[2]。六七年三月に、Ｓオペの中心メンバーである楠田が産経新聞を辞し、首席秘書官として官邸入りした。このことにより、Ｓオペは官邸を拠点としたブレーン集団へと変化した[3]。具体的な変化は、各省庁から出向してきた秘書官や関係省庁の官僚が頻繁にＳオペにおける政策検討や演説検討に参画するようになったことであった[4]。この点に関して、近年の戦後日本政治史研究は、佐藤が未完となった内閣官房の制度的強化の代替として、Ｓオペによる官邸の政策立案機能の部分的な補完を期待していたと指摘している[5]。

当該期の佐藤外交におけるＳオペの役割について先行研究は、沖縄返還と中国問題を中心に取り上げている[6]。さらに、この時期の東南アジア外交と対米外交との関係について先行研究は、佐藤が訪米時の沖縄返還交渉の進展を目的として、東南アジア外交を積極化さ

せたと評価している。(7)

また、佐藤外交の特徴は多様なアクターの関与であった。政権発足時、官邸にはSオペに加えて、橋本登美三郎官房長官を中心としたブレーン集団が存在した。また、佐藤の実兄である岸信介、国際政治学者の若泉敬等の個人も外交政策に関与したと先行研究や当時の秘書官は指摘している。(8) この時期の東南アジア外交についても複数のアクターが関与していた。東南アジア外交においても同様に佐藤が沖縄返還交渉の進展を目的とした外交構想を、外務省が地域安定を目的とした外交構想を、それぞれ追求していた。本稿で明らかにするように、Sオペは両者とは異なり、内政と外交とを連関させた外交構想を追求し、政策過程に反映させることに成功したのである。

しかしながら前述の先行研究は、佐藤政権内部における東南アジア外交構想の相克が如何なる帰結を辿ったのかという点を明らかにしておらず、またSオペがこの時期の佐藤外交において果たした役割についても分析の余地を残している。

そのため、本稿では、一九六七年九月から一〇月に二回に分けて実施された佐藤の東南アジア・大洋州諸国歴訪と同年一一月の訪米の時期に、Sオペがどのようにして自らの東南アジア外交構想を展開したのかという点を解明することを目的とする。

具体的には、以下の二点に着目する。第一に、Sオペによる歴訪検討過程から佐藤の南ベトナム訪問問題への対応までである。この過程において、内政と外交との連関が模索される。第二に、歴訪から第五七回国会における佐藤の所信表明演説までである。この過程において、東南アジア外交と対米外交との連関が追求された。

本稿は、Sオペの東南アジア外交構想に着目することにより、沖縄返還や中国問題に留まらない佐藤外交におけるSオペの役割を提示する。

なお本稿では当時の史資料として新聞、雑誌等に加え、日米の外交文書といった公文書、『オンライン版楠田實資料』や『鈴木貞一関係文書』といった個人文書を用いる。また、本稿の考察期間としては、Sオペによる外遊の検討が開始された一九六六年四月から、外遊後の佐藤の国会演説が作成された一九六七年一二月までを対象とする。

以下では、まずSオペの歴訪検討過程を取り上げ、国内支持獲得を目的とした東南アジア外交をSオペが提唱し、国内世論対策を展開したことを立証する。次に、南ベトナム訪問問題に代表される佐藤とSオペとの間に生じた東南アジア外交構想の差異の顕在化とその帰結を示す。最後に、Sオペと佐藤両者の外交構想の成果が、どのような論理で国内世論に示されたのかという点を一連の外遊後の国会演説検討過程から明らかにする。

一　東南アジア・大洋州諸国歴訪検討過程

(1) 外遊をめぐる佐藤官邸内の議論

Sオペは佐藤政権発足前から東南アジア外交に関心を抱いており、政権構想の検討過程においてもそのあり方について議論していた。(9) Sオペの東南アジア外交に対する関心が高まった契機は、六六年四月に開催された第一回東南アジア開発閣僚会議であった。Sオペは同会議開催を高く評価し、日本が今後、経済協力を中心に東南アジア外交を積極的に展開する必要性があると認識するに至った(10)。

六六年五月、佐藤は楠田にソ連と東南アジア諸国を訪問する計画を告げた。この時期、Sオペ以外にも官邸内部では、橋本登美三郎官房長官を中心としたブレーン集団が東南アジア諸国訪問を検討していた(11)。Sオペは六月一日の提言書において、新たな外交政策の展開という観点から佐藤の訪ソを提言した。Sオペは東南アジア外交の積極的な展開の必要性を認識していた一方、北方領土問題の進展という観点から対ソ外交にも関心を抱いていたのである。

このように、外遊先に関する検討は外務省ではなく官邸が中心的な役割を担ったのである(12)。

(2) Sオペと外務官僚との協力関係の構築

六六年一二月一日の自由民主党総裁選挙と六七年一月二九日の第三一回衆議院議員総選挙を経て、佐藤政権は長期政権の道筋が開けた。このような国内政治状況を踏まえて、六七年三月二七日に楠田と外務省出身の本野盛幸総理秘書官は、外遊日程について検討を行った。その際に、東南アジア・大洋州諸国歴訪を九月に、訪米を一一月にそれぞれ実施する方針を官邸の案とした(13)。

これを踏まえ、Sオペは歴訪の検討を開始した。佐藤外交の理念検討を自らの役割と認識しており、検討過程では特に歴訪目的が中心的に検討された(14)。外務省の斎藤鎮男官房長は、六七年九月の外交政策企画委員会において、歴訪理念の検討に関して、官邸の主導的な役割を認めたと発言した(15)。この斎藤の発言から、歴訪目的といった理念部分の検討について、Sオペの主導的な役割が外務省幹部によって許容されていたことがわかる。加えてSオペは、後述する国内世論対策や佐藤の南ベトナム訪問問題において、外務官僚の協力を得ることができた。

外務官僚の一部がSオペとの協力関係を受け入れた理由は、第一に官邸を味方につけることにより、経済協力に対する大蔵省の反対論を打破するためであった。開発閣僚会議開催過程において、外務省は東南アジア諸国に対する経済協力の拡大を大蔵省から反対された(16)。そのため、外務省は、楠田らSオペの官邸における影響力に期待し、協力したと考えられる。

第二に、楠田が一部の外務官僚と良好な人間関係を構築したからであった。楠田は、このような関係を通して、Sオペと外務官僚との間の円滑な協力関係の構築やSオペへの外務官僚の参加を実現させることに成功した。また、その際に本野がSオペと外務官僚とのパイプ役を果たした。本野は政権発足時に官邸入りし、政権初期の段階からSオペに協力した。そして、六七年頃にはSオペのメンバーとして活動していた(17)。

このような外務省・Sオペ双方の動向が両者の協力関係の成立に繋がったのである。しかし、Sオペと外務省との関係には限界があった。なぜならば、Sオペは非公式の組織であり、制度的な裏付けが存在しなかったからである。そのため、この時期の協力関係は、外務官僚の理解と協力とがなければ成立しなかったといえよう。

(3) Sオペによる歴訪目的の提示

五月一日にSオペは歴訪に関する提言書を作成した。同文書では歴訪の目的について、国内における政権支持の獲得と定め、そのために、東南アジア地域における日本のリーダーシップを確立する必要があると主張された。このような歴訪目的が提言された背景として、Sオペの国内・国際情勢認識が存在した。

まず国内支持の獲得という歴訪目的に関して、Sオペは、「来年は国内体制の守備固めの年であります。守備陣型を堅固にするためにも、ことしはまず打点をおおくするべき」と主張した[18]。この時期、日米安保条約が期限を迎えることによる「七〇年安保」問題が時期的に近づくなか、国内での保革対立が激化し始めていた。それゆえ佐藤は、六七年四月一五日の東京都知事選挙について、「七〇年安保」問題への対処の観点から勝利を目指したが、社会党・共産党が共同推薦した美濃部亮吉に敗北した[19]。Sオペは、都知事選敗北について、佐藤政権にとって「大きな警鐘」であり、国内世論対策に取り組む必要があると考えた。このような佐藤政権を取り巻く国内情勢を踏まえ、Sオペは歴訪による外交成果を通して国内支持を獲得し、政権基盤の強化を目指したのである。

そして、この歴訪目的を達成するため、東南アジア地域における日本のリーダーシップの確立の必要が歴訪成果として位置付けられた。Sオペは文化大革命により、「中共が国内的にすくんでいる現在こそ、東南アジアに進出し、指導権を確立する好機である」として、アジア情勢が日本に有利であると考えていた。Sオペの国際情勢認識も、このような歴訪目的を主張した一因であったのである[20]。

五月一日の提言書はSオペの東南アジア外交構想を示している。それは国内支持獲得を目的とした東南アジア外交の推進である。具体的には、歴訪を通して地域における日本のリーダーシップの確立を達成し、この歴訪成果により政権支持を獲得する。このようにして「七〇年安保」問題を乗り越えようとしたのである。

外務省もまた、東南アジア外交に関心を抱いていた。Sオペと異なり、外務省は経済協力による地域の安定を目指していた。一例として、対ビルマ経済協力を挙げることができる。この時期、外務省は対ビルマ経済協力について、中国の同国に対する影響力拡大を阻止し、地域の安定を確保する立場から推進していた[21]。

したがって、Sオペと外務省との間では、東南アジア外交構想が異なっていたといえよう。Sオペは、内政と外交との連関に主眼を置き、国内支持獲得を目的とした東南アジア外交を追求した。その一方で、外務省は地域の安定確保を目的とした東南アジア外交を推進した。このように両者の外交構想には差異が存在したが、東南アジア地域に対する日本の関与拡大という点では両者は一致していたのである。

二　Sオペによる国内世論対策

(1) 「総理と語る」を通した国内世論対策

Sオペは五月の提言書作成前から、国内支持獲得を目的とした東南アジア外交構想を進めていた。そこで用いられたのが、四月二五日、七月二八日放送のテレビ番組「総理と語る」であった[22]。この番組は佐藤が有識者と対談する定期的な番組であった。Sオペは国内での普及状況を踏まえ、テレビを国内世論啓発の手段と位置付けていた[23]。そのため、Sオペは同番組を通して東南アジア外交の理念や歴訪の意義を示そうとしたのである。

Sオペは四月から七月にかけて、同番組における佐藤の発言案を検討した。その際、楠田や本野といったSオペメンバーが、対談者と事前の打ち合わせを行い、番組で取り上げる内容を決定していた。楠田は本野とともに、四月一七日に文化人類学者の川喜田二郎と事前に打ち合わせを行い、二一日のSオペにて佐藤の発言案について検討した。楠田は番組において、「総理のアジア観」を打ち出す必要があると認識していた[24]。この楠田の問題意識が反映され、二一日のSオペでは「アジアをどうみるか」と「援助の哲学」の二文書が作成された[25]。

前者の文書では、佐藤のアジア観を説明しており、日本を含むアジアの人種的・文化的共通性が強調された。そのうえで、戦後日本の歩みがアジア諸国の手本となるという主張が盛り込まれた[26]。後者の文書では、日本の東南アジア諸国に対する「援助哲学」が取り上げられた。同文書において、日本の東南アジア諸国に対する経済協力について、「平和、繁栄、連帯」という三つの理念が提示され、「アジアの唯一の先進工業国」である日本が経済協力において大きな役割を果たすべきとして経済協力の拡大が主張された[27]。

二五日の番組において佐藤は、Sオペの文書に基づき、自身の「アジア観」と、「平和・繁栄・連帯」という経済協力の理念とを示したうえで、東南アジア諸国に対する経済協力の必要性を主張した。そして、対談の最後に佐藤は、正式決定前であった歴訪に触れた[28]。二五日の番組は、歴訪発表前に東南アジア外交に取り組む必要性を国内世論に訴えることが目的であったといえよう。

七月二八日の放送はテーマが「アジア外交と日本」であった。楠田と本野は対談者と事前に打ち合わせし、番組で取り上げる内容を決定した[29]。また楠田は、七月一七日に本野と「アジア訪問のフィロソフィ」について議論した。つまり、楠田は四月から七月にかけて一貫して歴訪ひいては東南アジア外交の理念を国内世論に対して打ち出す必要があると認識していたのである。

そのため、七月の放送においても四月の放送と同じく「首相のアジア観」と「経済援助、技術協力のあり方」について項目が設けられた[30]。そして、七月二七日の番組収録において、佐藤は再び自身の「アジア観」と日本の経済協力のあり方について番組で披歴した[31]。

佐藤の発言内容の検討過程と放送内容から、Sオペが同番組を通して、歴訪ひいては東南アジア外交に対する理念を国内世論に訴えることにより、歴訪による政権支持の獲得を目指したことがわかる。つまり、Sオペは自らの外交構想の達成に向けて、国内世論対策を佐藤の協力を得て、展開したのである。

また、同じ時期に歴訪同行記者団向けの文書の検討が楠田と外務省側との間で行われ、テレビ・新聞といった複数のメディア媒体を活用した国内支持獲得の取り組みが続けられた。

(2) 歴訪同行記者団向け文書の作成過程

「総理と語る」を通した国内世論対策と並行して、Sオペは七月から外務省側と歴訪意義の検討を進め、その成果は九月の歴訪同行記者団向け文書に結実した。

外務省は、七月一四日に歴訪の目的と意義に関する文書を作成した。同文書では、歴訪の目的として、各国首脳との会談を通した相互の理解の深化、友好・親善の増進、日本と各国との懸案の解決という三点が提示された。さらに、歴訪の意義として、東南アジア外交の積極化の契機、二国間・多国間協力を通じた地域安定への寄与の契機となることなどを挙げた(32)。

七月に楠田は、複数回に渡り、外務省側と歴訪の打ち合わせを行った(33)。一八日に楠田は、外務省側と歴訪の意義について検討し、文書を作成した。同文書では歴訪の意義として、第一に東南アジア外交を積極化させる契機となること、第二に地域全体の安定に対する佐藤の願望を示すことになること、第三に南ベトナム訪問を通して、ベトナム和平を願う日本の立場の宣伝となること、第四に東南アジア地域問題に対する大洋州諸国との協力関係の促進の機会となること、という四点が示された(34)。

同文書は、外務省の立場が多くの点で反映されているといえる。その理由は、第一に、同文書において地域の安定への日本の貢献が言及されており、地域の安定確保を目的とした外務省の東南アジア外交構想と重なるからである。第二に、大洋州諸国との協力促進という歴訪意義がアジア・太平洋圏構想に沿っていたからである。当時、三木武夫外相は、東南アジア地域の安定確保には南北問題の解決が必要であるという考えから、アジア・太平洋圏構想を唱えており、既に一月頃から外務省によってこの構想が進められていた(35)。

七月一八日の文書を踏まえ、九月一六日に歴訪の意義に関する歴訪同行記者団向け文書が作成された。そして、同文書は同行記者団に提示されたと考えられる(36)。同文書では、日本が経済協力を通じて地域の安定と連帯に貢献する必要があると主張されており、外務省の立場が反映されていた。その一方で、同文書では七月一八日の文書とは異なり、冒頭に佐藤の「アジア観」についての記述が追加された。この記述から、「総理と語る」の検討過程において存在していたSオペの問題意識が同文書に反映されたと評価できる(37)。

実際に同文書は新聞論調に影響を与えることができた。そのことは九月一六日以降の新聞論調が、歴訪について、東南アジア外交の積極化あるいは東南アジア地域に対する「援助理念」確立の契機として好意的に評価したことからうかがえる(38)。

このような複数のメディア媒体を活用した国内世論対策には、Sオペの存在が不可欠であった。外務省は地域の安定を目的とする東南アジア外交を追求し、歴訪をその契機と捉えており、Sオペとは立場が異なっていた。そのため、もしSオペが存在しなければ、国内支持獲得を目的とした東南アジア外交が政策過程に反映されず、新聞やテレビ番組を用いた国内世論対策は実行されなかっただろう。

佐藤と外務官僚の協力を得ながら、Sオペは外交と内政との連関を重視した自らの外交構想を推進した。しかし、後述する佐藤の南ベトナム訪問決定を受けて、Sオペの東南アジア外交構想は困難に直面することになる。

三　佐藤の南ベトナム訪問問題

(1)　南ベトナム訪問決定過程

佐藤は六七年に入り、訪米時の沖縄返還交渉の進展を目指し、六月一六日に南ベトナム訪問を決定した。[39] 記者会見において佐藤は、同国訪問を対米外交との連関で決定したことを認め、訪米時に自身の発言力が強まると主張した。[40]

また、佐藤の同国訪問決定に関して、岸の得た情報が佐藤の判断材料となったと考えられる。独自で人を派遣し、相手側の認識を探らせることは佐藤の外交手法の一つであった。[41] 三月二二日から二三日にかけて訪米した岸は、ジョンソンら政府首脳陣と会談した。[42] 帰国した岸は元企画院総裁の鈴木貞一に対して、米国側がベトナム政策に対する日本の態度に満足しておらず、「少なくとも精神的支援」の形で日本が支援する必要があると主張した。[43] このような岸の情報が佐藤に南ベトナム訪問の決定を促したのである。

しかし、佐藤は米国のベトナム政策を全面的に支持している訳ではなかった。六五年八月にライシャワー（Edwin Reischauer）駐日米大使と会談した際、そして、六七年の歴訪中、シンガポールのリー・クアン・ユー（Lee Kuan Yew）首相と会談した際、佐藤は米国のベトナム政策を批判した。[44] 佐藤は米国のベトナム政策に不満を抱いていたが、沖縄返還交渉の促進のため、同国を訪問し、米国の対日評価を向上させる必要があると考えた。

つまり、佐藤は沖縄返還を目的とした東南アジア外交の推進を決断したのである。

(2)　南ベトナム訪問問題へのSオペの対応

楠田は、佐藤の南ベトナム訪問に慎重な立場であり、六月一六日に本野から同国訪問を伝えられた際、訪問日程の観点から異議を唱えた。[45] なぜなら、佐藤の同国訪問が反共外交の一環と捉えられ、国内世論の強い反発を懸念したからであった。そのような状況に陥った場合、国内支持獲得を目的とした東南アジア外交の推進というSオペの外交構想が実現不可能となる可能性があった。そこで楠田は歴訪の日程を変更することにより、反共外交の印象を薄め、国内の反発を収めようと考えた。[46] しかし、翌一七日に佐藤から日程変更を拒絶された。

楠田の懸念通り、社会党など野党と新聞論調は、佐藤の同国訪問を反共外交の一環と批判した。[47] これを受けてSオペは、同国訪問によって生じる国内の反発への対応を検討し始めた。Sオペは七月に、国内の歴訪反対論が、同国訪問に注目して、歴訪全体に反共主義という「傾向性を付与して批判している」と分析した。そのため、佐藤に歴訪の基本方針を説明する際、批判が当たらないことを主張すべきであると提言した。また、Sオペは、野党からも歴訪の性格について反共色が強いと批判を受けていることから、歴訪の積極的な意義づけを主張することで野党の批判に対抗すべきと佐藤に提言

した。(48)

このようなSオペの提言は、六月二三日と七月二八日放送の「総理と語る」における佐藤の発言に反映された。二回の放送で佐藤は、同国訪問について、「自由を守り平和に徹する外交」という歴訪の基本方針に沿っていると主張した。(49) 九月二日の記者会見においても佐藤は同様に同国訪問が歴訪の基本方針に沿っているとして、批判に反論した。(50)

つまり、佐藤はSオペの提言に基づきテレビ番組や記者会見等を通じて、訪問の意義を訴えることにより、批判に対応したのである。

またSオペは、八月二日に佐藤の同国訪問について検討を行った際、「右パンチ右パンチと出る結果になる」として、同国訪問が右派的な政策と国内世論に解釈され、政権支持に悪影響が出ることを懸念した。そして、歴訪意義を国内世論に主張するだけでなく、何かしらの行動をとる必要があると考えた。そこで、佐藤の同国訪問との政策的なバランスとして、北ベトナムへの特使派遣が案出された。(51) その後、八日に楠田は、木内昭胤南東アジア課長に特使派遣案について相談した。しかし、木内はその場で同案に反対し、楠田も了承した。(52)

Sオペは、佐藤の同国訪問による国内の反発を懸念し、記者会見等を通した対応だけでなく、具体的な行動を検討した。そして、北ベトナムへの特使派遣案が案出された。しかしながら、外務官僚の反対を受け、Sオペは佐藤に同案を提言しなかったのである。

佐藤は沖縄返還交渉の進展を目的とした外交構想の観点から、同国訪問を決定した。一方で、Sオペは、佐藤の同国訪問について、国内支持獲得を目的とした自らの外交構想への悪影響を懸念し、国内世論の鎮静化を図りつつ、政策的なバランスの観点から特使構想を案出した。

つまり、南ベトナム訪問問題は、佐藤とSオペ両者の外交構想の差異が顕在化した場面であったといえよう。

四　佐藤の東南アジア・大洋州諸国歴訪

(1)　地域協力に対する佐藤の態度

九月二〇日から三〇日にかけて一回目、一〇月八日から二一日にかけて二回目と二回に分けて佐藤の東南アジア・大洋州諸国歴訪が実施された。(53)

Sオペは、国内支持獲得のため、歴訪を通じて、東南アジア地域における日本のリーダーシップ確立を求めていた。一方の外務省は、この時期、地域の安定を目的とした東南アジア外交を追求しており、歴訪をその契機と位置付けていた。

このように、Sオペと外務省との間では歴訪目的が異なっていた。しかしながら、両者は二国間経済協力に留まらず、地域協力に対して、日本が経済協力により支援すべきであるという立場で一致していた。そのため、外務省は八月に歴訪時の首脳会談の議題を検討した際、各国共通の議題として地域協力問題を盛り込んだ。(54) また、タイは地域協力に対する日本の態度について首脳会談で討議することを求めており、東南アジア諸国の関心も高かった。(55) 佐藤も四月の

「総理と語る」において、Sオペの提言を受け入れ、経済協力を通して、地域の連帯感を促すことを主張していた。[56]

しかし、歴訪を通じて、地域協力に対する佐藤の立場がSオペ・外務省とは異なっていたことが明らかとなる。

佐藤は歴訪中、シンガポールでの記者会見において、地域協力に対する日本の役割について質問された際、「日本に対する東南アジアの期待が大きい」として、日本の経済力の限界を踏まえて支援すると発言した。その一方で、佐藤は「東南アジアの地域協力機構は既に一見多過ぎる」印象を抱いていると述べ、東南アジア地域における地域協力の動向に注文を付けた。佐藤は、ビルマのネ・ウィン（Ne Win）議長と会談した際にも、「アジアにおける地域協力は結構だが、そのための会議が多すぎ」ると前述の記者会見と同様の発言をしている。[57] さらに訪泰時の首脳会談において、タノム（Thanom Kittikachorn）首相が東南アジア地域協力の動きを評価した際には、佐藤はタノムの発言に応じなかった。[58]

このように佐藤が地域協力への言及に慎重であった理由として、東南アジア諸国と二国間の経済協力案件を抱えているなかで、財政負担の拡大を懸念したことが考えられる。[59] 特にラオス、インドネシア、フィリピン各国首脳は、佐藤との会談において経済協力の拡大に力点を置いていた。佐藤は、これら各国首脳との会談において、二国間の経済協力のための資金拠出の検討や調査団の現地派遣等に応じた。[60]

一方で佐藤は、ビルマに対して開発閣僚会議参加を促したことをスハルト（Suharto）大統領に伝え、中立主義諸国の地域機構参加問題に取り組む姿勢を示した。[61] 佐藤は経済協力を通じた地域協力への関与拡大には慎重であったが、その代わりとして、中立主義国の地域機構参加問題に対して関与することにより、日本の地域におけるリーダーシップを示そうとしたのである。

(2) 歴訪の評価

楠田は地域における日本のリーダーシップの確立を歴訪により達成したことから、国内支持の獲得というSオペの外交構想の推進に成功したと評価した。その理由は、第一に、東南アジア各国の政治指導者と会談し、地域における日本の関与拡大を各国に提示したからであった。[62] 第二に、東南アジア各国との二国間経済協力について、佐藤が前向きな姿勢を示し、東南アジア諸国の期待に応じようとしたからであった。第三に、国内世論に対して日本の東南アジア地域に対する影響力を示すことができたからであった。[63]

また、外務省は歴訪を通して、地域の安定を目的とした東南アジア外交がある程度推進できたと考えていた。南東アジア課は、一一月一日に作成した文書において、佐藤の訪問国の内、ビルマ訪問を例に挙げて、ネ・ウィンが鎖国的な政策を改め、対日接近に動いている最中に、佐藤のビルマ訪問が実現したとして、地域の安定確保への第一歩を踏み出すことができたと評価した。そして、今後さらなる経済協力の拡大が必要であると主張した。[64]

佐藤も南ベトナム訪問を達成したことにより、沖縄返還を目的とする自身の東南アジア外交構想を進めることができたと考えた。このことは、一〇月二一日のサイゴンでの記者会見において、対米交渉における日本の立場が強化されたか、という記者からの質問に対して、歴訪が沖縄返還交渉に「よい結果をもたらすと思う」と佐藤が発言したことからうかがうことができる。[65]また米国も、歴訪を通して佐藤が地域における責任分担に意欲を示したとして、佐藤の歴訪を高く評価した。[66]

歴訪を終え、佐藤官邸は訪米に備えて、訪米目的の検討を本格化させていく。

五 佐藤の一九六七年訪米

(1) 官邸における訪米目的検討

訪米目的、特に沖縄返還問題については、八月一日の閣議口頭了解によって設置された沖縄問題等懇談会（以下、沖懇）が中心的な役割を担った。沖懇は、総務長官の私的諮問機関であった沖縄問題懇談会を総理の諮問機関として格上げしたものであった。[67]

沖懇は沖縄返還問題の検討を進め、一一月一日の第七回会合において、訪米時に米国と「両三年の内に施政権の返還時期を決定することの合意をみることが望ましい」という中間報告を佐藤に提言した。[68]このように訪米目的の検討は、沖懇が中心的な役割を担った。その一方で、沖懇による訪米目的検討には楠田も関与していた。楠田の関与は、沖懇の初回会合における佐藤の演説案の検討から、一一月一日の中間報告の文面検討まで広範囲に渡っている。

沖懇の訪米目的検討と並行して、Sオペは訪米時の佐藤のスピーチ案を外務省とともに検討した。一〇月三〇日の打ち合わせにおいて、楠田はナショナル・プレス・クラブでの演説について、歴訪の成果を前面に出すべきだと主張した。[69]一〇月一九日の沖懇において配布された参考資料は、日本の「アジア協力政策の強化」の実施とその政治的側面を対米交渉に活用すべきであると指摘しており、この沖懇における議論がSオペに受容され、スピーチ案に反映されたと考えられる。[70]

この沖懇の主張は、Sオペにとって受け入れ可能であった。なぜなら、日本が東南アジア地域におけるリーダーシップを発揮することにより、国内的には政権支持を獲得し、対外的には米国の対日評価を向上させるという形で両立できたからであった。

このように楠田は、Sオペ以外の官邸内における政策検討過程に関与することにより、そこで得た知見をSオペの政策検討に反映させたのである。

(2) 外務省の訪米検討過程

外務省は一〇月に入り、訪米時の首脳会談について検討を開始した。一一月一日に作成された佐藤の発言案は、歴訪によって東南アジア諸国が「アジアの繁栄と平和のため日本の果すべき役割に期待」し始めていることを指摘したうえで、南ベトナム訪問といった歴訪の成果を提示した。[71]さらに、確定稿と記入された発言案には、東南アジア地域に対する日本の経済協力について、財政面の限界を踏まえつつ、規模拡大と条件緩和に努めるという文言が盛り込まれた。[72]外務省は歴訪に続き、訪米においても地域の安定確保を目的とした東南アジア外交を推進しようとしたのである。

一方で大蔵省は経済協力の拡大に慎重な態度であった。大蔵省は、一〇月二五日の財政硬直化研究懇談会において、経済協力の総額が、六四年度から六七年度にかけてほぼ倍増したとして、経済協力関係予算が財政負担として重くのしかかっていると指摘した。そして、財政負担のこれ以上の拡大を防ぐため、新規案件の認可と援助条件の緩和について、慎重な姿勢を示した[73]。経済協力をめぐり、外務省と大蔵省との間には立場の隔たりがあった。このような状況を打開するため、外務省は佐藤の政治決断に期待していたのである。

(3)　佐藤・ジョンソン会談

一〇月一四日の第一回日米首脳会談の際、佐藤は、歴訪の感想と東南アジア諸国に対する二国間の経済協力計画とについて発言した[74]。佐藤としては、南ベトナム訪問を含めた歴訪と、東南アジア各国との二国間の経済協力計画とを示すことにより、ジョンソンに沖縄返還交渉の進展を促そうとしたのである。

しかし、佐藤が南ベトナムを訪問したことについて、ジョンソンの評価は低かった。佐藤訪米前の一一月四日のホワイトハウスで行われた会議において、ラスク（Dean Rusk）国務長官やマクナマラ（Robert McNamara）国防長官は佐藤の南ベトナム訪問を高く評価した。その一方、ジョンソンは、米国のベトナム政策に対する日本の実質的な貢献を欲しており、佐藤の南ベトナム訪問だけでは満足しなかった[75]。そのため、沖縄返還交渉の進展を目的とする佐藤の東南アジア外交構想は、米国側に対して一定の効果を挙げたが、唯一ジョンソンだけが例外であったのである。

佐藤は、一五日の第二回首脳会談までに、訪米目的である沖縄返還時期の目途付けを共同声明に盛り込むことに成功した。その一方でジョンソンは、沖縄返還交渉の進展の代わりに、経済協力の拡大と国際収支協力という経済面での対米協力を進めるという点に関して、佐藤が理解していると考えていた。なぜならば、首脳会談前の一一月一一日に、佐藤の個人特使であった若泉がロストウ（Walt Rostow）大統領補佐官と会談した際、アジアに対する経済協力の拡大を佐藤に訴えたことを伝えていたからであった[76]。

そのため、一五日の第二回首脳会談において、ジョンソンは佐藤に対して、アジア開発銀行特別基金に対する日本の貢献とインドネシアに対する経済協力の拡大を求めた。それに対して、佐藤が財政負担を理由にジョンソンの求めに応じなかったため、両者の間で激しいやりとりとなった[77]。

結局、同特別基金とインドネシアに対する経済協力の拡大について、日米首脳会談では決着せず、翌六八年に日米の事務レベル協議が実施されることになる[78]。

(4)　第五七回国会における佐藤の所信表明演説

一連の外遊を通して、佐藤とSオペの両者は、自らの外交構想の推進に成功した。そこで訪米後、Sオペは一二月の国会における佐藤の演説の検討において、東南アジア外交と対米外交、特に沖縄返還との連関を打ち出し、両者の外交構想の整合性を模索する。

Sオペは一一月後半から、一二月五日の第五七回国会における佐藤の所信表明演説の検討を開始した。一一月二七日に小池欣一首席内閣参事官が作成した演説草案をSオペで検討した。この二七日の草案には東南アジア外交と対米外交との連関が提示されていなかった[79]。その後、二九日の草案において、外交の連関に関する文言が追加された。具体的には、アジア諸国の貧困問題解決に対して日本が支援することにより、地域の安定化に貢献する。このような日本の「国際的責任」の遂行が沖縄返還に繋がるという文言であった[80]。すなわち、Sオペは、一二月の国会演説において、東南アジア地域における日本のリーダーシップの発揮が沖縄返還を促進すると主張しようとしたのである。

一二月五日の第五七回国会において、佐藤は所信表明方針演説を行った[81]。佐藤と楠田は演説の出来栄えについて評価しており、両者ともに自らの構想を演説に反映することができたと考えたのである[82]。

一連の外遊を通して、佐藤は沖縄返還を目的とした東南アジア外交構想を推進し、訪米において成果を収めることに成功した。また、Sオペは歴訪を通して、国内支持獲得を目的とした東南アジア外交構想を追求し、「七〇年安保」問題対策の布石を打つことに成功した。Sオペは、演説検討過程を通して、佐藤と自らの外交構想の整合性を図りつつ、その成果を国内世論に主張したのである。

おわりに

本稿は、一連の外遊において、Sオペが国内支持獲得を目的とした東南アジア外交構想を追求するなかで、内政と外交、東南アジア外交と対米外交という「二重の連関」が成立したことを解明した。

Sオペは、歴訪検討過程の際、国内支持獲得を目的とした東南アジア外交構想を佐藤に提言し、内政と外交とを連関させた外交構想を推進した。そして、Sオペは国内世論対策では、新聞対策に留まらず、テレビ番組を用いて東南アジア外交の理念を提示することにより、歴訪を通じて国内支持獲得を目指したのである。

その一方で、佐藤と外務省はSオペと異なる東南アジア外交構想を抱いていた。佐藤は沖縄返還交渉の進展を目的とした外交構想であり、外務省は地域の安定を目的とした外交構想であった。このようなアクター間の外交構想の差異は、南ベトナム訪問問題、地域協力に対する姿勢において顕著であった。

そのため、一連の外遊後の国会演説検討過程の際に、Sオペは、佐藤と自らの東南アジア外交構想の整合性を図りつつ、佐藤の国会演説を通して、その成果を国内世論に提示したのである。したがって、一連の外遊を通して、Sオペが各アクターの立場を調整しつつ、自らの外交構想を展開したと評価できる。

Sオペが政策過程に関与したことにより、内政と外交、東南アジア外交と対米外交という「二重の連関」が成立した。その背景として、Sオペの特性を指摘することができる。第一には、Sオペの中心的なメンバーである元記者及び現役記者達が内政にも目を向けた外交の重要性を理解していたことである。このことにより、Sオペは、「七〇年安保」問題を踏まえた外交政策の検討を通して、内政と外交との連関を打ち出すことができた。

第二には、官邸における楠田の役割である。佐藤官邸において政策ラインが複数存在するなかで、楠田は、Sオペ以外の政策検討にも関与し、そこで得た情報をSオペの政策検討に反映させた。この楠田の役割がSオペの総合的な外交政策検討に貢献した。

第三には、外務官僚との協力関係の存在である。Sオペは外務官僚の参加を得ることにより、彼らの専門知識を活用し、自らの外交構想の政策的実現可能性を担保することができた。以上のSオペの特性が「二重の連関」に繋がったのである。

Sオペは、その後も国内支持獲得を目的とした東南アジア外交構想を追及していく。日米安保条約の自動延長を控えた七〇年二月の所信表明演説の検討過程において、Sオペは、アジアに対する経済協力を「七〇年代の日本の国際社会における責務」と位置づけ、日本がこの分野において米国よりも主体的な役割を発揮すべきと考えた[83]。政権発足前からSオペは東南アジア外交に関心を抱いていたが、歴訪検討過程を通じて外交構想にまで具体化させることに成功した。そして、七〇年には東南アジア外交を七〇年代の日本外交の主柱の一つに掲げるに至ったのである。

このようにSオペは、総合的な佐藤外交の検討・提言を通して官邸における政策立案の役割を果たし、佐藤の外交指導を支えたのである。このことは、戦後日本外交における官邸の役割を考察するにあたっても、少なからぬ示唆を与えるであろう。

(1) 田所昌幸「第三章　経済大国の外交の原型　一九六〇年代の日本外交」（五百旗頭真編著『戦後日本外交史（第三版補訂版）』（有斐閣、二〇一四年）一三二頁。

(2) Sオペは六四年、佐藤の自民党総裁選における政権構想案作成を目的として発足した。楠田實『首席秘書官　佐藤総理との一〇年間』（文藝春秋、一九七五年）二六―二八頁。

(3) 楠田は元々産経新聞記者で、佐藤の番記者であった。楠田、前掲書、四一頁。

(4) 和田純「和田純編・解題『楠田實資料（佐藤栄作官邸文書）』について」（『史友』第五四号、二〇二二年）七四―七五頁。

(5) 市川周佑「官房長官国務大臣化の政治過程――佐藤栄作内閣における内閣官房強化の試み」（『日本史研究』第七〇七号、二〇二一年七月）四八頁。

(6) 中島琢磨『沖縄返還と日米安保体制』（有斐閣、二〇一二年）：井上正也『日中国交正常化の政治史』（名古屋大学出版会、二〇一〇年）。

(7) 代表的な研究として、菅英輝『冷戦と「アメリカの世紀」――アジアにおける「非公式帝国」の秩序形成』（岩波書店、二〇一六年）：河野康子『沖縄返還をめぐる政治と外交』（東京大学出版会、一九九四年）：高橋和宏『「地域主義」と南北問題――戦後日本のアジア太平洋経済外交政策』（筑波大学博士論文、二〇〇四年）：昇亜美子『ベトナム戦争をめぐる日米関係と日本外交――一九六五年―一九七三年』（慶應義塾大学博士論文、二〇〇四年）。

(8) 村井良太『佐藤栄作――戦後日本の政治指導者』（中央公論新社、二〇一九年）一五三―一五四頁：森田吉彦『評伝若泉敬――愛国の密使』（文藝春秋、二〇一一年）一四四―一六二頁：政策研究大学院大学C・O・E・オーラル・政策研究プロジェクト『本野盛幸オーラルヒストリー』（政策研究大学院大学、二〇〇五年）一一六―一一七頁。

(9)中西友汰「佐藤政権初期の東南アジア外交——第一回東南アジア開発閣僚会議開催過程を中心に」(『同志社法学』第七二巻第六号、二〇二一年一月三一日)一八五—一八六頁。

(10)「(無題)」(一九六六年三月二二日)『和田純編『オンライン版楠田實資料(佐藤栄作官邸文書)(以下『楠田資料』)』(丸善雄松堂、二〇一六年)、E-1-190。

(11)「—外遊はソ連・東南アの順で…」(一九六六年五月二四日)『楠田資料』E-1-120。

(12)「議事録　一、当面の国会運営について・・・」(一九六六年六月一日)『楠田資料』E-1-121:清水実「第二章　長期政権への足固め」楠田實編著『佐藤政権・二七九七日　上』(行政問題研究所、一九八三年)二一〇—二一一頁。

(13)「MEMO ② 42.3.24- Kusuda」(一九六七年三月二四日)『楠田資料』Y-3-66:外務省による訪問先各国との交渉は六月七日に伝達された。外務大臣発関係各国大使宛第一九九九号「総理の東南アジア訪問について」(一九六七年六月七日)。A'1.5.1.13、外務省外交史料館(以下、外史)。訪米については、二月に下田武三次官がジョンソン大使に対して、佐藤が六七年後半の訪米を希望している旨を伝えた。Telegram 5991, Tokyo to Department of State, February 24, 1967, 石井修他監修『アメリカ合衆国対日政策文書集成』第Ⅷ期、第二巻』(柏書房、二〇〇二年)二三一頁。

(14)「首相の一月上旬訪米について(第一次報告)」(一九六四年一一月)『楠田資料』E-1-66。

(15)国際資料部「第四三四回外交政策企画委員会記録」(一九六七年九月一三日)二〇一五—一四九二、外史。

(16)保城広至『アジア地域主義外交の行方——一九五二—一九六六』(木鐸社、二〇〇八年)二八六—二八七頁。

(17)「昭和四〇年参議院手帳」(一九六五年)『楠田資料』Y-2-9、一九六五年五月一一日の項:「Sオペが正式に発足してから五月一日で満三年…」(一九六七年五月一日)『楠田資料』E-2-15。

(18)『楠田資料』E-2-15。

(19)村井、前掲書、二〇五—二〇六頁:清水、前掲論文、一九五頁。

(20)『楠田資料』E-2-15。

(21)吉次公介「佐藤政権期における対ビルマ経済協力」(『立命館法学』第三八七・三八八号、二〇二〇年三月)五〇五頁。

(22)六七年四月から七月にかけて計三回番組が制作・放送された。佐藤の対談者、番組テーマ、放送日は以下の通りである。川喜田二郎(文化人類学者)「アジアと日本」(六七年四月二五日):波多野勤子(心理学者)、山岡荘八(作家)「日本人について」(六月二三日):衛藤瀋吉(国際政治学者)、武田清子(哲学者)「アジア外交と日本」(七月二八日)。

(23)「テレビの利用について…」(作成時期不明)『楠田資料』K-3-75。

(24)「MEMO ④ 42.4.15- Kusuda」(一九六七年四月一五日)『楠田資料』Y-3-68:楠田實『楠田實日記(以下、楠田日記)』(中央公論新社、二〇〇一年)五四—五五頁、一九六七年七月一七日の項。

(25)「博文館当用日記　一九六七」(一九六七年一月一日)『楠田資料』Y-1-1、一九六七年四月二一日の項。

(26)「アジアをどう見るか」(作成時期不明)『楠田資料』J-5-33。

(27)「後進国に対する経済援助について　わたくしのフィロソフィー」(作成時期不明)『楠田資料』J-5-34。

(28)NHK報道局政経番組部「特別番組総理と語る第一三回アジアと日本」(一九六七年四月二五日)『楠田資料』K-3-3、七、一二—一三五頁。

(29)『楠田日記』五四—五五頁、一九六七年七月一七日の項:「(楠田ノート)総理と語る」(一九六七年)『楠田資料』K-3-95。

(30)「アジア外交と日本」(一九六七年七月二七日)『楠田資料』K-3-83。

(31)『朝日新聞』(一九六七年七月二八日)朝刊二頁:作成者不

明「佐藤総理のＴＶ座談会発言要旨」（一九六七年八月二四日）A'.1.5.1.13、外史。

(32) 作成者不明「佐藤総理の東南アジア・大洋州諸国訪問の意義」（一九六七年七月一四日）A'.1.5.1.13、外史：正式な歴訪目的は、一、アジア諸国との友好親善の増進、二、アジアに平和と安定を回復、維持するための方途の探求、三、アジア諸国の社会、経済開発への協力強化という三点であった。『わが外交の近況（第一二号）』（外務省、一九六七年一〇月）一五五頁。

(33)『楠田日記』五一—五六頁、一九六七年七月一一日—二〇日の項。

(34)「佐藤総理の東南アジア・大洋州諸国訪問の意義」。

(35) 昇、前掲論文、一二一頁。

(36) 楠田は九月一六日の行動を日記に残していないが、彼が九月一一日から複数回にわたり、歴訪同行記者団との打ち合わせを行っていたことから、記者団向け資料と判断した。『楠田日記』八四—八七頁、一九六七年九月一一日—一四日の項。

(37)「佐藤総理の東南アジア及び大洋州諸国歴訪—アジアとともに—」（一九六七年九月一六日）『楠田資料』J-5-32。

(38)『朝日新聞』（一九六七年九月一八日）朝刊二頁：『読売新聞』（一九六七年九月一九日）朝刊一頁。

(39)『楠田日記』三七頁、一九六七年六月一六日の項。

(40)『朝日新聞』（一九六七年九月二日）夕刊二頁。

(41) 中島、前掲書、三二頁。

(42)『毎日新聞』（一九六七年三月二四日）朝刊一頁。

(43)「日記（標準自由日記）」『鈴木貞一関係文書』一〇四、国立国会図書館憲政資料室所蔵、一九六七年四月一一日の項。

(44) 北米課「総理・ライシャワー会談録」（一九六五年八月三一日）『日米要人会談』外務省開示文書二〇一八—〇〇一七〇：外務省「佐藤総理とリー・クアン・ユー首相との会談記録」（一九六七年九月二五日）A'.1.5.1.13-1、外史。

(45)『楠田日記』三七—三八頁、一九六七年六月一六日の項。

(46)『楠田日記』三九頁、一九六七年六月一七日の項。

(47)『朝日新聞』（一九六七年六月二〇日）朝刊二頁：『毎日新聞』（一九六七年七月四日）朝刊五頁。

(48)「佐藤総理の東南アジア・大洋州諸国訪問の意義」（一九六七年七月）『楠田資料』J-5-21。

(49)『楠田資料』K-3-3、二—三頁。

(50)『毎日新聞』（一九六七年九月二日）夕刊一頁。

(51)「MEMO NO. 8 K（表紙破損）」（一九六七年八月一日）『楠田資料』Y-3-76。

(52)『楠田日記』六七頁、一九六七年八月八日の項。

(53) 一回目にビルマ、マレーシア、シンガポール、タイ、ラオスを、二回目にインドネシア、オーストラリア、ニュージーランド、フィリピン、南ベトナムをそれぞれ訪問した。

(54)「佐藤総理と東南アジア諸国及び豪州・ニュージーランド首脳との会談項目」（一九六七年八月一五日）A'.1.5.1.13-1-1、外史。

(55) 在バンコク関大使発外務大臣宛第一〇六〇号「総理訪タイの際の諸会議」（一九六七年九月一四日）二〇一七—〇〇一六外史。

(56)『楠田資料』K-3-3、一九頁。

(57)「佐藤総理とネ・ウィン議長との第二回会談記録」（一九六七年九月二一日）A'.1.5.1.13-1、外史。

(58)「佐藤総理とタノム首相との会談記録」（一九六七年九月二七日）A'.1.5.1.13-1、外史。

(59) 高橋、前掲論文、二九二—二九四頁。

(60)「佐藤総理とプーマ首相との会談記録」（一九六七年九月二九日）：「佐藤総理とスハルト大統領代理との会談記録」（一九六七年一〇月九日）：「佐藤総理とマルコス大統領との第一回会談記録」（一九六七年一〇月一九日）A'.1.5.1.13-1、外史。

(61)「佐藤総理とネ・ウィン議長との第二回会談記録」（一九六七年九

月二一日）：「佐藤総理とスハルト大統領代理との第二回会談記録」（一九六七年一〇月一〇日）A'.1.5.1.13-1、外史。

(62)『楠田日記』一〇五―一〇七頁、一九六七年一〇月一八日―二一日の項。

(63)『毎日新聞』（一九六七年一〇月二一日）朝刊二頁；『読売新聞』（一九六七年一〇月二三日）朝刊二頁。

(64) 南東アジア課「佐藤総理の東南アジア、大洋州諸国歴訪」（一九六七年一一月一日）A'.1.5.1.13、外史。

(65)『朝日新聞』（一九六七年一〇月二二日）朝刊二頁。

(66) Memorandum From the President's Special Assistant (Rostow) to President Johnson, "The Ryukyu-Bonin Islands and the Sato Visit," October 27, 1967, *Foreign Relations of The United States, 1964–1968* (hereafter *FRUS*), Vol. 29, No. 99.

(67) 服部龍二『佐藤栄作――最長不倒政権への道』（朝日新聞出版、二〇一七年）二四三―二四四頁。

(68)「沖縄及び小笠原諸島の施政権返還問題についての中間報告」（一九六七年一一月一日）『楠田資料』F-1-199。

(69)『楠田日記』一二二頁、一九六七年一〇月三〇日の項。

(70) 沖縄返還と防衛問題研究会「〝沖懇〟中間報告作成上の参考」復帰問題研究会編『復帰問題研究（二）』（一九六八年）二四五頁。

(71) 外務省「総理の東南アジア、大洋州諸国訪問についての発言案 総理訪米発言要領一二一号」（一九六七年一一月一日）A'.1.5.1.13、外史。

(72) 作成者不明「総理、米大統領会談における総理御発言ぶり」作成日不明。A'.1.5.2.14-3、外史。本文書には欄外に確定稿とメモされている。

(73) 経済協力局政策課「援助はなぜするか　財政硬直化と経済協力」（『経済と外交』第五二二号、一九六七年一二月一日）九頁。

(74)「佐藤総理・ジョンソン大統領会談録（第一回会談）」（一九六七年一一月一四日）二〇一一―〇〇二〇、外史。

(75) Summary of White House Meeting, "Luncheon meeting with Secretaries Rusk and McNamara, Walt Rostow and CIA Director Richard Helms," November 4, 1967, U.S. Declassified Documents Online, CK2349033390.

(76) 高橋和宏『ドル防衛と日米関係――高度成長期日本の経済外交 一九五九―一九六九年』（千倉書房、二〇一八年）二〇一―二〇六頁。

(77) Memorandum of Conversation, "US-Japanese Relations and Security Problem," November 15, 1967, *FRUS*, No. 106.

(78) 高橋、前掲書、二〇六―二一七頁。

(79)「総理大臣演説」（一九六七年一一月一七日）『楠田資料』K-1-6。

(80)「総理大臣演説」（一九六七年一一月二九日）『楠田資料』K-1-5。

(81) 実際の佐藤の施政方針演説は、「国際的責任をじみちに果たすとともに、国民一致してみずからの国をみずからの手で守る気概を持ち、現実的な対策を考えることこそ、わが国の国際的地位の向上とアジアの安定とに寄与し、ひいては近い将来、沖縄の祖国復帰にもつながることを確信する」という文言となった。「第五七回国会　衆議院本会議　第二号」一九六七年一二月五日（「国会会議録検索システム」。<https://kokkai.ndl.go.jp> 二〇二二年一一月二一日閲覧、二頁。

(82)『佐藤榮作日記　第三巻』（朝日新聞社、一九九八年）一八七―一八八頁、一九六七年一二月五日の項；『楠田日記』一三六―一三七頁、一九六七年一二月五日―六日の項。

(83)「施政方針演説（第一案）」（一九七〇年一月）『楠田資料』K-1-68。

（なかにし　ゆうた　同志社大学大学院）

日本国際政治学会編『国際政治』第212号「二国間と多国間をめぐる日本外交」（二〇二四年三月）

核物質をめぐる国際協議と日本外交

――国際プルトニウム貯蔵構想、一九七八―一九八二――

武田悠

はじめに

核兵器の登場以来、その材料であると同時に平和利用も可能な核物質の管理は、重要な国際問題であり続けてきた(1)。中でもプルトニウムは、原子力発電所で使用した核燃料を再処理して抽出し、新たに核燃料として利用できる反面、軍事転用の危険性がとりわけ高いとされる。この危険性が現実のものとなったのが、一九七四年にインドが行った核実験であった。インドは平和利用を名目に輸入した資機材等を用いてプルトニウムを抽出し、核爆発装置を製造したため、米国をはじめとする原子力供給国は強く反発した。

これを受けて提案された対策の一つが、一九七八年から一九八二年にかけて検討された国際プルトニウム貯蔵（ＩＰＳ：International Plutonium Storage）と呼ばれる構想である。各国が保有する平和利用目的のプルトニウムをＩＡＥＡ（International Atomic Energy Agency）の下で国際管理し、その軍事転用を防止しつつ利用を認めようとしたもので、当初は先進国を中心に作業が進められた。しかし制度設計が具体化するにつれ、核不拡散規制と円滑な平和利用のバランスをめぐって対立が激化し、さらに途上国も反発を強めて南北対立の構図まで持ち込まれた。最終的に三つの制度案が併記された報告書が一九八二年一〇月に完成したものの、構想はそのままなざらしとなった。

このＩＰＳは、日本にとって重要な意味を持っていた。被爆国として長年唱えてきた核拡散への対策を強化しつつ、石油危機を経てますます重視されつつあった原発の燃料を確保することが可能だったからである。しかも構想そのものは失敗したとはいえ、日本はＩＡＥＡでの多国間協議と先進国との二国間協議を同時並行で進める中で、批判の多かった日本国内でのプルトニウム平和利用に対する国際的な同意をとりつけることになる。技術的問題ゆえ注目されなかったとはいえ、それは日本外交にとって重要な成功例であったと言えよう。またＩＰＳそのものも、その後繰り返し提案され、失敗に終わった同種の国際管理構想の中で最も実現に近づいたため、繰り返される失敗の要因を探る上で有益な事例となりうる。

しかし先行研究はＩＰＳについて、その経緯に簡潔に触れるにとどまっており、日本の関与も検討されていない(2)。そこで本論文は、近年公開された日本外務省の文書等を基に、日本が多国間・二国間の国際協議を通じてＩＰＳの提案から挫折に至る過程にどう関与したのかを明らかにしたい。

その過程で日本は、核不拡散を重視する米国や、平和利用の権利を重視する途上国にどう対処するかという問題に直面した。その意味で本構想に関する日本外交は、核物質の国際管理や原子力平和利用にとどまらず、南北対立や北の先進国間の対立が顕在化する中で日本がどのような立場をとったのかという、より広い問題についても示唆を与えるものとなろう。

一　ＩＰＳ提案の背景

(1)　前史

核物質の国際管理は、一九四六年に提唱された米バルーク案に端を発する(3)。新たに国際原子力開発機関を設置して核物質や原子炉を管理するというこの案は頓挫したが、一九五三年には米国のアイゼンハワー（Dwight D. Eisenhower）大統領が、「平和のための原子力」演説で原子力平和利用の促進と共に核物質の共同管理と配分を提案した。ただ、その後一九五七年に発足したＩＡＥＡは憲章に核物質の国際管理が規定されていたものの、実際に米ソ両国が選んだのは二国間原子力協力協定を通じた核物質や資機材、情報の提供であり、それによる同盟関係の強化や道義性のアピールであった。

そのため実際に核物質が配分された事例は、一九五九年に日本からウランの確保を依頼されたＩＡＥＡが入札を実施し、カナダが応じた例等、ごく少数にとどまっている。それでも一九六〇年代には核拡散への懸念から米ソを中心にＮＰＴ（Treaty on the Non-Proliferation of Nuclear Weapons）が作成され、ＩＡＥＡによる保障措置、つまり平和利用目的の核物質や資機材等が軍事転用されないよう監視する国際的な措置も強化された。

ＮＰＴは一九七〇年に発効するが、その四年後のインド核実験を受け、さらなる核不拡散規制の強化が検討された。まず米国等の原子力供給国が試みたのは、輸出規制や軍事転用しやすい機微な技術の拡散防止である(4)。前者については、後に原子力供給国グループ（ＮＳＧ）と呼ばれることになる協議体が設置された。後者については、米フォード（Gerald Ford）政権がイランと日本、つまり中東とアジアという核拡散が懸念される地域に位置する同盟国に、それぞれの地域で発生した使用済燃料を引き受ける多国間再処理施設等を設置しようとした。しかし核不拡散規制を重視する米国と円滑な平和利用を重視する関係国との対立もあって、前者の規制は限定的なものにとどまり、後者は実現しなかった。

(2) 米国の方針転換とＩＰＳの提案

そうした中、一九七七年に発足した米カーター（Jimmy Carter）政権は、プルトニウム平和利用の中止という急激な方針転換を唱えるに至る。(5) これを実現するため、米国は各国の専門家を集めた国際会議ＩＮＦＣＥ（International Nuclear Fuel Cycle Evaluation）で合意を形成しつつ、使用済燃料を再処理し再利用する必要がないように核燃料の供給を保証するＣＡＳ（Committee on Assurances of Supply）、再処理しない使用済燃料を国際管理するＩＳＦＭ（International Spent Fuel Management）といった多国間枠組みを提案した。しかし後二者は頓挫し、ＩＮＦＣＥでも米国は強い批判を受け、一九八〇年に原子力平和利用の核拡散リスクは管理可能との結論に至っている。

むしろ国際社会の注目を集め、新たな制度の設置に向けて熱心に議論が行われたのは、一九七六年からＩＡＥＡ事務局が検討していたＩＰＳであった。プルトニウムの軍事転用を防止しつつその平和利用を容認するこの構想は、原発や再処理技術を保有する国が増え、分離されるプルトニウムの量が原子炉等で使用される量を上回りつつあると見たフォード政権の依頼がきっかけであった。ＩＡＥＡ憲章は第一二条Ａ５項で、ウランやプルトニウムのうち「必要な量をこえる余分」について、「その蓄積を防ぐため」ＩＡＥＡに寄託するよう要求できると規定している。これに基づき、ＩＡＥＡ管理下の貯蔵庫に各国のプルトニウムを保管し、必要量のみを引き出せるようにするのが目的であった。同じく軍事転用を監視するＩＡＥＡの保障措置を補完する仕組みとし、既存の施設に貯蔵庫を設置する想定であったため、他の国際管理構想よりも具体化しやすい利点があった。

対してカーター政権は、一九七七年三月、プルトニウムの国際管理は、再処理やプルトニウム利用を容認することにつながるため検討しない方針をとった。(6) しかしＩＡＥＡ事務局の検討作業は既に進んでいた。この年の一一月には日米欧の主要先進国に事務局が作成した制度の草案が非公式に示されており、翌一九七八年七月には米英のコメントを基にした改訂案が公表された。(7) この時米国は、再処理やプルトニウム需要の先行きが暗くなりつつあるため、むしろ使用済み燃料の国際管理が有用だと主張している。(8) しかしＩＮＦＣＥでは、プルトニウム利用を検討していた第四作業部会を中心に参加国が好意的な反応を示し、各国の専門家が集まって本格的な検討作業を開始することとなった。

日本もこれがＩＮＦＣＥの検討結果を踏まえた新たな国際制度になりうると期待した。(9) 国内ではまず原子力委員会の下に設置されたＩＮＦＣＥ対策評議会で、ＩＮＦＣＥ終了後はその後継のポストＩＮＦＣＥ問題協議会で、外務省を中心に関係者が集まってこの構想に取り組むことになった。科学技術庁など国内の関係省庁はさらなる規制を警戒しており、当初からＩＰＳを積極的に支持したわけではなかったが、同じプルトニウム利用国である西欧諸国が積極的であったこと、日本が英国と共に議長を務めるＩＮＦＣＥ第四作業部会が支持する方向でまとまったことが背中を押した。

またそもそも日本は、米国との原子力協定を通じて課されていた制約ゆえに、協力せざるを得ない立場にあった(10)。当時日本は、新たに建設した東海村再処理施設や英仏への再処理委託の安定的な運用を確保するため、米国との交渉を進めていた。当時の日米協定には、米国起源の核燃料を再処理するといったケースで米国の事前同意が必要と定めた規定があり、その米国がカーター政権の下でプルトニウム利用を中止しようとしていたからである。しかしもしIPSが設置されれば、再処理で分離されたプルトニウムのうち当面使用しない分は貯蔵庫で国際管理され、必要な時に必要な量だけを引き出すことになるため、米国があらためて核不拡散規制を課す必要はない。そうなれば、事前同意権を通じて米国の政策転換に振り回されることもなくなるはずであった。それゆえ日本は、米国との交渉や、ウラン資源を有し、米国と同じく核不拡散規制の強化を求める加豪両国との原子力協定改定交渉等と並行して、IPSに関する活発な二国間・多国間協議を開催することとなった。

これはINFCEへの当初の対応とは対照的である。日本はプルトニウム利用の有用性を否定する場になりかねないとしてINFCEを警戒し、当時進められていた東海村再処理施設をめぐる日米交渉とは切り離すよう米国側に求めた(11)。しかしIPSはプルトニウム利用を前提に核不拡散を確保する仕組みであるため、日本はむしろ積極的に、自国に有利な制度を形成しようと試みたのであった。

二　IPSの検討

(1)　当初の対立構図

IPSを検討する専門家会合は、主に先進国が集まり、一九七八年一二月に開始された(12)。その名前とは裏腹に事実上の政府代表レベルの会合で、IAEA理事会に提出する報告書の提出が目的であるものの、IPSの制度を事実上決定する場になると見られていた。そのため初回から意見対立が表面化し、特に制度の対象をめぐっては、再処理で分離されたプルトニウム全てが対象になると主張する米英仏と、余剰とみなしうるものに限定すべきとする日独白に割れた。事前同意権との関係でも、IPSによってこれを代替できるという日本等と、両者で集める情報に違いがあるというオランダ等に割れた。

水面下ではさらに複雑な対立もあった。まず英仏は、日本を含め海外から委託されていた再処理役務というビジネスを円滑に進めるため、IPSの早期設立を求める点で一致する日本と協議しつつ会合に臨んだ(13)。またオランダにもIPS設立に熱心になる理由があった。議会で核拡散問題への関心が高まったこともあり、この専門家会合の三カ月前、蘭英独が設立したウレンコ社がブラジルに濃縮ウランを供給する契約を結んだ際に、IPSを利用する規定を盛り込んでいたのである。ウレンコが供給するウランをブラジルが再処理した場合、抽出されるプルトニウムは国際管理するという規定であった(14)。もっとも、自国内で分離プルトニウムを管理する計画はなかったため、日本とは違い国際管理に伴う新たな制約に敏感ではなかった。

一方日本は、海外に再処理を委託しつつプルトニウムを利用しているという点で共通する西独との協力も重視した。西独が国際管理の対象となる貯蔵庫を自国にない再処理施設だけでなく燃料加工施設にも置くよう主張した時には、貯蔵庫の数が増えれば核拡散のリスクも増えるという懸念を抱きつつも、これに同調している[15]。

ただ西独は、IPS設立で米国が事前同意権を撤廃する可能性は低いと見ており、この構想には当初から冷淡であった[16]。この背景にあったと思われるのは、西独が加入する欧州原子力共同体（ユーラトム）と米国の原子力協定に、日米協定とは違い、米国の事前同意権が設定されていなかったという事情である。ユーラトム側は協定を改定して事前同意権を設定したいという米国の要求を拒否して協議すら開始していなかったため、西独は英仏への再処理委託を続けることができた。また自国の再処理施設も計画段階で、建設するとしても完成予定は一九九〇年と時間的余裕があった。むしろ西独にとってIPSは、新たな核不拡散規制を課される恐れのある厄介な枠組みであった。

参加国の微妙に異なる動機や目的ゆえに協議は難航した。一九七九年五月の二度目の専門家会合は、IPSの対象を全ての分離プルトニウムとしつつ、すぐに使用するものは帳簿上のみの処理とする方針では合意したものの、制度の詳細は新たに二つの技術諮問委員会（TAG：Technical Advisory Group）を設置して検討することになった[17]。ところが九月から開催されたTAG会合は、核不拡散を重視する米国、受託事業を重視する英仏、自国でのプルトニウム利用を重視する日独伊等の間で対立が続き、貯蔵庫からプルトニウムを引き出す際の要件や手続きといった具体的な制度設計が進まなくなった[18]。会合を重ねるうちに、TAGは技術的に可能な選択肢を列挙するにとどめ、合意形成は専門家会合に委ねる方向へと向かった[19]。

しかしその専門家会合での議論も前進しなかった。一一月の第三回会合で、英仏は一九八一年二月のIAEA理事会に報告書を提出し、その承認を得るというスケジュールを提案した[20]。しかし貯蔵庫から引き出すプルトニウムの利用が平和目的であることを確認する手順一つをとっても、IAEAの関与を重視する事務局案、極力簡素にしたフランス案、中間を模索する英国案が提出されている。参加国には、IAEA事務局が草案を作成した上で作業が開始されたにも関わらず、当初の予想に反し構想の実現は容易ではないという見方が広まりはじめた。

(2) 米国の沈黙

この間、米国はIPSのみならず原子力国際協力全般への方針を再検討していた[21]。INFCEや日欧との二国間協議で批判を受けた米国は、第一回専門家会合の直前から、既に先進的な原子炉を開発している等、実際に需要がある場合にはプルトニウム利用を認める新たな方針を各国に打診していた。事実上、日欧の同盟国のみを対象とした譲歩案である。しかし日本や西独はこの案に厳しい核不拡散要件が伴うことに反発した。輸出した原子炉がインドの核爆発装置製造に利用されたカナダは、将来的には再処理を中止すべきだと主張した。同盟国との合意形成ができなかった米国は、ＴＡＧ会合が始まった時点でもＩＰＳへの態度は未定としている。(22) 制度の個々の要素についての技術的検討には参加していたものの、そこでは従来の保障措置以上の規制を求め、事前同意権についてもＩＰＳは同意付与の条件の一つにすぎないという従来通りの強硬な立場であった。(23)

この時、特に米国が問題視していたのは、次世代の主力と目されて開発中であり、プルトニウムを大量に利用する高速増殖炉ではなく、既に普及している軽水炉でプルトニウムを利用するプルサーマルであった。(24) ＩＰＳさえ利用すればプルサーマルも問題ないと認識されれば、軽水炉で利用するという名目で再処理を行い、プルトニウムを保有する国が増えかねないという懸念である。そのため米国は、ＩＰＳそのものの実効性だけでなく、ＩＰＳ参加国がプルサーマルを控えるかどうかも重要だとしていた。

とはいえ日独は、高速増殖炉の開発が予定より遅れる中、まさにそのプルサーマルを進めようとしていた。カーター政権で核不拡散問題を担当したスミス（Gerard C. Smith）大使はこうした状況を踏まえ、プルトニウム利用を認めつつも厳しい条件をつけようとしており、その手段の一つとして、ＩＮＦＣＥ後をにらんで検討されていた国際制度の中でもＩＰＳを最も重視した。(25) しかしプルトニウム利用の中止はカーター大統領の選挙公約でもあり、それを覆すことに政権内の支持は得られていなかった。

(3) 日本の打開策

次の第四回専門家会合は一九八〇年五月に開催されたが、やはり作業は進まず、特に争点となっている保障措置との関係を検討する作業部会を新たに設置することになった。(26) プルトニウムを貯蔵庫から引き出す際、平和利用されることを確認するための新たな制度を設置するのか、それとも既存のＩＡＥＡ保障措置で十分とするのかという問題を検討するためである。作業には相当の時間を要することが予想されたため、日本代表団は「これまでの熱い期待とはうらはらに、今後はかなりスローテンポでしか進行しなくなつ(ママ)たことは否定でき」ないと報告している。

ただ、現に東海村再処理施設の運転が始まっている日本としては、ＩＰＳを早期に設立させプルトニウム利用の円滑化を図る必要がある。そこで検討されたのが、ＩＰＳの中でもプルトニウム引き出しの要件等の基本要素に限って米英仏加豪といった主要国と合意を形成し、それを二国間協定の事前同意権に関する条項に反映させる案である。(27) これはＩＮＦＣＥでも、まず少数の関係国で合意を形成してから国際的な仕組みに発展させる「共通アプローチ」方式として推奨されていた。

「ミニＩＰＳ」と名付けられたこの方法を日本は水面下で関係国に提案したが、反応は芳しくなかった。(28) 特にフランスは自国に再処理を委託している他の西欧諸国を排除することに難色を示し、ＩＰＳに積極的になっていた豪州も専門家会合の停滞はむしろ欧州内部の意見対立に原因があると指摘している。なお英仏は、日本に打診される数カ月前に同様の構想を検討していたが、これが表面化して途上国の反発を招かないよう、メンバーは米英仏独やウラン資源国に限定する計画であった[29]。日本はむしろ、東海村に続く商用再処理施設に必要な技術移転の是非を議論しなくてはならない、いまだ本格的な再処理能力を獲得していない国として扱われている。

　その後、九月に開催された保障措置作業部会はやはり結論が出なかった[30]。既存のIAEA保障措置を最大限活用する方向では一致したものの、具体的な制度設計は再度会合を開いて検討することになった。この会合での結論を受けて最終報告書をまとめるはずだった年末の専門家会合も延期された。西独に至ってはむしろ審議の引き延ばしを図り、日本代表団はIPSが進展しないほうが米ユーラトム間の事前同意権をめぐる協定改定交渉が有利になると見ているのではないかと推測している[31]。

　これを受けて英仏は危機感を強め、自国の再処理事業のため、早期のIPS設立を目指して日独と共同歩調をとった。第三回専門家会合で提出していた両国の制度骨子案を統合し、西独も説得して三カ国で共同案を作成しつつ、日本にも参加を求めたのである[32]。日本はINFCEといった他のフォーラムの会合が続く中で担当者のスケジュール調整が難しく、一九八一年二月に三カ国共同案が作成されるまで参加はできなかったが、いち早く草案を提示され、次の専門家会合に備えることができた。

三　構想の進展と先進国間の対立

(1)　しぼむIPSへの期待

　この間、INFCEでの作業は順調に進み、一九八〇年二月の最終総会で無事報告書を採択した[33]。原子力平和利用の核拡散リスクを管理する手段として国際制度、保障措置、技術の三つが挙げられ、IPSは重要な国際制度の一つと位置づけられた。

　米国もIPSを看過できなくなり、スミス大使は日欧のプルトニウム利用を認める前述の案と共に、「実効性のある」IPSを設立し、日欧で増えるであろうプルトニウムの在庫を吸収するという方針を提案した[34]。政権内の反対を押し切ってカーターはこれを許可し、スミスは同盟国との本格的な協議に入った。ただ、「実効性」が意味する核不拡散要件で対立するうちにこの年の大統領選挙でカーターが敗北し、作業は次のレーガン（Ronald Reagan）政権に引き継がれた。

　そのレーガン政権は、一九八一年七月、先進的な原子力平和利用計画を持ち、核拡散の危険がない国にはプルトニウム利用を認める方針を決定した[35]。IPSについても制度の成立に協力することを明確にした。ただ、カーター政権以上に強硬な核不拡散規制を求める連邦議会は、一九七八年核不拡散法を梃子に、行政府による方針転換の余地を狭めていた。そのためIPSへの前向きな態度も、プルトニウムへの保障措置強化が目的とされた[36]。

　むしろ同盟国への配慮が見られたのは、原子力協定で規定する事前同意権の運用という、行政府の裁量で可能な二国間の措置である。[37]特に日本との間では、この年五月、日米首脳会談の際に問題の恒久的な解決を図るための協議開始が謳われた。一〇月にはそれまで一年毎に再処理量を限定して同意を付与していた東海村再処理施設の運転について、三年間は年間の設計最大容量まで再処理することを一括して認めた。

このように一括して事前同意を付与することで予見可能性を確保するのはINFCEでも求められていた措置で、日本は加豪両国との原子力協定改定交渉で、保障措置の強化等を代償に、国内のプルトニウム利用へのより恒久的な同意をとりつけている。[38]一九八二年には米国が、同様の仕組みを包括的事前同意制度と名付けて採用し、以後これを反映するための原子力協定改定交渉が行われることになった。こうしてIPSとは別に、二国間協議を通じ、日本のプルトニウム利用をめぐる国際環境は徐々に好転しはじめた。

日本に核燃料や資機材を供給する米加豪がこのような方針をとるのであれば、IPSという新たな多国間枠組みがなくとも、日本のプルトニウム利用に支障はなくなる。日本から見たIPSの意義は次第に薄れ、むしろIPSが厳格な手続きを設定すれば、かえって日本のプルトニウム利用を妨げるとも懸念された。[39]IPSの協議にはフランスやインド、パキスタン等のNPT非署名国も参加しており、今後日欧で増大するであろうプルトニウムを管理する上でも有意義ではあるため、日本は依然としてIPSの設立を目指したが、それまでのような切迫した必要性はなくなっていた。

これは他の主要先進国も同様であった。特にフランスは、一九八一年に入るとIPSで事前同意権を代替することは諦めた。[40]残っていたのは、他国から委託を受けた再処理役務でプルトニウムを抽出する際、その軍事転用を防止できるという期待であった。

(2) 作業の進展

皮肉なことに、期待値が下がっていったのと反比例するかのように、先進国は相次いで要求を引き下げ、保障措置作業部会での検討作業は進みはじめた。一九八一年五月の第五回専門家会合では、英仏独の三カ国案が示されると共に、改めて各国がIPSの制度や手続きについて意見を述べた。[41]事前同意権を代替できるか、プルトニウム引き出しの際の手続きをどこまで簡素化するか等の争点は残ったが、他の要素については合意が形成されはじめた。米国もそれまでより柔軟な姿勢を示し、日本代表団はこの会合がIPS設立に向けた一里塚になったと評価している。日本が唱えたミニIPSは既に潰えていたが、この頃には前述のとおり日米首脳会談があり、日豪間の原子力協定改定交渉も進んでいたため、プルトニウム利用の際に必要な核不拡散要件をめぐって、先進国間の「共通アプローチ」が事実上形成されつつあると見ていたのである。

実際、次の第六回会合では三カ国案に米国も加わった案が提示され、これを基に日仏等の意見を取り入れて修正作業が進められることになった。[42]西独はIPSを通じてプルトニウム利用への規制が強化されうるとして反発を強め、この会合の際には日本がIPSに積極的になっているのは残念とまで述べたが、NPT非署名国が参加する枠組みとしての意義は認めていた。[43] 制度の細部についての議論にも目処がつき、IPS設立に向けた最終段階であるIAEA理事会での承認に向け、最終報告書の起草も始まった。

四　南北対立と構想の頓挫

(1) 南北対立の顕在化

ただ、この第六回会合では最終報告書に少数意見も盛り込むことになり、今後の作業が難しくなるのではないかとも懸念された。[44] その少数意見とは、ユーゴスラビアを筆頭とする途上国の反対である。

そもそもIPSのような技術的な検討作業は、途上国にとって関与するのが難しかった。ユーゴスラビアはINFCE開始前、途上国には原子力関係の資金や人員が不足していると述べている。[45] INFCEでの作業が続く中、さらにIPSの各種会合にまで参加するのは途上国にとって難しかったであろう。

ただ、単独では非力な途上国も、一九六〇年代から政治面では非同盟運動、経済面ではG七七を形成して先進国に圧力をかけていた。[46] 一九七〇年代末には内部対立もあってその勢いは失われつつあったものの、原子力をめぐってはなおも南北対立が続いていた。原子力供給国は米国や日本といった先進国だけでなくソ連等も含めて輸出規制強化で一致していたが、核不拡散のためには途上国も核武装しないよう説得する必要があり、その不満は無視しえなかった。

そこで日本等の先進国が注目したのが、途上国内部の穏健派である。[47] 特に非同盟運動では、社会主義陣営との接近を唱え米国を激しく非難するキューバと、従来通り米ソ双方と距離をとり、双方の協力を否定しないインドやユーゴスラビアら穏健派の対立が激化しており、日本は後者の勢力拡大を図っていた。

とはいえIPSをはじめとする核物質の国際管理については、その穏健派も反発を強めていた。特にユーゴスラビアは、INFCE後の原子力貿易を扱う国際会議を開催して途上国の数の力で平和利用の権利を守ろうとし、米国と対立していた。技術的な検討が続くIPSの各種会合でも、プルトニウム平和利用への規制はIPSの根拠とされるIAEA憲章第一二条A5項の範囲を越えていると繰り返し主張している。

これに対して日本は、緊密な二国間協議を行った主要先進国への対応とは対照的に、距離をとって多国間協議での対応に終始した。その理由は推測するしかないが、前述したミニIPSでのまず先進国の足並みを揃えるという方針の他、原子力平和利用に関しては自らが特殊な地位を占めているという自己認識もあったと考えられる。例えば一九八〇年の米大統領選挙で勝利したレーガン次期大統領周辺への働きかけが検討された際、カーター政権の核不拡散政策は、「わが国のような米国と特別深い関係にある友好国で、現に高度の技術を有し、しかも大規模な電力需要を有する工業国と、non-proliferation credibility の低い開発途上国とを同一に扱おうとしていたことは、わが国に対する当然の配慮に欠けるもの」[48] とまとめられている。これは外務省に限らず、国内の関係者に広く共有されている感情であった。[49]

(2) 頓挫

こうした日本の方針は他の先進国にも共通しており、一九八二年二月のＩＡＥＡ理事会では、先進国主導で進めてきたこれまでの作業を踏まえ、同年末までに専門家会合に最終報告書を提出させ、翌年二月の理事会でその後の扱いを議論することが決まった。(50) これを受けオランダの呼びかけで先進国が開いた非公式会合で、日本をはじめとする参加国は南北対立を避ける必要があること等で一致し、その後も同様の会合が続けられることとなった。(51)

しかしその直後の、専門家会合の最終報告書を議論し、技術的な問題を検討するはずだった保障措置作業部会で、途上国の不満が一挙に顕在化した。(52) この頃にはＩＮＦＣＥやそれに伴う協議も一段落して途上国にも余裕が生まれ、参加国数が当初の一七カ国からインド等三二カ国にまで増えていたことも影響していたであろう。まず会合の冒頭で、ＩＰＳの法的根拠に疑義を呈してきたユーゴスラビアが送付した、これ以上の検討作業は拒否するという書簡が読み上げられた。そしてこれに続いてインドが、ユーゴスラビアやアルゼンチン等の主張に沿ったものであるとして、保有国が余剰と考えたプルトニウムのみを登録するという代替案を提出した。全ての分離プルトニウムをＩＰＳの登録対象とし、このうち当面使用しない既定量以上のものを余剰とみなして貯蔵庫に預託する従来案とは根本的に異なる制度が、その詳細は論じられないままに提示されたのである。

両者のへだたりは大きく、専門家会合以前からＩＰＳに関する協議に参加し、南北間の調整役ともなってきたブラジル代表団のバロス（Sebastião do Rego Barros）作業部会議長も、もはや調整は困難とし、両論併記の最終報告書もやむをえないと述べた。(53) この時の途上国側の企図についてＩＡＥＡのブリックス（Hans Blix）事務局長は、ＩＰＳの検討作業を延長させて一九八三年に開催されることになっていた原子力平和利用国連会議に問題を持ち込み、全ての国連加盟国が参加できる場で政治問題化させ、プルトニウム利用への新たな規制を止めようとしているのではないかと推測している。(54)

さらに五月に再度開催された作業部会では、途上国の代替案とバランスをとるためとして、豪州、スウェーデン、オランダが第三の案を提出した。(55) 先進国の中でも核不拡散規制にとりわけ熱心であり、国内に分離プルトニウムや関連施設がないこの三カ国は、従来から検討されてきた案をベースに、プルトニウムの貯蔵や返還の際のＩＡＥＡの権限を強めた。これは日本のように分離プルトニウムを利用する国が反対し削除された要素でもあった。こうして会合は、従来からＩＡＥＡ事務局や先進国を中心に検討されてきたＡ案、インド等途上国が支持するＢ案、核不拡散規制を強化したＣ案の間で収拾がつかなくなった。

保障措置作業部会が麻痺したため、一〇月には再び専門家会合に議論が委ねられた。最終報告書の文言が逐条審議されたものの、議論は紛糾し、これまでの経緯についての記述すら争点となった。(56) Ａ案を詳細に審議する過程でＢ案が、さらにそれに対抗するべくＣ案が生まれたという記述に、インド等はＡ案支持国の意見に沿ったものだと激しく反発した。ＩＰＳの詳細な制度設計についても、インドはこれまで検討していないと主張して削除を求め、他の途上国も同調した。非公式協議でも決着はつかず、ＴＡＧで議長を務めたスイスのロメッチ（Rudolph Rometsch）元ＩＡＥＡ査察総監を座長とする小グループが設置された。ここに先進国で議論を主導してきた英蘭と消極的な西独、途上国のアルゼンチン、インド、ユーゴスラビアという異なる立場の国を集めて協議を行い、ようやく最終報告書がまとまった。検討作業の経緯については途上国が最後まで反発し、バロス議長は「歴史がどうであった［ママ］かではなく将来どうすべきかが重要である」と苦言を呈している。[57] 出来上がった文章は、審議の経緯は三つの案を並べて説明するのみ、具体的な制度は未解決で「然るべきメカニズムの下で検討を続ける」と述べるのみ、今後の作業は検討を続けると述べるのみという、極めて簡素なものであった。添付された各作業部会の報告書も、Ｂ案支持国の要求で冒頭に専門家の間で意見が一致しなかったという一文が挿入された。

なおＢ案の提出前には、最終報告書の提出後、ＩＡＥＡ理事会の下にＩＰＳ設立を担当する委員会を設置することが検討されていた。[58] しかしこれについても、Ｃ案支持国は早期設置を主張したものの、日本を含めた他の西側諸国は意見を表明しなかった。日本代表団は、東欧諸国やソ連もＡ案を支持しているため完全な南北対立になっており、このままでは委員会を設置しても同様の対立が続くと予想される、日本の対応は今後の米国のＩＡＥＡやＩＰＳへの対応が重要になる等と指摘しており、熱意の低下は明らかであった。

この間、途上国の強い反発を踏まえ、日本が提案したミニＩＰＳと同様の、先進国のみで暫定的なＩＰＳを発足させる案も検討されていた。[59] しかし日本自身も含め、それでは実効性のある制度にならない、むしろ途上国に多いＮＰＴ非加盟の非核保有国が参加しなければ無意味という意見が多かった。

とはいえ、その途上国のＩＰＳ参加もしばらく実現しそうになく、途上国を先進国が説得する動機もさらに薄れていた。例えば日本では、外務省の原子力課がこの検討作業の前の一九八二年夏に今後の対応方針をまとめた際、「原子力先進国と並んで「プルトニウム時代」をきりひらいてゆく」立場にある日本としては、核不拡散の国際秩序を維持発展させ合理的な制度をつくるため、今後ともＩＰＳに協力するのも一案であるものの、日本自身のプルトニウム平和利用を不当に妨げられないよう留意する必要があると述べている。[60] そのさらに前の六月には、前述のとおり、米国が包括的事前同意制度の採用を日本等の同盟国に伝えていた。日本にとってのＩＰＳの優先順位はますます下がっていたと言えよう。

翌一九八三年二月、最終報告書はＩＡＥＡ理事会に提出され検討が開始されたものの、ユーゴスラビア等が強硬に反対したためＩＰＳ委員会は設置されなかった。[61] 日本も積極的には動かず、「Ａ案支持国の大勢が支持する場合は原則としてこれを支持」する方針をとった。[62] 一九八四年二月には予算が凍結され、一九八五年に開催されたＮＰＴ再検討会議の最終宣言は国際的なプルトニウム管理への国際的関心を再確認したものの、翌年以降は協議や言及もなくなり、現在に至っている。

おわりに

その後も核物質の国際管理は繰り返し検討された。特に二〇〇〇年代には、イランの核開発疑惑が明らかになった一方で、原子力発電への関心が高まった「原子力ルネッサンス」の下、中東諸国が相次いで原発導入を検討した。それに伴う核拡散を防止するべく、二〇〇三年にはIAEAが核燃料サイクルの国際化を提案している。(63) ウラン濃縮や再処理の技術と関連施設を多国間管理の下に置くという構想で、これをきっかけに、日本を含めた主要国や民間団体が多種多様な国際管理構想を提案した。また二〇一一年の東日本大震災に伴う福島原発事故と日本の原子力開発の行き詰まりをきっかけに、日本のプルトニウムをIAEAの管理下に置く構想も民間で提案された。(64)

しかしこれらの構想はいずれも実現しておらず、その他の提案も大半はアイデアが提示されるにとどまっている。(65) その経緯に共通している点の一つが、先進国間の対立である。特に二〇〇〇年代に相次いで提案された国際管理構想は、新規の原子力導入国には濃縮と再処理を禁止し、その代償として核燃料の供給を保証していたため、新たに原子力の導入を検討していた中東諸国だけでなく、ビジネス上の利益を重視する供給国の一部にも反発があった。

こうした先進国内部の対立の重要性を示したのが、他の構想とは異なり、実現の一歩手前までこぎつけたIPSであった。確かに最後の一撃は南北対立であったが、南の途上国に提案をまとめる時間を与えたのは北の先進国間の意見対立による作業の遅れであった。さらにその後、この構想が打撃を受けた後に立ち直ることができなかったのも、米国の再度の方針転換によって先進国が国際管理構想に取り組む意欲を低下させたことが一因であった。

言い換えれば、IPSの行く末を左右した主要先進国は、米国との二国間協議を通じて、自らのプルトニウム利用を円滑に実施できる体制を確保した。特に日本の得た利益は大きい。ウラン資源国たる加豪、そして原子力平和利用でも最重要のパートナーである米国との原子力協定をいちはやく改定することで、日本は主要国から包括的事前同意を得た。(66) 再処理を委託していた英仏が加盟するユーラトムも、米国との交換公文や一九九六年の協定改定で同様の制度を導入した。その間、日本は主にIAEAを通じて途上国の原子力平和利用計画を支援したが、IPSでも噴出したような核不拡散規制への批判に対応したわけではなかった。

これは本来、日本にとって深刻な問題であった。日本は「アジアの一員」を標榜し、南北問題をアジア諸国との関係を左右しうる重大な政治問題と捉えてきた。(67) 一方で核不拡散問題では、この頃には途上国と同調しえないことも珍しくなくなっていた。IPSが始まった一九七八年、外務省でこの問題を担当した金子熊夫原子力課長は、途上国との関係について雑誌に寄稿した際、次のように述べている。(68) すなわちアジア域内で技術協力を求められ、それに応ずるべくアジア・太平洋地域の途上国を対象とするIAEAの「原子力科学技術に関する研究、開発及び訓練のための地域協力協定」にこの年八月に正式加盟したものの、要求されたのは特に軍事転用がしやすい機微な技術の移転であった。しかし被爆国として、日本は核不拡散規制に熱心に取り組んでおり、機微技術の移転に安易に応じるわけにはいかない。このようなジレンマについて、日本はＩＰＳをめぐる協議では先進国との協力を優先し、正面から向き合わなかったと言えよう。

その選択は後に日本自身に跳ね返ってくることになった。冷戦後、高速増殖炉もんじゅの事故等によって日本のプルトニウムの在庫は積み上がり、二〇一一年の福島原発事故以降は脱原発が取りざたされる中でその在庫の将来が一層不透明となった[69]。その際、かつて主要先進国との二国間関係を優先し、多数の国が参加する国際枠組みの破綻をそのままにした日本には、プルトニウムを管理する国際枠組みを利用するという選択肢は残されていなかった。そして日本は、プルトニウム利用への警戒感を再びあらわにした米国から、強い批判を浴びることになったのである。

（1）Adam N. Stulberg and Matthew Fuhrmann, eds., *The Nuclear Renaissance and International Security* (Stanford University Press, 2013).

（2）関連する記述は多くても数頁にとどまっている。Lawrence Scheinman, *The International Atomic Energy Agency and World Nuclear Order* (Resources for the Future, 1987), pp. 285–288, 武田悠『日本の原子力外交』中央公論新社、二〇一八年、一六〇―一六二頁。

（3）"Approaches to the Nuclear Fuel Cycle," IAEA, 2005, pp. 29–31, https://www-pub.iaea.org/MTCD/publications/PDF/mna-2005_web.pdf（二〇二二年一一月二五日閲覧）。

（4）William Burr, "A Scheme of 'Control': The United States and the Origins of the Nuclear Suppliers' Group, 1974–1976," *The International History Review*, Vol. 36, Issue 2 (2014), pp. 252–276; Shinsuke Tomotsugu, "After the Hegemony of the "Atoms for Peace" Programmeme: Multilateral Non-proliferation Policy under the Nixon and Ford Administrations," John Baylis and Yoko Iwama, eds., *Joining the Non-Proliferation Treaty: Deterrence, Non-Proliferation and the American Alliance* (Routledge, 2018), ch.2.

（5）武田悠『「経済大国」日本の対米協調』ミネルヴァ書房、二〇一五年、第Ⅲ部。

（6）Presidential Directive/NSC–8, March 24, 1977, *Foreign Relations of the United States, 1977–1980, Volume XXVI* [*FRUS XXVI*], Doc.330.

（7）Letter from D.A.V. Fischer to A. Yatabe, September 5, 1977, 戦後外交記録、二〇二二―〇五六五（外務省外交史料館。以下分類番号のみ記載）。

（8）F. F. McGoldrick, "Comments on IAEA Secretariat Report Plutonium Management under IAEA Auspices," June 29, 1977, 二〇二二―〇五六五。

（9）原子力局「ＩＰＳ（国際プルトニウム貯蔵）について」一九七九年五月九日、二〇二二―〇五六五、原子力委員会「ポストＩＮＦＣＥ問題協議会について」『原子力委員会月報』第二五巻第四号（一九八〇年四月）。

（10）武田悠「米国の対外原子力政策における同盟国の役割」『国際政治』第一八五号（二〇一六年一〇月）、一一六―一一七頁。

(11) TOKYO08910 from Tokyo to State, "Dynamics of Nuclear Issue Updated," June 16, 1977, RG59, Central Foreign Policy Files, Access to Archival Databases [AAD], The U.S. National Archives and Records Administration, https://aad.archives.gov/aad/series-list.jsp?cat=WR43（二〇二二年一一月二五日閲覧）.

(12) 在墺大使発外務大臣宛第一二九五号「プルトニウム国際管理会合」一九七八年一二月七日、及び在墺大使発外務大臣宛第一二九八号「プルトニウム国際管理会合」一九七八年一二月八日、共に二〇二一―〇五六五。

(13) 在墺大使発外務大臣宛第一二九六号「IPS（英側よりの説明）」一九七九年一〇月六日、二〇二一―〇五六五。

(14) 在墺大使発外務大臣宛第一三九四号「IPSとウレンコ・ブラジル関係」一九八〇年一一月四日、二〇一六―一八三五。

(15) 外務大臣発在墺大使宛第三九二号「IPS（第2回会合対処方針）」一九七九年五月四日、二〇二一―〇五六五。

(16) 在墺大使発外務大臣宛第四四八号「IPS」一九七九年四月二〇日、二〇二一―〇五六五。

(17)「第2回専門家会議」、二〇一六―一八三四。

(18)「国際プルトニウム貯蔵（IPS）技術諮問委員会（TAG）第一回会合の概要」一九七九年七月、二〇一六―一八三四。

(19) 在墺大使発外務大臣宛第一〇五号「IPS・TAG.A（第2回会合）」一九八〇年一月二九日、及び在墺大使発外務大臣宛第一〇六号「IPS・TAG.B（第2回会合）」一九八〇年一月二九日、共に二〇二一―〇五六五。

(20) 在墺大使発外務大臣宛第一四七三号「IPS第3回会合（議事概要、その1）」一九七九年一一月一〇日、及び在墺大使発外務大臣宛第一四七九号「IPS第3回会合（まとめ、その1）」一九七九年一一月一三日、共に二〇二一―〇五六五。

(21) 武田「米国の対外原子力政策」、一一八頁。

(22) LONDON21816 from London to State, "International Plutonium Storage (IPS) – Discussions, Paris October 31, 1979," November 5, 1979, AAD.

(23)「第3回専門家会議」、二〇一六―一八三四、在墺大使発外務大臣宛第一四七三号「IPS第3回会合（議事概要、その1）」一九七九年一一月一〇日、二〇二一―〇五六五。

(24) PARIS35420 from Paris to State, "Post-INFCE Discussions with Pecquer, November 8, 1979," November 9, 1979, AAD.

(25) Diary entry for September 4, 1979, Personal Diary, Gerald C. Smith Papers, 1951–96, box 59 (Dwight D. Eisenhower Presidential Library).

(26) 在墺大使発外務大臣宛第五六四号「IAEA会合（第4回IPS会合）（まとめ）」一九八〇年五月一三日、二〇一六―一八三五。

(27) 同上、武田『日本の原子力外交』、一五二―一五三頁。

(28) Tokyo to FCO, "Your telno 61: Nuclear Trade and Non-Proliferation after INFCE," February 19, 1980, FCO 96/1067 (The National Archive, Kew, U.K. [TNA]), 外務大臣発在米大使他宛合第七五一三号「IAEA理事会（INFCEフォロー）」一九八〇年六月五日、二〇一六―一八三五。

(29) Record of Anglo-French Bilateral Talks on Non-Proliferation, 24 January 1980, FCO66/1446 (TNA).

(30) 在墺大使発外務大臣宛第一二三五号「IPS-SG第1回会合」一九八〇年一〇月四日、二〇一六―一八三五。

(31) 在墺大使発外務大臣宛第一三九三号「IPS（今後の取り進め方・報告）」一九八〇年一一月四日、二〇一六―一八三五。

(32) 本省発在英、仏、西独、墺大使宛合第一七五〇一号「IPS（英外務省原子力部長の内話）」一九八〇年一二月二六日、及び在墺大使発本省宛第二八七号「IPS（英独仏三国案）」一九八一年二月二五日、共に二〇一六―一八三五。

（33）田宮茂文編著『80年代原子力開発の新戦略』電力新報社、一九八〇年、二二八―二四三頁。
（34）Memo from Smith to Carter, February 16, 1980, Doc.379, and Minutes of a Special Policy Review Committee Meeting, April 9, 1980, Doc.381, both in *FRUS XXVI*.
（35）在墺大使発外務大臣宛第二〇二七号「IPS（日米協議）」一九八一年一一月二一日、二〇一六―一八三四、武田「米国の対外原子力政策」、一二〇―一二一頁。
（36）「IPS（第5回EG会合）（米代表団マックゴールドリックの見解）」一九八一年五月三〇日、二〇一六―一八三四。
（37）遠藤哲也「日米原子力協定（一九八八年）の成立経緯と今後の問題点（改訂版）」二〇一四年一月、日本国際問題研究所、一五―一七頁。
（38）武田「米国の対外原子力政策」、一一九―一二一頁。
（39）外務省原子力課「IPSに関するポジション・ペーパー」一九八一年一二月二三日、二〇一六―一八三四。
（40）在仏大使発外務大臣宛第四一号「国際原子力問題（IPS、CAS）（仏との協議）」一九八一年一月九日、二〇一六―一八三六。
（41）在墺大使発外務大臣宛第八六二号「IPS（第5回EG会合）（第1日目）」一九八一年五月二七日、及び在墺大使発本省宛第八九四号「IPS（第5回EG会合）（まとめ）」一九八一年五月三〇日、共に二〇一六―一八三四。
（42）在墺大使発外務大臣宛第二〇二五号「IPS-EG第6回会合（報告）」一九八一年一一月二一日、二〇一六―一八三四。
（43）在墺大使発外務大臣宛第二〇二六号「IPS（日独協議）」一九八一年一一月二一日、二〇一六―一八三四。
（44）在墺大使発外務大臣宛第二〇三六号「IPS-EG第6回会合（所感）」一九八一年一一月二一日、二〇一六―一八三四。
（45）Telegram07069 from Belgrade to State, "Nuclear Notes: Kardelj, Krsko, and INFCE," October 17, 1977, Nuclear Non-Proliferation Unpublished Collection, box 5 (National Security Archive).
（46）サラ・ロレンツィーニ（三須拓也、山本健訳）『グローバル開発史』名古屋大学出版会、二〇二二年、第九章、Trevor Findlay, *Unleashing the Nuclear Watchdog: Strengthening and Reform of the IAEA* (The Centre for International Governance Innovation, 2012), pp. 16–17, Scheinman, *The International Atomic Energy Agency*, pp. 218–220.
（47）在キューバ大使発外務大臣宛第三八三号「非同盟首脳会議」一九七九年九月一三日、二〇一四―三五三九、分析課「「非同盟の日」（9月1日）に対するわが国の祝電発出の是非（メモ）」一九八一年七月二九日、二〇一四―〇三八九。
（48）原子力課発北米1課長宛「米政権移譲チームに対するブリーフィング事項」一九八〇年一一月二六日、情報公開請求による外務省開示文書（請求番号：二〇一一―二二四）。ただし実際の申し入れでは過度の核不拡散規制による弊害を指摘するより穏健な文章に改められている。北米局「レーガン次期政権に対する申入れ事項」一九八〇年一二月五日、二〇一五―一四五五、三三頁。
（49）石川欽也『原子力委員会の闘い』電力新報社、一九八三年、二〇七―二〇八頁。
（50）在墺大使発外務大臣宛号外（第三四四号三―二）「6．議題10、技術協力財源問題」一九八二年二月二七日、二〇一六―一八三四。
（51）在墺大使発外務大臣宛第七〇一号「オランダ主催西側協議（報告）」一九八二年四月二三日、二〇一六―一八三四。
（52）在墺大使発外務大臣宛第二六八号「IPS・SG第6回WG会合（報告）」一九八二年二月一七日、二〇一六―一八三四。
（53）在墺大使発外務大臣宛第二六九号「IPS・SG第6回WG会合（事務局による非公式連絡）」一九八二年二月一七日、二〇一六―

一八三四。

（54）在墺大使発外務大臣宛第二四〇号「IAEA理事会議長（2月理事会）」一九八二年二月一一日、二〇一六―一八三四。なお同会議の開催は一九八七年にずれこんだ。

（55）在墺大使発外務大臣宛第一〇七四号「第8回SG・WG会合報告」一九八二年六月一九日、二〇一六―一八三四。

（56）在墺大使発外務大臣宛第一七九三号「IPS（第7回EG会合―報告その1）」一九八二年一〇月一六日、及び在墺大使発外務大臣宛第一八一七号「IPS（第7回EG会合―報告その2）」一九八二年一〇月二二日、共に二〇一五―二三六三。

（57）在墺大使発外務大臣宛第一八一七号「IPS（第7回EG会合―報告その2）」一九八二年一〇月二二日、二〇一五―二三六三。

（58）同上。

（59）在墺大使発外務大臣宛第七〇一号「オランダ主催西側協議（報告）」一九八二年四月二三日、二〇一六―一八三四、在墺大使宛外務大臣発第一一四〇号「IPSに関する西側協議」一九八二年一〇月七日、二〇一五―二三六三。

（60）外務省原子力課「国際プルトニウム貯蔵（IPS）に対する今後の我が国の対応」一九八二年七月二〇日、二〇一五―二三六三。

（61）科学技術庁動力開発課「国際プルトニウム貯蔵について」、外務省開示文書（二〇一四―九三）、山村司他『核不拡散に関する日本のこれまでの取組みとその分析』JAEA-Review 2010-040（二〇一〇年九月）、五九頁。

（62）外務大臣発在墺大使宛第一四九号「IAEA2月理事会（回訓）」一九八三年二月一八日、二〇一五―二三六三。

（63）小林直樹他『核燃料供給システムについての調査』JAEA-Review 2009-035（二〇〇九年九月）、一一―三五頁。

（64）Fred McGoldrick, "IAEA Custody of Japanese Plutonium Stocks: Strengthening Confidence and Transparency," *Arms Control Today*, Vol. 44, No. 7 (September 2014).

（65）遠藤哲也、武田悠「プルトニウムをめぐる国際管理構想（案）」笹川平和財団、二〇一九年、八―一四頁、https://www.spf.org/global-data/20190604_plutonium_v2.pdf（二〇二二年一一月二五日閲覧）。

（66）武田『日本の原子力外交』、一八二―一九四頁。

（67）高橋和宏「『南北問題』と東南アジア経済外交」波多野澄雄編著『池田・佐藤政権期の日本外交』（ミネルヴァ書房、二〇〇四年）、一〇一―一〇八頁。

（68）金子熊夫「原子力外交のフロンティア」『原子力工業』第二五巻第一号（一九七九年一月）、一八―一九頁。

（69）武田『日本の原子力外交』、第六章、第七章。

〔付記〕本稿はJSPS科研費20K01508の助成を受けた。また執筆にあたっては故・遠藤哲也大使より有益なコメントを頂戴した。記して感謝する。

（たけだ　ゆう　広島市立大学）

日本国際政治学会編『国際政治』第212号「二国間と多国間をめぐる日本外交」（二〇二四年三月）

苦悩する「経済大国」
——東京サミット（一九七九年）と日本外交——

白鳥潤一郎

はじめに

一九七〇年代は、第二次世界大戦後に形成された国際経済秩序が動揺した一方で、様々な先進国間協調枠組が形成された一〇年間であった。七〇年代初頭までの日本は、「敗戦国」として二国間外交を軸に様々な「戦後処理」を中心に取り組まざるを得なかったが[1]、一転して、台頭する「経済大国」として多国間外交が二国間外交と頻繁に交錯する時代と向き合うことを迫られたのである。

安定的な通貨体制の崩壊を意味した七一年夏からのドルショック、安価で安定的な石油供給を終焉させた七三年秋からの第一次石油危機に加えて、各種の政治問題や安全保障問題も重なり、米欧間には亀裂が走った。日本でも対米好感度が七三年に戦後最低を記録するなど、西側諸国の紐帯は揺らぎつつあった。危機対応を通じて、様々な先進国間協調が模索され[2]、同時に交通手段の発達や外交課題の多元化に伴って多国間の首脳外交も広がっていた[3]。

七五年一一月に第一回が開催され、毎年の開催が定例化した「サミット[4]」は、西側先進諸国の結束を示す首脳外交の場であり、二国間外交と多国間外交が交錯する代表的な舞台と言える。二一世紀の現在は様々な多国間首脳会合が存在するが、冷戦期の日本にとってサミットがほぼ唯一の機会であった。そして、日本が初めて議長国となり、難しい選択を迫られたのが第五回東京サミットである。

本稿は、第五回東京サミットにおける日本外交を、準備段階から首脳会合までを一連の過程として検討する。一般に注目が集まる首脳会合だけでなく、準備会合や国際機関での関連会合も含めた形でサミットは機能していたからである[5]。東京サミットは、第二次石油危機を受けてエネルギー問題が主要議題となり、石油輸入量の中期目標設定等に合意したことで知られている。経済宣言では「八五年の石油輸入目標としては、日本は一日当たり六三〇万～六九〇万バレルの間の範囲を超えない水準とするが、これを下まわる努力をする」とされた(6)。当時、経済企画庁が「新経済社会七カ年計画」(中期経済計画)を策定中であり、期間中の平均成長率を五・七%、八五年の石油輸入量を一日七〇〇万バレルと試算していた(7)。日本は、計画量よりも低い数字を約束し、さらに「これを下まわる努力をする」ことになった。

東京サミットは、危機に際して主要国の協調姿勢を示したことで比較的高く評価されているが(8)、いかなる過程を経て石油輸入量へのコミットメントが合意されたのかは十分に明らかにはなっていない。「経済サミット」とも呼ばれた初期のサミットについては外交史研究も進みつつある。しかしながら、日本の外交文書に基づいて、その準備過程を含めて詳細に検討する研究はまだ緒に就いた段階にある(9)。本稿の検討を通じて、先進国間協調の実態と、台頭する「経済大国」として警戒された日本が首脳外交の時代に直面した苦悩が明らかになるだろう。

一　G7サミットの発足と定着

一九七五年一一月一五日から一七日まで、フランスのランブイエに先進六カ国の首脳が集結し、国際経済問題について率直な意見交換を行った。しばしば指摘されるように、サミット発足は仏独のイニシアティブによるものである(10)。仏独に加えて、米英伊そして日本の六カ国首脳が集う形でサミットは始まった。翌七六年六月の第二回からカナダが加わり、年一回開催が定例化した(第三回からEC(欧州共同体)委員長も正式メンバーとして参加)。

手探りで始まったサミットは、回を重ねて舞台装置を整えていく。初期の実施体制は第四回のボン及びその準備過程で概ね定まった。首脳の個人代表が、ヒマラヤの頂上を目指す山岳ガイドになぞらえて、「シェルパ」と呼ばれるようになるのも同時期である(11)。各国のシェルパは官界の大物から首脳の個人的アドバイザーまで様々だが、英語力の問題もあり、日本では経済担当の外務審議官が務めることになった。初回は牛場信彦元駐米大使が務めたものの、首脳の個人代表はもちろんサミット自体の役割が定まっていなかった例外と言える。

シェルパが事前に数回集まって議題や経済宣言案を作成することが定例化するのは第三回ロンドンの準備段階からである。だが、事前にまとめられた宣言案とは別に首脳会合で宣言が作成され、結果としてシェルパ達が準備したものは若干修正の上で附属文書とされるといった混乱もあった。首脳レベルで一から文書をまとめると、首脳の力量や英語力次第で各国の言い分や立場が反映されないという問題が生じる。この教訓を基にボンからは、より制度化されたのである(12)。

経済宣言で言及される定番の議題が固められたのもボンであった(13)。①マクロ経済政策、②エネルギー問題、③南北問題、④貿易、⑤通貨の五つだが、首脳会合でこれらが満遍なく話し合われるわけではない。初期のサミットでは経済宣言での言及はあっても首脳会合で南北問題はほぼ話し合われず、東西関係も本格的に議論されたのは第八回ベルサイユが初めてであった。また、ボン・東京・ベネチアと三回続けて主要議題となったエネルギー問題は、その後原油価格が低下すると急速に関心が失われ、扱いも小さくなっていった。

首脳会合や経済宣言で取り上げる議題や焦点は、シェルパ間のコンセンサス方式で決められるが、開催国のシェルパが議長を務めることもあり、イニシアティブをある程度取ることが可能となる。東京サミットは日本が議長国であり、その意味でも重責を担うことになった。

二　新内閣発足と第二次石油危機の勃発

(1)　大平正芳内閣発足

一九七八年一二月七日、大平正芳内閣が発足した。福田赳夫を自由民主党総裁選の激しい予備選で下した末に掴んだ政権の座であった。自民党結党後、現職総裁を倒してその座に就いたのは初めてのことである。総裁選後の人事で揉めたこともあり、自民党内にはしこりが残った[14]。

宮崎弘道外務審議官は、政権発足前の段階でまだ幹事長だった大平の下に外務事務次官と共に足を運んだ。ボンのフォローアップ会合が直後に開催されることになっていたからである。①ボンで福田が非公式に打診したサミット招請を引き継ぐこと、②宮崎を引き続きシェルパとして任命すること、③細かな日程について任せることの三点を認めるよう打診し、大平は直ちに受け入れた[15]。

ここで東京サミットに臨む布陣を確認しておこう。外相には園田直（福田派）が留任、蔵相には金子一平（大平派）、通産相には江崎真澄（田中派）が就いた。なお、園田は翌七九年秋の「四〇日抗争」では大平に投票して福田派を除名されるが、内閣発足時点で既に大平寄りであり、外相人事には外交の継続性と福田派の分断という二重の意味があったという[16]。

池田勇人内閣と田中角栄内閣で二度の外相経験を持ち、日米関係を重視していた大平だが、政権発足当初は決して円滑な関係だったわけではない。全般的にカーター（Jimmy Carter）政権下の日米関係は良好とは言い難いが、この時期は日本側にその原因が求められる。

第一に、厳しさを増す経済摩擦への対応のために設けられた対外経済担当大臣が廃止された。このポストに就いていたのは牛場である。大平も牛場の能力は買っていたものの、福田との近さを嫌ったと言われている[17]。大平は同郷で近い関係にあった安川壮元駐米大使を対外経済担当の政府代表に任命したが、牛場とは果たし得る役割に大きな差があった。第二に、ボンでの経済成長へのコミット撤回である。大平は総裁選の段階から成長率よりも経常収支を重視すべきとして、間接的ながら福田の経済政策を批判していた[18]。政権発足後、大平は七％成長という国際公約を撤回して六・三％程度の成長という次年度経済見通しを閣議決定した[19]。この問題をめぐってカーターから大平への親書という形で、サミット参加表明を取引材料にするような揺さぶりもあった[20]。第三に首相就任直後の訪米を避けたことである。七九年一月の訪米も可能だったが、大平は消極的な姿勢を崩さなかった[21]。この間、政権発足直後に園田の一月訪米を検討したが実現せず[22]、最終的に大平が訪米の意向を初めて公に示すのは七九年二月二二日のことであった[23]。

ようやく掴んだ政権が内憂外患の船出となった大平だが、サミットの招請状は一九七八年一二月二二日付で各国に発送された。その直後、それまで比較的落ち着いていた石油情勢が急変する事態が生じた。

(2) イラン革命と石油情勢の急変

第一次石油危機時、日本はイランに石油の約四〇%を依存していた。アラブ諸国の石油戦略に加わらなかったイランは貴重な供給源となる一方、その価格に対する強気な姿勢は懸念材料となっていた。その後、非アラブのイランへの期待と供給源多角化志向がないまぜとなりつつ依存度は一九七七年には約一七%にまで低下したが、急進的な近代化政策への反発からイラン国内の情勢が悪化し、七八年秋には反政府デモや暴動が多発するようになっていた。そして、一二月二六日から翌七九年三月五日まで石油輸出が全面停止されたのである[24]。これは、世界の石油市場から約一〇%の供給が失われたことを意味した。

さらに、七八年末にはOPEC（石油輸出国機構）が原油公示価格の引き上げを決定した。原油のスポット市場はじわじわと値上がりを続け、七八年末に一バレル一三ドル程度だった価格は、サミット直前には三五ドル前後で推移するようになる。ただし、石油市場が厳しさを増しつつあった七九年二月時点で、外務省はこの問題についてサミットで踏みこんだ対応を取ることは想定していなかった[25]。

七九年二月五日から、安川政府代表が米国に派遣された。経済関係で議論の中心となったのは日米間の貿易問題であった[26]。安川帰国後には大平及び主要閣僚と駐日大使の懇談が行われたが、その際、園田は、イラン革命に関する日本の基本的な方針として①イランの新政権をソ連側に追いやらないこと、②イランと米国の関係修復のためにイラン国内経済復興に協力すること、を伝えている。さらに併せて「米国においても、わが国は火事場泥棒的にふるまうつもりがないことの理解をえたい」ことも述べられた[27]。

この時期には米側の強硬な対日姿勢にも変化が見られるようになっていた。背景には、年明けから日本の経常収支黒字が明らかな縮小傾向を示していたことがある。米政府内でこの問題を主導したのはシェルパでもあるオーウェン（Henry Owen）国際経済担当大使であり、前年末からのサミット参加表明を盾にした揺さぶりも彼の演出であった。だが、二月末から三月にかけて、日本の経済動向は一時的なものではないとの判断に傾き、日本への姿勢も徐々に和らいでいったのである[28]。

(3) サミット準備会合の開始

フォローアップ会合や非公式なもの、専門家会合も含めれば、サミットに向けた協議はほぼ年間を通して行われる。東京サミットの場合は、一九七八年一二月一一日にボンのフォローアップ会合で事実上の準備が開始され、正式な第一回シェルパ会合は七九年三月二二日と二三日に東京で開催された。その後各分野の専門家会合を経て第二回会合（五月一八日―一九日、ワシントン）で宣言案などを含めた具体的議論、第三回会合（六月一五日―一六日、パリ）で宣言案を含めた詰めが行われた。そして本番前日の六月二七日に最終会合が開かれ、首脳会合中も断続的に協議が続いた。サミット最大の意義が首脳会合にあるのは間違いないが、年間を通して意見交換や調整が続けられ、先進国間協調が図られることにも大きな意義がある。こうした仕組みは徐々に出来上がったもので、東京サミット後もさらに整備されていくことになる[29]。

ここで第一回シェルパ会合に向けた日本の準備資料を確認しよう。サミットには様々な問題について主要国が一致した見解を経済宣言という形で世界に示す意義もあり、シェルパ会合では幅広い議題が論じられる。資料冒頭には「総論」が置かれ、定番の五議題についてそれぞれ現状と課題、そして対応が示されている。総論は八項目が挙げられ、エネルギー問題はその一つとして「当面の不安定な石油情勢をいかに乗り切るか。また世界経済における石油依存型エネルギー需給構造の脆弱性を中・長期的にいかに克服するか」と記載されている[30]。エネルギー問題、とりわけ具体的な石油輸入量目標に議論が集中したサミット本番との落差は明らかだろう。各論部分で触れられる需要抑制に関しても、後述の国際エネルギー機関（ＩＥＡ）合意以上に踏み込んだ対応は示されていない。

第一回会合は顔合わせとロジが中心で各議題の詳細な議論は次回以降行うとプレス発表されたが、実際には五議題についてそれぞれ討議が行われた。エネルギー問題について積極的な発言をしたのは米仏である。米国はエネルギー問題を「サミットの焦点とすべし」と主張し、フランスは「消費節約をボン・サミット以上に強調すべし」と強い立場を打ち出した。日本は及び腰であった。エネルギー問題については、日本の天谷直弘資源エネルギー庁長官をトップとする作業グループが設けられることになり、第二回会合に向けてペーパーが作成されることになった[31]。

三　急浮上するエネルギー問題

(1) 外務・通産両省の対立

第一回シェルパ会合に先立ち、三月一日からＩＥＡ理事会が開催された。ＩＥＡは第一次石油危機の約一年後にＯＥＣＤ（経済協力開発機構）傘下に設立された消費国機関である（独自路線を歩んだフランスはＩＥＡに不参加だったが、本部がパリに置かれていたこともあり、一定の関係は保っていた[32]）。理事会では、イラン革命に伴う混乱で一日二〇〇万バレル（ＩＥＡ加盟国消費量の約五％）の供給不足が生じるという見通しが示され、各国は石油需要の五％削減目標で合意した[33]。イランの石油輸出は三月初めに再開されたものの、混乱状況に変わりはなく、一度生産を止めると再開後も生産量がなかなか回復しないという技術的な問題も存在した。細部は詰められておらず、国別の詳細な数字は示されなかったが、石油需要削減に向けた努力で加盟国は一致したのである。この数字はサミットに向けた一つの指標となった。

同時期から、サミット本番に向けて外務・通産両省の対立が目立ち始めていた。両省の対立は各種の貿易摩擦が激しさを増す中での年中行事という感もあるが、東京サミットでは特にエネルギー問題をめぐって展開された。

発端はＩＥＡ閣僚理事会出席問題だったようである。閣僚理事会は過去二回開催されており、第一回（一九七五年五月）は宮澤喜一外相、第二回（一九七七年一〇月）は臨時国会で鳩山威一郎外相が出席不可となり、木村俊夫元外相が政府代表として出席していた。今回こそ大臣を出席させたいというのが通産省の立場であった。

外務省は通産省を牽制する理論武装を早々に図っていた。そこでは、過去の出席状況やＩＥＡに関する事務を基本的に外務省が一元的に処理しているといったことが強調された。また、開催国に立候補していたカナダから園田外相に招請状が届けられた際に、「本招請状はＩＥＡ加盟国の担当大臣宛に同一内容で送付される由であり、江崎通産大臣にも送付する旨の説明が加側よりなされたので、わが方より誰を派遣するかは、日本政府の決定するところであり、このような加側の動きは内政干渉である旨注意喚起しておいた」。(34) 対する通産省は江崎通産相が出席する見通しだという情報を新聞に流すなどして巻き返しを図った。(35)

その後、三月初めには外務省の担当部局が「資源エネルギー問題は安全保障問題に次いで外交と密着した重要課題であり、外交的配慮からグローバルなコンテクストの中で取扱われねばならぬことが基本的出発点である。従つてエネルギー問題をそれ自体切り離して取上げること、特に単に国内経済政策の一環として捉えることは不適当であり、国際政治（中東情勢等）との関連に於て、又世界経済全体の中で捉えることが必要である」と通産省の姿勢を暗に批判した立場を省として打ち出すべきという文書を作成している。(36)

結局五月の閣僚理事会には両大臣が出席したが、大臣間の感情的なもつれも引き起こし、代表の閣議発令前に両省の官房長の電話会談が行われる事態に至った。(37) 理事会演説も両大臣が立ったものの内容に大差はなく、(38) 日本国内の足並みの乱れが目立つだけであった。

本番に向けても両省の対立は続いた。準備が本格化した五月中旬頃から新聞各紙に宣言案なるものが度々報道されるようになったのである。外務省は、第三回シェルパ会合に提出する日本案を関係各省に渡す際に「日本文の「てにをは」的な部分を各省別に書き換えて渡し、新聞に載った文章により何者に渡したものが使われたかがわかるようにした」。結果、サミット本番直前に『朝日新聞』に報道され、その出所が通産省だと判明した。(39) 同時期には、欧州理事会におけるエネルギー問題討議に関する通報が通産省宛だったことで、外務省が在京仏大使館に抗議する事態も生じた。(40)

(2) 日米間の調整

日本国内の外務・通産両省の対立を横目に、首脳会合に向けた国際的な準備は着々と進んだ。四月二六日から東京でエネルギー専門家会合が開催され、詳細な検討を経て「天谷ペーパー」がまとめられた。会合では、二年間の需要見通しを分析した上で、中・長期のシナリオとして「なんらかの真剣な措置がとられなければ、一九八五年にはエネルギー問題が経済成長の重大な阻害要因となる

おそれが生じうる」としたフランスの主張が注目を集めた。(41)

五月一八日からはワシントンで第二回シェルパ会合が開催され、エネルギー問題を含む主要議題が議論された。マクロ経済政策と貿易に関するペーパーの中に日本を名指しした批判が含まれていたことが問題となったが、前者にシェルパ会議議長を務めた宮崎外務審議官が、後者に宮崎勇経済企画庁調整局長がそれぞれ反論して、抑え込む形となったという。(42)

エネルギー問題については、五月二一日と二二日に第三回IEA閣僚理事会がパリで開催された。新味があるのは石炭の利用促進程度であったが、各加盟国が石油需要の五％削減に向けて努力するという三月の理事会決定を閣僚レベルで追認する形となった。(43)

石油市場はその後厳しさを増し、サミット本番に向けて、さらにエネルギー問題に注目が集まるようになるが、その検討に入る前に日米間の調整についても触れておこう。

大平内閣発足後、必ずしも日米関係が円滑でなかったことは前述した。この間も電話会談や首脳間の書簡のやり取りは行われていたが、本格的な調整は首脳会談に持ち越された。四月前半の外相訪米を経て、大平は四月三〇日から五月七日まで訪米し、五月二日に日米首脳会談が行われた。(44)この会談はサミットに向けてだけでなく、より広く日米間の懸案を解決する道筋をつけるべく開催されたものである。大平の発言も経済問題に関しては基本的には一般論が多かったが、責任分担の覚悟を繰り返し、「微力にして軍事的支援はできない」と断りつつ、「日本列島が米国にとってのいわば不ちんの航空母艦としての機能を、より少い経費で果すようにすることが自分の任務と考えている」と述べた。また大平は、歓迎の場で日米関係を「同盟」と日本の首相として初めて明言するなど、従来よりも一歩踏み込んだ姿勢を見せた。カーターからは「不穏な空気を除去」して、「二国間関係がサミットに影響しないようにしたい」という前向きな発言が得られた。

事前に合意していた通り、経済問題についてはオーウェン大使から若干の説明が行われた程度で、中長期的な方向性が簡単に話し合われるに留まったが、カーター訪日を前に、首脳間の信頼関係を築く機会となった。

(3)　首脳会合前の攻防

サミットに向けた準備は着々と進んだが、六月に入る頃から雲行きが怪しくなり始める。石油市場が落ち着く気配がなかったからである。スポット市場は上下しつつも一バレル三五ドル前後で推移しており、半年間で原油価格は三倍近くに値上がりしていた。六月一五日からの第三回シェルパ会合ではこれまでの検討を基に経済宣言案の詳細を詰める作業が行われたが、この会合後にエネルギー問題は急浮上することになった。イニシアティブをとったのはフランスである。フランスはIEA加盟国全体で五％の需要削減努力では不十分であり、国別の需要目標を打ち出すべきだと主張した。(45)

東京サミットを「エネルギー・サミット」にすることをフランスは早くから決めていたようである。第二回シェルパ会合の直前には、ジスカールデスタン（Valéry Giscard d'Estaing）仏大統領から親書が届いていた。エネルギー問題の重要性を訴えるもので、末尾には直筆で「私は国際世論にとって、東京サミットの成否はエネルギーの現在及び将来の危機に対し我々が、効果的な措置をとる能力を示すか否かにかかっている」と思うと重ねて記されていた。[46] さらにジスカールデスタンは、サミット前週に開かれた欧州理事会で国別目標を主張した。英独両国などの反対で国別目標は諦めたものの、EC全体として一九八〇~八五年の石油輸入を七八年水準に抑えるとする中期的な需要削減努力で合意し、サミットに臨むことになった。[47]

米国も国別目標の策定には積極的な姿勢を示していた一方で、中期的目標を立てることには消極的であった。[48] 仏米両国の意向は日本もある程度掴んでいたものの、国別目標には英独だけでなくイタリアも消極的であり、中長期的目標には米国が乗らないと踏み、これといった対策をとらないままにサミット本番を迎えることとなった。[49]

四　東京サミット本番

(1)　対立する消費抑制策

サミット本番を前に消費抑制策について結論は出ていなかった。特に問題となったのは、①EC諸国を含めた国別目標を設定するか、②輸入目標値を短期(一九七九・八〇年)とするか中期(八五年まで)とするかであった。輸入目標値を定める際の基準年も争点として残された。[50]

大平はホストとして各国首脳と事前に二国間会談を行った。特に重要な意味を持ったのが米仏両国との会談である。カーターは大平訪米の答礼として国賓待遇で来日していた。六月二七日昼に首脳会談が行われ、政治レベルにおける日米間の最終調整の場となった。会談冒頭では幅広く一般的な国際情勢も触れられたが、議論の中心となったのはやはりエネルギー問題である。カーターは国別目標を定めるべきと畳みかけ、大平は議長国としての責任と自国の利益が対立する苦しい立場を痛感させられる。大平は、輸入目標を定めるとしても「EC、日本、米国それぞれの固有の事情を十分考慮に入れるべしと言うのが日本の立場である」と述べる一方で、「同時に、日本は議長国として、消費節約、輸入削減を通じて当面の混乱を防ぎ中長期の展望を作る上での今回のサミットの役割を十分認識しており、可能な限り協力して行きたいと考えている」と苦しい胸の内を伝えた。そして、北海油田を抱えるなど日本と事情が異なるECが欧州理事会で合意した案の巧妙さについて両者が同意し、カーターからは「七七年をベースとするか或いは七七・七八・七九の三年間の平均をベースとするのであれば受け入れる用意がある」とし、さらに「八五年まで続けることが日本にとって問題があるということは理解し得るところであり、適用期間の短縮について日本と話し合う用意がある」という方針が伝えられた。日本はフランスが主張する中期目標案に米国は乗らないと判断した。[51]

日仏会談では、大平が先手を打つ形でエネルギー問題に関する原則的立場を伝えた。石油について「全世界が納得するようきちんと節約を行うべきであり、このためには輸入目標を設定することも必要である。しかしながらこの目標をつくるに当っては負担を公平にすることが必要であり、また窮屈過ぎてパニックを起すようなことがあっては困る。こうした点に配慮しながら世界の信任を得られる目標の設定が必要であると考える。特に一九七九年及び八〇年については具体的に決める必要がある」。対してジスカールデスタンは過去のサミットについて縷々述べた後、輸入量目標に関して「期間を二年に限ることについては、世界はその場しのぎの解決にすぎないと受けとるので十分とは云えず、もっと長期的に考えたい」と日本の立場に理解を示さなかった(52)。

各国の立場の違いが明らかとなる中でシェルパ会合は深夜三時まで続けられたが、結局調整が付かないままに首脳会合当日の朝を迎えた。カーターが日記に「私の外交人生で最悪の一日」と記した東京サミット初日が始まった(53)。

まず、大平主催の朝食会が首相官邸で行われた。大平からは歓迎の挨拶に続いて、議事進行の説明があった(54)。エネルギー問題に各国の注目が集まり、またそれが最重要であることを認めつつも、シェルパ会合をふまえて事務当局が用意した議事進行案が示されたが、目論見はこの朝食会で崩れることになった。

特に注目されたのは、カーターの「米国は国別の個別目標設定、及び、ベース年の選び方につき関心を持っているが、適用期間を八〇年迄とするか八五年迄とするかは固執しない」という発言である(55)。首脳会合での議論を見る限り、カーターがフランスの主張をこの時点で受け入れていたわけではないと思われる。とはいえ、目標を短期とするか中期とするかは二大争点の一つであり、ここでカーターが揺れる胸の内を率直に明らかにしているのは驚きである。

他の首脳からもエネルギー問題に関する発言が続いた。道筋が見えない中で大平は、「ベース年、国別目標か地域別目標か、適用期間等ＰＲ〔シェルパ〕レベルではこえがたい対立点もあるところ、……ＰＲ達に意見の一致部分と対立部分を文書に明記する作業を早速行わせ、その報告を受けた上で首脳会談で話合うこととしたい。それ迄は、全般的な意見表明、次いでマクロ経済政策（エネルギー問題の影響を含む）を討議することとしたい」と議論をまとめようと試みたが、発言は止まらず、議事進行に明確な同意を得ることに失敗した。

(2)　荒れる首脳会合初日

第一回首脳会議は、赤坂迎賓館で六月二八日九時四五分から、途中休憩二五分を挟んで一二時一〇分まで行われた。朝食会後の会合はさらに荒れたスタートとなった。

大平が型通りの挨拶をしていると、シュミット（Helmut Schmidt）西独首相から苛立ったように議題に入るように促された。各首脳は、最初のカーターこそ大平が提示した五つの議題に沿って発言したが、アンドレオッティ（Giulio Andreotti）伊首相はエネルギー問題が中心であり、ジスカールデスタンは五つの議題に満遍なくコメントしつつもエネルギー問題に関する自国の主張を重ねて強調した。極め付きはシュミットである。各首脳五分程度と指定されていたにもかかわらず三〇分強の長口舌を振るったのである。シュミットは、エネルギー問題で自国が置かれる立場を強く打ち出すと共に、「我々がここで出すコミュニケは国内の反対圧力を克服するために極めて明確なものでなければならない。そして核エネルギーと石炭開発の助けとすべきである。我々が環境論者であろうと何であろうと圧力団体に勝たねばならないいくつかのポイントはできるだけコミュニケに盛込むべきである」と拳を振りながら主張した。

他の首脳の冒頭発言が終わった時点で、開始から既に一時間半近くが経過していた。大平は最後に日本の立場を説明した後、一〇分間の休憩をとる旨を宣言した。ここでも上手くは行かない。各首脳は個別相談を始めてしまい、休憩は二五分に延びた。ただし休憩後は、マクロ経済政策に議論が移り、比較的平穏に議事は進んだ。

一三時から行われた大平主催の午餐会でも、激しい議論が戦わされた。「首脳テーブルにおける論議は、外務大臣のテーブル、経済閣僚のテーブルにおける討論がそれぞれ一五時近くに終了した後も続けられ、結局二時間四〇分にわたり、この間石油問題が終始話題となった」と日本の議事録は記録する。議論の成果は、石油輸入量の目標に関して短期は「各国のコミットメント」とし、八五年までの中期は「各国の GOAL」としてはという趣旨の仏提案である。それまでこだわっていた「target」からは一歩譲った形になる。

第二回会議は一六時一四分に始まった。インドシナ難民に関する特別声明案を若干の議論した後、大平は「エネルギー部分のコミュニケ案が作成されるまでの間、その他の点をカヴァーしたい」と述べたが、シュミットから「時間がもったいないので、エネルギー部分のうち、争点につき討議したい」と発言があり、五月雨式に議論はエネルギー問題へと移る。米独首脳間で感情的な論戦にもなるなど、議事録からも緊張した空気が伝わってくる。シュミットは独案をベースとした議論を求めたが、ジスカールデスタンが強硬に反対し、結局仏案の提示を待つことになった。到着した仏案は欧州委員会で英独両国等から退けられた中期国別輸入目標量を定めるものだった。

休憩を挟んで一七時一五分に議論は再開されたが、ここも大荒れとなった。カーターが早々に中期目標に賛意を示して条件闘争する旨の発言をしたからである。朝食会で示唆されていたとはいえ、大平にとっては大きな誤算と言える。大平は可能な限りシェルパや大臣レベルで調整させようと試みたが、五月雨式に発言が続いた。シュミットが国別目標の設定に合意したわけではなかったが、議論が続く中で、大平は中期輸入目標量を明示した案を翌日の第三回会議に提示する立場に追い込まれた。

この間もシェルパ協議は断続的に開かれ、前日と同様深夜三時まで続いた。並行して国内調整も進められたが、中期輸入目標量は決定できなかった(56)。

(3) 首脳会合二日目

翌二九日、九時五〇分から第三回会議が始まった。大平はシェルパ間でまとめられたコミュニケ案を基に議論を進めようとした。この案は国別中期目標を事実上退けたものであり、日本がいかなる数字を提示するかという問題は残っていたが、まだ議論の余地はあると考えられた。だが会議が始まると状況が一変したことに大平は気づかされた。まず、カーターが「国別目標として八五年についても数字を出したい。これは昨日合意したと思うしこれをちゅうちょなく実施したい」として米国の目標・八五〇万バレルを提示したのである。この発言をきっかけに短期・中期双方の具体的な数字を出すよう迫られることになった。短期についてはサミット開催以前から通産省も織り込み済みであり(57)、日本も受け入れた。

短期の後には中期の数字が求められる。日本と共に仏案ベースの宣言案には乗れないと当初主張していたクラーク（Joe Clark）加首相が中期目標の数字を提示したことで、大平は益々苦しい立場に置かれた。その後、米加の数字について議論が行われる中で、日本に助け舟を出したのはジスカールデスタンであった。「サミットでは技術的な話は避けることとしていた。draft について基本的な合意に達しているから、これ以上技術的な話をしても時間の無駄である。エネルギー大臣に具体的数字を検討させよう」と発言したのである。大平が議長としてこの発言を引き取って、ようやく一息ついた。日本はここで巻き返しを図ることになる。

ところで、この間、前日まであれだけ激しい発言を繰り返していたシュミットはほとんど発言せず、またサッチャー（Margaret Thatcher）英首相もだんまりを決め込んだ（ただし西独のラムスドルフ〔Otto Graf Lambsdorff〕経済相は度々発言している）。米英仏独首脳は、二九日朝、密かに仏大使館に集まってこの問題を協議していたのである。カーターが前日から仏案に傾いていたことは前述した（ただしカーターが「下りる」ことはシェルパのオーウェンも直前まで知らなかったという）。加えてこの協議で英独両国が飲み得る形の合意が得られ、中期国別目標量を設定するという仏案ベースで会議が進められることになったのである(58)。六カ国の数字は現状の輸入量を下回るものであった。

この後、残りの第三回会議そして午餐会を挟んだ最終会議は、大半が細かなドラフティング作業の様相を呈した。共同声明の細かな文章について議論が始まると、大平は沈黙を続けた。国内調整が難航して数値目標を提示できないこともあるが、多国間会議の経験が限られる中で、英語の細かなニュアンスを含めた議論に通訳を介して加わることは困難だったのだろう。シェルパを務めた宮崎は、「ドラフティングになったら、日本はアウトだと思わなくちゃいけない。つまり、首脳のレベルのドラフティングをやったら絶対アウトですよ」と振り返る(59)。

大臣会議以下各国のシェルパや関係者が入り乱れる形で日本の中期目標量の調整が進められた。休憩中に「作戦会議」の場でシェルパの宮崎が一応の案として出したのは、①数字は出さない、②来年のサミットで数字を出す、③日本の中期経済計画に見合う数字として一日七〇〇万バレルを出しつつ今後これを引き下げるという努力をする、というものだった。園田外相は「サミットがつぶれても数字を出すべきでない。数字を出せば内閣がつぶれる」と発言したという。この間、江崎通産相は各国に中期経済計画の数字を示しつつ調整を続けたが理解は得られなかった。ここで米国から妥協案がもたらされた。「六三〇～六九〇万」であればカーターがサポートするというのである。結局、宮崎は「エネルギー・経済大臣間の会合の際のいきさつを考慮して、まず日本側の第一案と第二案を出して、やむをえなければ六三〇～六九〇万バレルを第三案として出す」ことを大平に進言した。(60)

大平は第三案をいきなり提出する選択をした。首脳会合の審議経過、そして議長としての責務を考えた政治決断と言うべきだろう。すかさずカーターは「これは very good figure である。この低い方の数字に日本が到達するための困難性はよく認識しているので、この提案がサミットの精神に合致して出されたことを congratulate したい」と発言した。これに対してジスカールデスタンは、数字を受諾した上で、低い方の数字に近づける努力をする旨を書き込むよう求め、大平は直ちに受け入れた。独加伊からも賛意が示され、サミットは山場を乗り越えた。

土壇場になってアンドレオッティがＥＣ内のイタリアの取り扱いに異議を唱える場面もあったが、最終的には仏独英プラスＥＣ全体で目標量を出す形にまとまった。この問題が片付くと、アンドレオッティから次回サミットをベネチアで開催したいという申し出があり、各国から歓迎の意が示された。こうして、東京サミットの首脳会合は閉幕した。

おわりに

東京サミットは、日本が多国間首脳会合を議長国として迎える初めての舞台であった。第二次石油危機に見舞われる中で、経済成長率にコミットした前年に続いて具体的な数値目標を宣言に盛り込み、石油消費の約七割を占めるＧ７諸国の協調と決意を示すことに成功した。他国が中期的に石油輸入量を増加させないことにコミットする中で、日本は最大三〇％近い増加を認められた。北海油田や代替エネルギー源の存在、成長力の差を考慮しても、この数字は桁違いに大きい。

以上の成果に着目すれば、日本は議長国として初のサミットを成功に導いたという評価も可能である。石油輸入目標量への合意は「数字を出せば内閣がつぶれる」という閣内の声を押し切った大平の政治決断であった。しかし、その後の石油情勢をふまえると激しい交渉と決断は何のためだったのかと疑問が湧く。価格高騰に伴って需要は減退し、省エネが進んだことで日本の石油輸入量は低下し続けたからである。元の数字が過大であったことは、サミット閉幕の約三カ月後に閣議決定された計画で、八五年の石油輸入量はコミットした下限の一日当たり六三〇万バレルとされたことからも明らかだろう。

また合意に至る過程は散々であった。事前の日米会談は必ずしも本番に直接繋がらず、フランスとの間では見解の相違が解消されないまま首脳会合に臨むことになった。シェルパ会合の段階から見通しを誤り、議事進行への合意も得られないままに本番が始まり、信頼していたはずの米国に一度は裏切られる。この点については、米国のシェルパとの関係を軸に本番に臨んだ宮崎外務審議官の交渉姿勢やパーソナリティに問題があったという回顧もある(61)。一面の事実ではあろうが、実際の問題はより構造的なものと見るべきである。

第一に、準備段階から目立っていた外務・通産両省の対立は交渉過程にも悪影響を与えた。本番でも、初日の首脳会合後、通産省幹部が第三回会議に提出される仏案のコピーを入手していたものの外務省には渡されず、方針決定に活かされることはなかったという(62)。同様の例は大なり小なり各局面に見られる。経済宣言案漏洩といった情報管理の甘さや、国際舞台で外務省を出し抜くような通産省の振る舞いは確かに問題だが、一方で外務省に任せていては国益を守れないという発想も存在し得る。条約締結等が必要な交渉は別として、経済交渉は詰まるところ各国が互いにどれだけ譲るかであり、外務省はその権限を持たないからである。だが、省庁間対立を根本的に解消することは官僚レベルの仕事ではない。外交交渉の妥結は何らかの意味で外国への妥協となり、国内に不満は確実に残る。結局は政治レベルの調整力が問われたのである。

第二に、首脳レベルの多国間交渉に不慣れかつ首相の国内基盤が脆弱であったことも大きい。日本はECやNATO（北大西洋条約機構）に加盟する他国と異なり、多国間首脳会合に参加すること自体が特別なことであった。また、短期間に首脳が交代していたこともマイナスに働いた。独仏両国首脳は初回から参加を続け、カーターも既に三度目と慣れていた。大平自身は二度の外相経験を持ち、エネルギー問題にも通じていたが、サミットには初参加であり、しかも議長という難しい立場であった。首脳会合や国内調整の際に、その見識が披露されることはほぼなかった。事前に省庁間対立を解消することなく本番に臨み、議事進行は予定通りには行かず、中期目標の提示に追い込まれ、最後はぎりぎりの政治決断となった。

サミットでは二国間外交と多国間外交が交錯し、首脳レベルの外交指導が試される。国際的な責務と国内の理解を両立するという困難な課題に、東京サミットの議長国として日本は向き合った。二国間外交と多国間外交をいかに接続するか、本番を迎えるまでの国内調整、そして首脳自身の国際舞台における手腕が問われたのである。議長国として一定の役割を果たしたものの、首相を支える国内基盤は脆弱であり、交渉過程ではちぐはぐさも目立った。

一九八〇年代になると日米間を中心に経済摩擦は益々激しくなり、サミットを前に一応の国内調整を終えることが年中行事となっていく。総合的な外交力が求められる新たな時代に日本はいかに向き合ったのであろうか。この点の検討は別稿に譲りたい。

（1）波多野澄雄「総説」波多野澄雄編『日本の外交 第二巻 外交史 戦後編』岩波書店、二〇一三年、二―三頁。
（2）Robert O. Keohane, *After Hegemony: Cooperation and Discord in the World Political Economy* (Princeton: Princeton University Press, 1984).
（3）Emmanuel Mourlon-Druol and Federico Romero (eds.),

International Summitry and Global Governance: The rise of the G7 and the European Council, 1974–1991 (New York: Routledge, 2014).

（4）現在では国内外で「G7サミット」の呼称が定着しているが、日本では「先進国首脳会議」「先進工業国首脳会議」「主要国首脳会議」など様々な名称で呼ばれていた。そもそも英語で「summit」は首脳級の会談や会合を意味する一般名詞である。また初回は「G6」であり、ロシアが参加していた時期は「G8」でもあった。悩ましい問題はあるが、日本国内の慣例に従って本稿では基本的に「サミット」と呼称する。

（5）この点は、一九九〇年代初頭にシェルパを務めた外交官も強調している。松浦晃一郎『先進国サミット――歴史と展望』サイマル出版会、一九九四年、一〇九頁。

（6）外務省編『外交青書 一九八〇年版（第二四号）』大蔵省印刷局、一九八〇年。

（7）C・O・E・オーラル・政策研究プロジェクト『宮崎勇オーラルヒストリー　元経済企画庁長官・大和総研特別顧問』政策研究大学院大学、二〇〇三年、二一一頁。

（8）Nicholas Bayne, "The foundations of summitry," in Mourlon-Druol and Romero (eds.), *op. cit.*, p. 26.

（9）大矢根聡「サミット外交と福田・大平の「世界の中の日本」像」福永文夫編『第二の「戦後」の形成過程――一九七〇年代日本の政治的・外交的再編』有斐閣、二〇一五年、二三七―二六一頁及び同「新興国の馴化――一九七〇年代末の日本のサミット外交」『国際政治』第一八三号、二〇一六年三月、八七―一〇一頁、はトピックを限定しない形で東京サミットについても分析しているが、焦点は首脳レベルにあり、準備過程や事務レベルについて詳細な検討は行っていない。

（10）一般にはジスカールデスタン仏大統領の役割が強調されることが多いが、実証的な研究では、サミットに繋がるライブラリー・グループ結成を中心にシュミット独首相の役割が再評価されている。Elizabeth Benning, "The road to Rambouillet and the creation of the Group of Five," *Ibid*, pp. 39–63.

（11）シェルパについては、Emmanuel Mourlon-Druol, "Less than a permanent secretariat, more than an ad hoc preparatory group: A prosopography of the personal representatives of the G7 summits (1975–1991)," *Ibid*, pp. 64–91 が詳しい。

（12）C・O・E・オーラル・政策研究プロジェクト『宮崎弘道オーラル・ヒストリー（元外務審議官、元駐西ドイツ大使）』政策研究大学院大学、二〇〇五年、一九九―二〇一頁。

（13）船橋洋一『サミットクラシー』朝日新聞社、一九九一年、一八〇頁。

（14）北岡伸一『自民党――政権党の三八年』中央公論新社、二〇〇八年、二二一―二二二頁。

（15）前掲『宮崎弘道オーラル・ヒストリー』二〇七―二〇八頁。

（16）森田一（服部龍二、昇亜美子、中島琢磨編）『心の一燈――回想の大平正芳 その人と外交』第一法規、二〇一〇年、一五八頁。

（17）川内一誠『大平政権・五五四日――自らの生命を賭けて保守政治を守った』行政問題研究所、一九八二年、一二六―一二七頁。

（18）『朝日新聞』一九七八年一一月七日、二面。

（19）『朝日新聞』一九七八年一二月二六日、夕刊一面。

（20）武田悠『「経済大国」日本の対米協調――安保・経済・原子力をめぐる試行錯誤、一九七五～一九八一年』ミネルヴァ書房、二〇一五年、一二九―一三一頁。

（21）川内、前掲『大平政権・五五四日』一二六頁。

（22）大平正芳（福永文夫・監修）『大平正芳全著作集七 日記・手帳メモ・ノート、年譜』講談社、二〇一二年、一八九頁。

（23）川内、前掲『大平内閣・五五四日』一二六頁。

(24) 高安健将『首相の権力――日英比較からみる政権党とのダイナミズム』創文社、二〇〇九年、二〇九頁。
(25) 外務省「東京サミット関係資料」一九七九年二月、戦後外交記録『サミット第5回東京会議／エネルギー』(二〇一六―一八九六)、外務省外交史料館(以下、戦後外交記録の所蔵は全て同じ)。
(26) Memcon, "Summary of Ambassador Takeshi Yasukawa's Conversation with Zbigniew Brzezinski," February 7, 11:30–12:00 p.m., National Security Affairs, Brzezinski Material, Subject File, Box. 33, Jimmy Carter Presidential Library.
(27) アメリカ局北米第一課「大平総理大臣とマンスフィールド大使との懇談」一九七九年二月二六日、戦後外交記録『日米要人会談(一九七八、一九七九)[サブ]』(二〇一五―二一一二)。
(28) 武田、前掲『「経済大国」日本の対米協調』一三三―一三五頁。
(29) Mourlon-Druol, "Less than a permanent secretariat, more than an ad hoc preparatory group: A prosopography of the personal representatives of the G7 summits (1975–1991)," pp. 76–82.
(30) 外務省「東京サミット第一回準備会議用資料」一九七九年三月一六日、戦後外交記録『サミット第5回東京会議／エネルギー』(二〇一六―一八九六)。
(31) 経済局参事官「第一回準備会合要録(その二)三月二二日午後のセッション」一九七九年三月二二日、同右。
(32) IEA設立に至るエネルギー資源に関する先進国間協調の展開及び日本外交については、白鳥潤一郎『「経済大国」日本の外交――エネルギー資源外交の形成 一九六七～一九七四年』千倉書房、二〇一五年。
(33)『朝日新聞』一九七九年三月三日、九面。
(34) 経資一「IEA閣僚理事会に出席するわが方政府代表について」一九七九年二月一九日、戦後外交記録「サミット第5回東京会議／エネルギー」(二〇一六―一八九六)。同文書には次官、外務審議官、官房長、大臣秘書官のチェックが付けられている。
(35)『朝日新聞』一九七九年二月二〇日、九面。
(36) 経資一「サミットに於るエネルギー問題の取扱い」一九七九年三月七日、戦後外交記録「サミット第5回東京会議／エネルギー」(二〇一六―一八九六)。
(37) 経資一「IEA閣僚理への外務通産両大臣出席問題」一九七九年五月一七日、資源一課「通産大臣のIEA出席問題」一九七九年五月一七日、いずれも戦後外交記録『国際エネルギー機関(IEA)閣僚理事会(第三回)』(二〇一四―三九四七)所収。
(38)『朝日新聞』一九七九年五月二二日、一面及び二面。
(39) 國廣道彦『回想「経済大国」時代の日本外交――アメリカ・中国・インドネシア』吉田書店、二〇一六年、一五九―一六〇頁。
(40) 経総「在京仏大使館より欧州理事会の結論に関する通報」一九七九年六月二四日、戦後外交記録『第五回主要国首脳会議／東京サミット』(二〇一四―五六六五)。
(41) 資源第一課「東京サミット・エネルギー専門家会合議事要旨」一九七九年四月二八日、戦後外交記録『サミット・エネルギー大臣会議』(二〇一六―一九三九)。
(42) 船橋、前掲『サミットクラシー』一八八―一八九頁。
(43) 作成者・作成日なし「IEA閣僚理事会コミュニケ(仮訳)」戦後外交記録『国際エネルギー機関(IEA)閣僚理事会(第三回)』(二〇一四―三九四七)。
(44) 以下の記述は、在米東郷大使発外相宛第二八〇〇号「総理訪米(第一回首のう会談・政治問題部分)」一九七九年五月三日、戦後外交記録『大平総理訪米(一九七九)[サブ：日米共同声明一]』(二〇一五―一四四八)、及び米側作成の議事録に拠っている。米側議事録は、Memcon, "Summary of the President's Meeting with Japanese Prime Minister Ohira," May 2, 1979; 10:43–12:25 p.m.; Memcon, "Summary of the President's Meeting with Japanese

Prime Minister Ohira," May 2, 1979; 2:30–3:15 p.m., both are in National Security Affairs, Brzezinski Material, Subject File, Box. 37, Jimmy Carter Presidential Library.

(45) 経資一「東京サミットに向けての各国のエネルギー問題に対する考え方（公電等を取りあえずまとめたもの）」一九七九年六月一五日、戦後外交記録『サミット第5回東京会議／エネルギー』（二〇一六—一八九五）。

(46) 外相発駐米及び駐仏大使宛合第六二二一号「東京サミット（仏大統領親書）」一九七九年五月一九日、戦後外交記録『第五回主要国首脳会議／東京サミット』（二〇一四—五六六五）。

(47) 経資一「東京サミットにおけるエネルギー合意に至る過程（メモ）」一九七九年七月四日、戦後外交記録『第五回主要国首脳会議（東京サミット）』（二〇一五—二〇九六）。

(48) 作成者なし「宮崎・オーウェン会談の概要」一九七九年六月二五日、戦後外交記録「サミット第5回東京会議／エネルギー」（二〇一六—一八九五）。

(49) 前掲「東京サミットにおけるエネルギー合意に至る過程（メモ）」。

(50) 同右。

(51) 作成者・作成日なし「大平総理・カーター大統領第一回会談」戦後外交記録『第五回主要国首脳会議／東京サミット』（二〇一五—二〇九六）。

(52) 西欧第一課「大平総理・ジスカール仏大統領会談」一九七九年六月二七日、戦後外交記録『第五回主要国首脳会議／東京サミット』（二〇一五—二〇九六）。

(53) Jimmy Carter, *Keeping Faith: Memoirs of a President* (New York: Bantam Books, 1982), p. 111.

(54) 外務省経済局「第五回主要国首脳会議議事録（一九七九年、六月二八、二九日 東京、迎賓館）」作成日なし、戦後外交記録『第五回主要国首脳会議（東京サミット）』（二〇一五—二〇九七）、"Minutes of the Tokyo Economic Summit Meeting," June 28–29, 1979, *Foreign Relations of the United States, 1969–1976*, Vol. 37, Energy Crisis, 1974–1980, Doc. 221; PREM 19/28, "The Economic Summit Meeting in Tokyo, 28 and 29 June 1979," The National Archives in UK. 以下、首脳会合終了までの記述は、特に断りの無い限り、英米両国のものも参考にしつつ基本的に日本の議事録に拠る。

(55) 手書きで作成された同朝食会のメモには、この部分にのみ緑色のマーカーが引かれており、政策担当者にとっても重要な意味を持ったと思われる。作成者なし「東京サミット六月二八日大平総理主催朝食会（於総理官邸）要録」一九七九年六月二八日、戦後外交記録『第五回主要国首脳会議（東京サミット）』（二〇一五—二〇九六）。

(56) 前掲「東京サミットにおけるエネルギー合意に至る過程（メモ）」。

(57) 通商産業省「サミットの主要論点（エネルギー関係）について」一九七九年六月二四日、戦後外交記録『サミット第5回東京会議／エネルギー』（二〇一六—一八九五）。

(58) 前掲「東京サミットにおけるエネルギー合意に至る過程（メモ）」。

(59) 前掲『宮崎弘道オーラル・ヒストリー』二〇一—二〇二頁。

(60) 國廣、前掲『回想「経済大国」時代の日本外交』一五五—一五七頁。

(61) 同右、一五四—一六〇頁。

(62) 同右、一六〇頁、船橋、前掲『サミットクラシー』一二五頁。

（しらとり　じゅんいちろう　放送大学）

日本国際政治学会編『国際政治』第212号「二国間と多国間をめぐる日本外交」（二〇二四年三月）

商業捕鯨モラトリアム（一九八二年）をめぐる日本外交
——IWCへの幻滅から対米交渉へ——

長　史隆

はじめに

捕鯨問題は、一九七〇年代初頭を境に環境保全運動の一環としてクジラ保護の機運が高まるなかで、国際社会において急速に人々の耳目を集めるようになった。ソ連と並んで大規模な商業捕鯨を行っていた日本は、捕鯨反対を唱える人々からの批判の矢面に立たされた。一九七二年にストックホルムで開かれた国連人間環境会議は商業捕鯨の一〇年間モラトリアムに向けた国際協定を求める勧告を採択し、それから一〇年後の一九八二年には国際捕鯨委員会（IWC）年次会議が商業捕鯨モラトリアムを可決した。これを受けた日本政府は、米国との直接交渉に臨み、一九八〇年代半ばに米国との間に一応の妥協点を見出した。結果として日本は、一九八八年以降の商業捕鯨から撤退する一方、南極海におけるミンククジラ捕鯨を国際捕鯨取締条約に基づく「調査捕鯨」として規模を縮小したうえで一九八七年から開始した(1)。

本稿の目的は、一九八〇年代前半を対象に、捕鯨をめぐるIWCでの多国間外交と日本の対米外交との交錯の様相を明らかにすることである。

ただし、この二つの交錯は一九八〇年代に始まったわけではない。第二次世界大戦後の捕鯨をめぐる多国間枠組みは、米国政府の主導により、一九四六年に国際捕鯨取締条約が採択され、四九年にIWCが発足したことに遡る。実質的な捕鯨産業を持たない米国は、鯨資源の保全と適切な利用を図るべく、多国間枠組みを牽引した(2)。同時に、マッカーサー（Douglas MacArthur）率いる連合国軍最高司令官（ＳＣＡＰ）総司令部および米国政府は、敗戦国である日本の深刻な食糧不足の緩和と外貨獲得による経済復興とに資するとの観点から、日本の南極海捕鯨への復帰を企図した。これに対して、連合国の一員として対日占領を担い、かつＩＷＣの加盟国でもあった英国・ノルウェー・豪州・ニュージーランドといった国々は難色を示した。それらの諸国が危惧したのは、一九三〇年代に日本が捕鯨規制の国際枠組みに加わらずに行っていた得手勝手な捕鯨の再来であった。それに加えて豪州とニュージーランドは、自国の周辺海域に日本の捕鯨船が出張って来ることの戦略的意味合いについて、戦中の記憶に基づく懸念を抱いていた。米国はこれらの諸国の不安を慰撫するためにも、国際規制を遵守した捕鯨をさせるべく日本の捕鯨業者への働きかけに尽力した。米国の強力な後押しを受けた日本は、一九四六／四七年漁期からＳＣＡＰ管轄下にて南極海捕鯨に復帰し、さらに五一年四月に国際捕鯨取締条約およびＩＷＣへの加盟を果たした。このように日本は、米国の支援によって捕鯨をめぐる多国間枠組みに参加し、捕鯨国としての地歩を築いたのであった。(3)

その後、一九五〇年代を通して、ＩＷＣは日本・ソ連・英国・ノルウェー・オランダという主要捕鯨国の利害調整の場であり、米国は資源の適切な利用と管理による資源保全の立場に立って調整役を担った。しかし捕鯨をめぐる実質的な国際規制は進まず、南極海の大型鯨種は乱獲により激減した。六〇年代には英国とオランダが捕鯨から撤退し、ノルウェーも南極海捕鯨から撤退した。この頃から国際規制も進展を見せ、南極海での捕鯨を継続していた日本とソ連が徐々に批判にさらされるようになった。日本は撤退した国々から南極海での捕鯨枠を買い取りつつ、北太平洋での捕鯨も拡大させていた。ただし、この時期に日本に向けられた批判は、「持続可能な資源利用」という観点に立つものであった。(4)すなわち一九五〇年代と六〇年代においては、日本はＩＷＣにおいて他の加盟国と利害調整をしながら徐々に強まる国際規制に対処していたのであり、とりたてて米国との二国間交渉を必要としなかった。

しかし、一九七〇年代に入ると情勢は一変する。本稿で検討するように、日本は、反捕鯨の立場に傾くＩＷＣにおいて急速に守勢に立たされ、対米外交においても行政府のみならず議会やメディアからの批判や圧力に直面した。さらに日本は、ＩＷＣにおいても対米外交においても、反捕鯨を唱道する非政府組織（ＮＧＯ）の活動に頭を悩ませることとなった。その背景には、一九七〇年代を境に、捕鯨をめぐる言説の大勢が「持続可能な資源利用」から倫理的・道義的な「捕鯨反対」へと決定的に変化したことがあった。捕鯨反対論は、この時期までに米国をはじめとする西側先進諸国で高揚した環境保護運動の一環として急速に力を得たのである。(5)このような中でＩＷＣにおける多国間外交に限界を感じた日本政府は、一九八二年の商業捕鯨モラトリアム採択後も何らかの形で捕鯨を継続するべく、米国政府との交渉に望みをつなぐこととなった。

このような文脈を重視する本稿は、国際関係におけるアクターが顕著に多様化し、それにともない「イメージ」や「感情」といった要素が国際関係において無視できないものとなる一九七〇年代以降の趨勢を、捕鯨をめぐる日本外交および日米関係の視角から捉える試みでもある。

一九七〇年代以降、国際関係の多元化が急速に進んだ。それをもたらしたのは、第一にアクターの多様化であった。これまで政府間の外交関係の埒外にあったメディア・市民・議会・NGOなどの影響力が無視できないものとなった(6)。第二に、国際社会の懸案も、伝統的な安全保障や経済・貿易問題に加えて、環境・人権・文化といった領域に及ぶようになった(7)。そのような中で、メディアや世論が抱くイメージや感情が、政府の政策そのものに劣らず国際関係の様相を左右するようになった。入江昭は、同時代の一九七五年に発表した論考において、「今日の国家間関係は、外交・パワー・通商といった伝統的な要素以上のもの」、すなわち「多くの文化的・感情的・心理的諸要素を含むものとなっている」と指摘していた(8)。

政治学者で一九七七年以降にはカーター（James E. Carter, Jr.）政権の大統領補佐官（国家安全保障問題担当）として活躍することとなるブレジンスキー（Zbigniew Brzezinski）は、一九七〇年に刊行した著作において、国境横断的な情報伝達手段、とりわけテレビの発達によって、人々がグローバルな諸問題に対して、これまでよりも「印象に基づく」（impressionistic）「能動的な」（involved）態度をとるようになり、また人々が恒常的に互いの社会的経験を共有し合い、遠く離れた場所の諸問題にも個人的に関与することが増えると見通した(9)。実際、欧米諸国での反捕鯨論の高まりにおいて、テレビの果たした役割は少なくなかった(10)。

捕鯨問題についての先行研究には、日本の捕鯨政策、および捕鯨についての国内の政治構造や文化・社会的構造に焦点を当てたものが多い(11)。日本外交や日米関係の課題として捕鯨問題を位置づけた研究は、一九七〇年代初頭を対象としたものについては一定の蓄積があるものの、日米間で捕鯨が問題化した七〇年代初頭から八〇年代半ばまでを対象とし、かつ政府の一次史料を用いてなされた研究は管見の限り存在しない(12)。またIWCにおける多国間外交を対象とした研究でも、日本の動向は断片的にしか明らかにされていない(13)。なお本稿では、主たる史料として日本政府、なかでも最も公開が進んでいる外務省の一次史料を使用する。

一　反捕鯨論の高揚とIWCの変質

一九七〇年代に入ると、米国政府は、環境保護論者の主張と軌を一にしたクジラ認識を抱くようになった(14)。ニクソン（Richard M. Nixon）政権で環境問題諮問委員会（CEQ）委員長として環境政策の司令塔的役割を担っていたトレイン（Russell E. Train）は、一九七二年の春に環境庁長官の大石武一に書簡を送り、米国政府は「もはやクジラを単なる商業資源とは見なしておらず、環境の重要な構成要素と認識している」と伝えた(15)。一方の日本政府の立場は、「海洋哺乳動物は魚介類と同様科学的知見に基づき適正に管理しつつ人類の利用に供すべき水産資源である」というものであり、両者の認識の懸隔は大きかった(16)。

米国政府は、一九七二年六月にスウェーデンのストックホルムで開催されることになっていた国連人間環境会議に照準を合わせ、そこで捕鯨問題を取り上げ、商業捕鯨の一〇年間モラトリアムを提案する腹積もりであった。果せるかなこの大規模な国際会議において、トレイン率いる米国代表団は商業捕鯨の一〇年間モラトリアムに向けた国際協定を求める勧告の採択を強力に主導し、それは日本の抵抗にもかかわらず圧倒的多数で採択された[17]。

米国政府はその直後にロンドンで開かれたＩＷＣ年次会合においても同様のモラトリアム提案の可決をめざしたものの、それは三分の二の多数を得ることができず否決される仕儀となった。その後しばらく、米国政府はモラトリアム以外の妥協的方策を模索したのも束の間、一九七九年以降は一〇年間ではなく無期限のモラトリアムを提案するようになり、ついに八二年のＩＷＣ年次会議においてそれが可決されることとなった[18]。

この過程で大きな影響力を有したのは、反捕鯨を掲げる国際ＮＧＯであった。一九七〇年代は、とりわけ環境ＮＧＯの影響力が顕著に増大した時期であった。例えば、地球の友（Friends of the Earth）が一九六九年にサンフランシスコで誕生し、七一年にはのちに代表的な環境保護ＮＧＯとなるグリーンピースが、七七年にはそこから分派し海洋保全に特化した過激な行動を特色とするシーシェパードが発足した。それらのＮＧＯは、クジラ保護についても世界的な影響力を発揮した[19]。

ＮＧＯの影響力増大は、ＩＷＣの討議のあり方にも変化をもたらした。ＮＧＯは主張を共有する科学者をＩＷＣの科学委員会に送り込むことにより、ＩＷＣの決定に影響を与えるようになった[20]。また米国政府代表団にはＮＧＯの幹部が加わり、その他の参加国についてもそれは珍しいことではなくなった。一九七二年から水産庁の幹部としてＩＷＣ年次会議に出席し、七七年からＩＷＣの政府首席代表を務めた米澤邦男は、「代表団にＮＧＯの幹部を入れて、会議の運営を事実上、それらの人に任せるという極めて無責任な体制ができ上った」と回想する。さらに彼によれば、一九七六年以降、米国の要求を容れる形で議場にＮＧＯのオブザーバーの参加が認められ、「各国代表、特に中立系の代表国の発言に抗議したりすることによって、圧力をかけて」いたという。こうして、米澤の見るところ、「会議は一年に一度の反捕鯨イベントとなってしまった」のであった[21]。

このような中で、日本の捕鯨に対する逆風は強まるばかりであった。一九七三年のＩＷＣ年次会議は、南極海のナガスクジラを三年後に禁漁とする提案、および南半球のマッコウクジラの捕獲枠を設定するという提案を可決した。それに対し、日本は異議の申し立てを行った。「異議の申し立て」とは、国際捕鯨取締条約で認められた権利であり、それをＩＷＣの議決から九〇日以内に行えば、当該国はＩＷＣの決定を遵守せずとも国際法の違反に問われない。日本の異議申し立てを契機として、米国の環境団体は日本に対する反捕鯨運動を強めた[22]。

一九七九年になると、米国のカーター大統領は七月のＩＷＣ年次会議に書簡を送り、商業捕鯨を全世界的に無期限停止とすべきだと呼びかけた。米国政府は、これまで提案してきた一〇年間モラトリアムから無期限のモラトリアムへと、捕鯨に対する圧力を強めたのである。[23]この年のIWC年次会議は、ミンククジラを除く母船式の商業捕鯨の禁止を可決した。当時、母船式捕鯨を行っていたのは日本とソ連のみであった。日本は反対票を投じたものの、異議の申し立ては断念せざるを得なかった。[24]

NGOの影響力増大とともに、IWCにおけるもう一つの変化は、一九七〇年代末以降、捕鯨を行っていない国々がIWCに続々と加盟するようになったことであった。[25]なかでも、反捕鯨の立場に立つ先進国の政府やNGOの影響力を受けた小国の加盟が、IWCの議決の帰趨を左右することとなった。例えば、七九年には三年前に英国から独立したばかりのセーシェルが加盟した。同国のIWC政府首席代表には、英国人でニューサイエンスの旗手として反捕鯨活動を行っていたワトソン（Lyall Watson）が就き、同国はグリーンピースなどの協力を得ながら、IWCにおける反捕鯨派の牽引役となった。[26]一九七六年から八二年の間に、IWCの加盟国数は一五から三九へと増加し、その三九カ国のうち二八カ国が捕鯨を行っていない国々であった。[27]

このような加盟国の大幅な増加は、米国や反捕鯨NGOの働きかけによるところが大きかった。とりわけ後者は、IWCの年間分担金を肩代わりするなどして小国の加盟を斡旋したと言われる。[28]反捕鯨の立場になびきがちな非捕鯨国がIWCに数多く加盟したことで、日本はますます守勢に追い込まれた。

二　商業捕鯨モラトリアムの可決

一九八一年七月のIWC年次会議において、米国政府は二年前から提案していたすべての鯨種についての無期限の商業捕鯨モラトリアムを是が非でも可決させる決意であった。米国のレーガン（Ronald W. Reagan）大統領は会議にメッセージを送り、無期限の商業捕鯨モラトリアムを支持するよう呼びかけた。[29]たしかにIWCにおいてこの無期限モラトリアムを支持する加盟国は着実に増加していたものの、IWC科学委員会がすべての鯨種についてのモラトリアムを勧告したことはなかった。[30]日本政府がモラトリアム案を「科学的根拠がない」と繰り返し非難してきたゆえんはここにあった。

この年のIWC年次会議において、米国が提案したモラトリアムは否決されたものの、日本沿岸のマッコウクジラの捕獲枠を暫定ゼロとすることが決まった。これを受け、日本国内ではこの決定やIWCのあり方について批判的な声が強まった。[31]

このような世論の後押しも受け、日本政府は一一月にIWCの決定に対して異議申し立てを行った。これに対し、『ロサンゼルス・タイムズ』や『ワシントン・ポスト』は、パクウッド＝マグナソン修正法およびペリー修正法の発動を大統領に慫慂する論説を掲載した。[32]前者は、ある国が国際捕鯨取締条約の効果を減殺するような捕鯨操業や貿易等を行っている場合、米国政府は米国二百海里水域内の漁獲割当量を半減させ、一年たっても改善されなければその量をゼロにするという一九七九年に発効した法律であり、後者は、漁業資源や危機に瀕している種のための国際的保存計画の効果を減殺するような漁業操業や貿易などを行う国からの水産物の米国への輸入を禁ずるという一九七八年に発効した法律であった(33)。当時、日本の捕鯨の年間生産高がわずか一二〇億円だったのに対し、米国二百海里内での日本の漁獲割り当ては年間一三〇〇億円にのぼっていた(34)。日本政府は、捕鯨を継続する以上、これらの法律にもとづく米国からの制裁措置の可能性を憂慮せざるを得なくなったのである。

翌一九八二年七月のIWC年次会議は、賛成二五カ国、反対七カ国、棄権五カ国という票数で、とうとう商業捕鯨の三年後の全面停止を可決した。ただし同時に、「この規定は、最良の科学的助言に基づき継続して評価されるものとし、IWCはこの規定の効果に関する包括的な評価を遅くとも一九九〇年までに完了させるとともに、この規定の修正および他の捕獲枠の設定を検討する」とも決められた(35)。いずれにせよ日本は、三年後以降の商業捕鯨を断念するか、捕鯨を継続すべくこの決定に異議申し立てを行うかのいずれかの選択を迫られたのである。

この決定を受けた日本政府代表団は、最終ステートメントにおいて、商業捕鯨の全面停止は、国際捕鯨取締条約の目的に合致せず、「いかなる科学的根拠の提示も無しに提案され、数の力のみによって採択された」ものであり、「IWCの将来について真剣な関心を有している国々にとっては全く受け入れられない」と主張するとともに、過去二～三年は、「条約の文言に関係のない感情的な議論が会合を占めており」、委員会の活動が阻害されていると苦言を呈した(36)。ここでいう「条約の目的」とは、条約前文が規定する「鯨族の適当な保存を図って捕鯨産業の秩序ある発展を可能にする」という箇所を指す。このくだりを中心とする「条約の目的」は、日本政府が反捕鯨論に反駁する際に、「科学的根拠の欠如」とあわせて度々言及してきたものであった(37)。

日本の新聞各紙はIWCの決定を強く非難した。朝日新聞の社説は、今回の決定は「科学的裏付けを欠いて」おり、「捕鯨と全く関係のない国々を中心とした捕鯨反対派の多数決で、押し切ったIWCの態度は承服できない」と論じ、日本政府に対し異議申し立てを行うよう求めた。読売新聞の社説は、IWCの決定を「偏狭、独善としかいいようがない〝自然保護〟〝動物愛護〟の精神の凝り固まった反捕鯨国側が圧倒的な数にものをいわせて」可決したものと指弾し、「我が国に残された道は異議申し立てと、IWCからの脱退である」と述べたうえで、「断固とした措置をとるのも、やむを得まい」と結んだ。毎日新聞の社説も、「反捕鯨運動の高まりの中で、数だけ集め、商業捕鯨をつぶしにかかった結果」と指摘し、政府が異議申し立てを行うべきだと論じた(38)。

米国議会は、日本に異議申し立てをさせないよう、米国政府への働き掛けを強めた。八月には共和党のパクウッド（Robert W. Packwood・オレゴン州）やパーシー（Charles H. Percy・イリノイ州）、民主党のジャクソン（Henry M. Jackson・ワシントン州）

やケネディ（Edward M. Kennedy・マサチューセッツ州）といった有力議員を含む六六名の上院議員が商務長官のボルドリッジ（H. Malcolm Baldrige, Jr.）に書簡を送り、捕鯨国がモラトリアム決定に対して異議申し立てをすることやIWCから脱退することを防ぐべく、あらゆる外交措置をとること、とりわけIWCの決定に違反しようとするいかなる国に対してもパクウッド＝マグナソン修正法とペリー修正法にもとづく制裁を発動する意図を明らかにするよう求めた(39)。

日本政府は、九〇日間の申し立ての期限が二日後に迫った一一月二日にIWCの決定に対する異議申し立てを行った(40)。ただし政府が発表した談話は、日本が三年後も捕鯨を継続することを決定したわけではなく、今後IWCにおいて「包括的評価が行われ、合理的な結論が得られることを願っている」と述べるとともに、「米国等捕鯨問題に強い関心を有する国々とは、今後とも密接な対話を重ね」る意向を明らかにした(41)。日本は、商業捕鯨モラトリアムに反対の立場を明示しつつも、今後の立場については交渉の余地を残したのである。

三　米国との捕鯨協議へ

日米両政府は、一九八二年一二月から八四年一一月にかけて、一一回にわたる捕鯨協議を断続的に行った。理論上は、IWCの商業捕鯨停止の決定に異議を申し立てさえすれば、日本はIWCにとどまったまま、その決定に従わずに捕鯨を続けることも可能であった。しかしそれが米国の許すところではないことも明らかであった。日本としては、IWCにおける事態打開の見通しが立たない中で、米国との直接交渉によって何らかの形での捕鯨の継続に望みをつないだのである。

この協議における米国側の主たる出席者は、IWC米国政府首席代表も務める商務省海洋大気庁長官と海洋漁業問題担当の国務次官補代理であり、日本側はIWC日本政府首席代表（元水産庁次長）と水産庁幹部に加え、外務省経済局審議官などが参加した。米国政府は、日本との協議を行っているという姿勢を示すことで議会の反捕鯨勢力を慰撫したいと考えていた。議会における代表的な反捕鯨論者であったパクウッドとパーシーの両上院議員は、国務長官代行のダム（Kenneth W. Dam）に書簡を送り、IWCの決定に異議を申し立てた日本に対して必要であれば制裁措置を講ずるべきだと迫った。それに対しダムは、日本政府と協議を続けていることを強調しながら、日本側の対応いかんによっては一九八三年春をめどに制裁を行うと返答した(42)。日本政府としても、日本の異議申し立てによって「米国議会関係者の動きは一層顕著となったため」、「対米説得に一層の努力を払」う必要が生じたことから、日米捕鯨協議は「その一環として」有用であった(43)。日本にとっては、漁業や水産物をめぐっての対日制裁を回避しながら捕鯨問題での妥協点を探ることが必要であった。それまで日米両政府の当局者が捕鯨問題に専念して話し合う機会は無かったことから、この一連の協議は両国が歩み寄るうえで重要なものとなった。

日本がIWCに異議を申し立てた翌月の一九八二年一二月に行わ

れた初の日米捕鯨協議では、両国の原則的対立が明らかとなった。日本側は、「商業捕鯨であっても文化的社会的重要性を有しており、特に地域的には社会的絆の維持のため、捕鯨が必要となっている」と主張した。また日本側は、「国民全体の動物蛋白供給の面では〔鯨肉は――引用者による補足（以下同様）〕量的に少ない」ことを認めながら、「地域的には、文化、社会的絆、食生活等の面で極めて重要」と述べ、「経済的側面ばかりでなく、社会、文化的側面が重要である」と重ねて強調した。

米側も、日本からは批判の対象であった捕鯨についての「感情論」を隠すことなく開陳した。彼らは、前年七月にレーガン大統領がIWCに宛てて発した「確固たる声明」に言及し、「これは資源評価の能力の欠如により鯨資源の絶滅を招いてはならないとの米国民の感情を反映するものである」と述べた。これに対して日本側が「米国の政策決定において感情的要因を排除することは可能か」と質したのに対し、米側は、資源管理の方式については種々の改善がみられるものの、管理の目的については「各国の感情的要因、政治的要因等を踏まえて行われる value judgement〔価値判断〕に基づき導かれるものと考えている」と応じ、さらに以下のように畳みかけた。「米国内においてはクジラは絶滅の危機に瀕している野生動物の中で象徴的意味をもっており、また脳の大きさやその社会生活によって特別な生物とみなされている。日本国内における捕鯨の位置づけを認めるのと同様に、米国の国民感情も認める必要がある」。双方が自国民の「文化」や「感情」を持ち出すなかで、妥協は困難な様相であった。[44]

しかし、翌一九八三年二月の協議において、米側は歩み寄りの姿勢を示した。米側首席のバーン（John V. Byrne）海洋大気庁長官は、日本の南極海捕鯨について「ミンククジラ以外の大型船も含めたより強固な形での調査（intensified survey）（ただし、実質的な量の捕獲は無し）を行うことにより、一九八五年の商業捕鯨全面禁止後一九九〇年までに行われる包括的評価に備えることが可能であろう」と述べた。米側は、日本の南極海捕鯨をその規模を大きく縮小させたうえで「調査捕鯨」という形で存続させるという妥協案を提示したのである。調査捕鯨とは、国際捕鯨取締条約の第八条第一項を根拠として、各国政府が科学調査目的で許可する捕鯨であり、この場合には条約の規制の適用外となるのであった。[45]

日本政府も、IWCにおいて商業捕鯨のモラトリアムが採択された以上、日本がそれに抗って商業捕鯨を続けることはもはや得策ではなく、早晩妥協が必要となることを認識するようになっていた。元水産庁次長でIWCの日本政府首席代表を務めていた米澤邦男も、そのような認識を抱く一人であった。米澤は一九八三年三月の外務省との意見交換の席で次のように発言している。「我が国が捕鯨問題を考える場合、あくまでも科学的根拠という大義を貫くべきである。その方が、我が国が将来妥協を余儀なくされることとなっても国内対策上得策であろう。なお妥協する場合は国内の高度な政治レベルを巻き込んでの一挙解決以外に方法は無いと思う」。[46] 二年前にはメディアに対して捕鯨問題における「正義漢」を自任し、捕鯨を「やめなければならない理由はない」と強気の姿勢を見せていた米澤も、ここに至っては妥協を予期するようになっていた。(47)

この後の日米協議において両政府は、南極海捕鯨の「調査捕鯨」への切り替えを軸として徐々に歩み寄りを見せた。八三年四月に来日したバーンは、米澤との会談において、「保護グループのなかの reasonable な部分は八五年以降も whaling in some forms would continue と考えている」ことから、南極海捕鯨については「調査のために必要かつそのための cost をまかなうに必要な範囲において捕獲の継続を認めることも可能と考える」との所感を伝えた。(48) このバーンの発言を受けた米澤は、外務省との意見交換の席で、「『self-sustaining research whaling』は認める気持ちはあると思う」と米側を忖度した。同席した水産庁海洋漁業部長の井上喜一も、「現時点では言えないとしても、行きつくところは利益目的でない捕鯨とせざるを得ないのではないか」との胸の内を明かした。(49)

一九八三年一一月の日米捕鯨協議に出席した外務省経済局審議官の佐藤嘉恭は、協議後に記した「若干の感想」において、「捕鯨禁止問題が国際場裡で久しく取り上げられてきたこともあり、水産庁関係者は『モラトリアム』が採択された以上は戦線縮小を如何に巧妙に実現してゆくかという心理状態になっている様に思われる」と指摘し、米澤については「特にそのような感触を持っておられる」と論じた。佐藤自身も、「妥協」に向けた「国内的コンセンサス」の必要を感じていた。この佐藤の所感からもうかがえるように、水産庁も外務省も、ともに国内的に受け入れられる形での捕鯨の「戦線縮小」を模索していたのである。(50)

四　IWCへの幻滅の深まりから対米譲歩へ

IWCでの多国間交渉に限界を感じた日本政府は、対米交渉によって事態の打開を目指しつつも、米国政府がIWCの反捕鯨諸国や米国内の環境団体や議会に掣肘を受けているようであることに苛立ちを禁じえなかった。一九八四年二月に水産庁遠洋漁業部審議官の斉藤達夫が国務省極地部長を往訪した際、斉藤は「米側はいかなる妥協案もIWCの承認を得られるものでなければならないと主張しているかに見えるが、IWCが無能な機関であることは米側も十分承知のはずであり、米側としてはそもそも妥協の余地を否定していることになるのではないか」と詰め寄った。これに対し米側は、日本側の「提案の内容が合理的」であれば、それがIWCで否決されたとしても「日米間で何らかの妥協の余地はあると考える」と応じた。それを受けた斉藤は、そうであっても、「環境団体を説得できなければ米政府としてPM法〔パクウッド＝マグナソン法〕の適用を迫られるのではないか、また米政府として環境団体を説得する用意はあるのか」と切り返した。(51)

一九八四年七月にブエノスアイレスで開かれたIWC年次会議の結果は、IWCに対する日本政府の幻滅をより深めるものとなった。この会議は、南極海ミンククジラの捕獲枠（一九八四／八五年漁期）を前年比三六・五％減の四二二四頭とし、前年四〇〇頭あった北太平洋マッコウクジラの捕獲枠（八四年漁期）を未決定とした。

後者について、ＩＷＣが捕獲枠を決定できない場合には捕獲は禁止されるとの決定がすでになされていたものの、日本はその決定に異議申し立てをしていたため、それには拘束されなかった(52)。

日米捕鯨協議において日本側代表であった米澤は、ＩＷＣの決定について次のように強い口吻で不満を表明した。

狂信的環境保護団体の横暴により行われたミンククジラ捕獲枠の大幅削減およびマッコウクジラ捕獲枠の非決定には全く科学的根拠がなく、われわれとして激高を禁じえないが、それ以上に右はクジラ資源の調査および管理に真摯な努力を傾注してきたわが国を含む良心的加盟国に対するあからさまな侮辱である。この状況に至ってＩＷＣ条約の意義・目的は完全に無視されたと言わざるを得ない。

このように正常な機能をもはや果たせなくなったＩＷＣに対するわが国国内の反発は異常な高まりを見せており、捕鯨業界および海員組合は強い調子で政府にＩＷＣからの脱退を要求し、自民党の関係有力議員は捕鯨問題検討のための小委員会を設置するに至った。また、わが国の報道機関は捕鯨問題を熟知しており、特に日米間の問題として同問題の帰趨を重大な関心をもって見守っている状況にある(53)。

米澤は、ＩＷＣの機能不全を訴えるとともに、日米間での打開を図るべく米側に慫慂したのである。とどのつまり、外務省経済局漁業室が記したように、捕鯨問題は「ＩＷＣにおける解決は事実上不可能であり、捕鯨に関する制裁法を有する米国との間で決着すべき問題」であるというのが、日本政府の認識であった(54)。

ただし日本政府、とりわけ外務省は、ＩＷＣの機能不全を訴えつつも、そこからの脱退については否定していた。外務事務次官の松永信雄は、記者懇談での質疑に答えて、ＩＷＣからの「脱退を今、考えているわけではな」く、「どうにもならない状況に至っては脱退もやむを得ないと思うものの国際協調がすべての問題において必要であるとの見地から、そうした状況になるまでの中で話し合いの努力を続けることが必要」と論じた(55)。また外務省は、自国がＩＷＣからの脱退を企図していると見られることもよしとはしなかった。一九八二年七月のＩＷＣ年次会議において商業捕鯨モラトリアムが可決された際に、政府代表団が最終ステートメントにおいて「ＩＷＣの機能は消滅した」と言明しようとしたのに対し、外務省は、それが「ＩＷＣ脱退を前提とした発言と受けとられる怖れが強い」ため、「ＩＷＣの機能を形骸化させるもの」という字句へ改めるよう訓令を発していた(56)。

一九七〇年代から八〇年代にかけて「経済大国」となった日本にとって、対外関係における至上命題の一つであったのは、「エコノミック・アニマル」という批判に抗し、責任ある大国として国際社会から認知されることであった(57)。そのことは、本稿の対象時期と同じ一九七〇年代末から八〇年代半ばにかけて、日本が国際人権規約への批准（一九七九年）、女子差別撤廃条約への署名（八〇年）および批准（八五年）、難民条約（八一年）と難民議定書（八二年）のそれぞれへの加入を果たしたことにも表れている。「経済のみにとどまらない大国」として振舞うことを重視していた当時の日本にとって、ＩＷＣからの脱退という選択肢は、思慮の埒外にあったと思われる。

結局、一九八四年一一月の日米捕鯨協議を経て、南極海捕鯨については、規模を大幅に縮小した調査捕鯨に切り替えるという妥協が図られた。一方で、米側が先住民生存捕鯨として存続させることも示唆していた沿岸捕鯨、とりわけマッコウクジラ捕鯨に関して、米国政府の態度は急速に硬化した(58)。

同協議の後、ボルドリッジ商務長官と駐米公使の村角泰が書簡を交換した。そこで米国政府は、日本政府のマッコウクジラに対する異議申し立ての撤回を条件に、その捕獲枠を一九八四年と八五年分を各四〇〇頭とすること、並びに漁獲割り当ての削減を行わないことを保証した。加えて米国は、日本が一九八五年四月までに全鯨種のモラトリアムに対する異議申し立てを撤回するとの意図表明を行えば、さらに二漁期（一九八六年と八七年）についてマッコウクジラ各年度二〇〇頭、沿岸捕鯨のミンククジラ及びニタリクジラについては日本政府との協議に基づき米国政府が認める数、一九八五／八六年および一九八六／八七年各漁期についての南極海ミンククジラについては日本政府との協議に基づき米国政府が認める数の捕獲を認め、米国国内法による漁獲割り当ての削減等の制裁を行わないことを保証した(59)。これにより、日本は一九八二年のモラトリアムが規定した一九八五年の期限よりも二年長く商業捕鯨を続けられ、米国からの制裁も回避できることとなった。

翌一九八五年四月に日本政府は、一九八八年以降の商業捕鯨からの撤退を決定し、八二年のＩＷＣのモラトリアム決定に対する日本の異議申し立てを取り下げる意図を米国に通告した(60)。そして翌八六年七月、日本政府は異議申し立ての取り下げを正式に決定した(61)。これにより、一九八八年三月末をもって日本は商業捕鯨から全面撤退することが決まった(62)。一方で日本は一九八七年から調査捕鯨を開始した(63)。商業捕鯨モラトリアムをめぐる日米間の対立と交渉は、ここに一応の決着を見たのであった。

おわりに

本稿で見たように、一九八〇年代に入ると日本政府はＩＷＣへの幻滅を急速に深めた。その中で一九八二年にＩＷＣが商業捕鯨モラトリアムを決定したことにより、日本の捕鯨は岐路に立たされた。日本は、それに対して異議申し立てを行ったことにより、商業捕鯨を継続することも可能であったものの、それを米国が許さないことも認識していた。そこで日本は、ＩＷＣが機能不全に陥ったとみなしながらもそこにとどまりつつ、何らかの形で捕鯨を継続させるべく、米国との直接交渉によって事態の打開を図ったのであった。結果的に日本は、商業捕鯨を国際捕鯨取締条約で認められた調査捕鯨に切り替え、規模を大きく縮小して南極海捕鯨を継続することとなった。

調査捕鯨について日本政府は、米国を刺激しないように政治判断で捕獲頭数を抑えたうえで、米国との交渉も行いながら、その準備を進めた(64)。その結果、商業捕鯨の最終年度には南極海でミンククジラを二〇〇〇頭捕獲していたのに対し、調査捕鯨の開始直後は毎年平均三〇〇頭前後の捕獲にとどめることとなった(65)。

しかしその後も、日本と反捕鯨諸国およびNGOとの確執は止まなかった(66)。そして二〇一八年一二月、日本政府は国際捕鯨取締条約およびIWCからの脱退を決定し、翌年六月に正式に脱退するとともに、商業捕鯨を再開した。脱退の理由として政府は、「鯨類の中には十分な資源量が確認されているものがあるにもかかわらず、保護のみを重視し、持続的利用の必要性を認めようとしない国々からの歩み寄りは見られず、商業捕鯨モラトリアムについても、遅くとも平成二年〔一九九〇年〕までに見直しを行うことがIWCの義務とされているにもかかわらず、見直しがなされて」いないことなどを挙げた(67)。脱退により日本は、条約に基づく調査捕鯨の権利を失い、排他的経済水域内での商業捕鯨を再開した。しかし、捕獲頭数は調査捕鯨期よりも大幅に減少し、加えて現状での商業捕鯨の継続は国際法違反の疑いが濃厚であるという問題を抱えており、日本の捕鯨の前途は不透明である(68)。

日米関係の観点から見れば、本稿で検討した捕鯨をめぐる展開が示すのは、一九七〇年代から八〇年代にかけて両国関係が多元性を強めたことであった。両国関係に影響を与えるアクターが多様化するとともに、両国間の懸案も、伝統的な安全保障や経済・貿易問題にとどまらず、捕鯨問題のような文化や社会をめぐる問題へと広がりを見せた。そのような中で、相手国に対してメディアや世論が抱くイメージや感情が、政府の政策そのものに劣らず両国関係の様相を左右するようになった。このような関係の多元化は、捕鯨問題の顛末が示すように、ときとして両国間に軋轢をもたらすものであった。日本の社会・文化的側面を問題とする米国の対日批判は、その後さらに烈しさを増し、一九八〇年代から九〇年代にかけては、米国でいわゆる「日本たたき」(Japan bashing)が強まることとなる(69)。捕鯨をめぐる対日批判は、その凶兆でもあったといえるであろう。

(1) この時期の捕鯨をめぐる国際関係史の全体像については以下を参照。Peter J. Stoett, *The International Politics of Whaling* (Vancouver: UBC Press, 1997), chapter 3; Kurkpatrick Dorsey, *Whales and Nations: Environmental Diplomacy on the High Seas* (Seattle: University of Washington Press, 2014), chapters 6 and 7.

(2) Dorsey, *op. cit.*, chapter 3.

(3) *Ibid.*, pp. 129–145; Christopher Aldous, "The Anatomy of Allied Occupation: Contesting the Resumption of Japanese Antarctic Whaling, 1945–52," *Journal of American-East Asian Relations*, Vol. 26, No. 4 (December 2019).

(4) Dorsey, *op. cit.*, chapter 5; 真田康弘「米国捕鯨政策の転換――国際捕鯨委員会での規制状況及び米国内における鯨類等保護政策の展開を絡めて」『国際協力論集』第一四巻第三号(二〇〇七年三月)一四一―一四四頁。

(5) Dorsey, *op. cit.*, chapter 6. 反捕鯨言説の形成過程については以下も参照。Arne Kalland, *Unveiling the Whale: Discourses on Whales and Whaling* (New York: Berghahn Books, 2009), chapter

1; Charlotte Epstein, *The Power of Words in International Relations: Birth of an Anti-Whaling Discourse* (Cambridge: The MIT Press, 2008), chapters 5 and 7.

（6）Akira Iriye, *Global Community: The Role of International Organizations in the Making of the Contemporary World* (Berkeley: University of California Press, 2002), chapter 5／（篠原初枝訳）『グローバル・コミュニティ――国際機関・NGOがつくる世界』（早稲田大学出版部、二〇〇六年）。

（7）*Ibid.*, chapter 5. 一九七〇年代を対象とした近年の歴史研究は、これらの諸問題を重視している。Niall Ferguson et al., eds., *The Shock of the Global: The 1970s in Perspective* (Cambridge: The Belknap Press of Harvard University Press, 2010), part 4; Jan Eckel and Samuel Moyn, eds., *The Breakthrough: Human Rights in the 1970s* (Philadelphia: University of Pennsylvania Press, 2013); Barbara J. Keys, *Reclaiming American Virtue: The Human Rights Revolution of the 1970s* (Cambridge: Harvard University Press, 2014); Stephen Macekura, *Of Limits and Growth: The Rise of Global Sustainable Development in the Twentieth Century* (New York: Cambridge University Press, 2015), chapters 3 and 4; Daniel J. Sargent, *A Superpower Transformed: The Remaking of American Foreign Relations in the 1970s* (New York: Oxford University Press, 2015), chapters 3, 7, and 8.

（8）Akira Iriye, "Toward a New Internationalism," in Robert A. Bauer, ed., *The United States in World Affairs: Leadership, Partnership, or Disengagement? Essays on Alternatives of U.S. Foreign Policy* (Charlottesville: University Press of Virginia, 1975), p. 34.

（9）Zbigniew Brzezinski, *Between Two Ages: America's Role in the Technetronic Era* (New York: Viking Press, 1970), pp. 18–22／（直井武夫訳）『テクネトロニック・エージ――21世紀の国際政治』読売新聞社、一九七二年）。

（10）Dorsey, *op. cit.*, pp. 213–216 and 235–236.

（11）Jun Morikawa, *Whaling in Japan: Power, Politics and Diplomacy* (New York: Columbia University Press, 2009); Anny Wong, *The Roots of Japan's International Environmental Policies* (New York: Garland, 2001), chapter 4. 以下の諸論文は、一九八二年以降の日本の捕鯨政策を対象としている。Robert L. Friedheim, "Moderation in the Pursuit of Justice: Explaining Japan's Failure in the International Whaling Negotiations," *Ocean Development and International Law*, Vol. 27, No. 4 (1996); Keiko Hirata, "Why Japan Supports Whaling," *Journal of International Wildlife Law and Policy*, Vol. 8, No. 2–3 (2005); Atsushi Ishii and Ayako Okubo, "An Alternative Explanation of Japan's Whaling Diplomacy in the Post-Moratorium Era," *Journal of International Wildlife Law and Policy*, Vol. 10, No. 1 (2007).

（12）一九七〇年代初頭を対象としたものとしては以下の諸論文がある。信夫隆司「国連人間環境会議における商業捕鯨モラトリアム問題」『総合政策』第六巻第二号（二〇〇五年一月）；Masaru Nishikawa, "The Origin of the U.S.–Japan Dispute over the Whaling Moratorium," *Diplomatic History*, Vol. 44, No. 2 (April 2020). 以下は捕鯨問題の概観および一九八二年までの捕鯨をめぐる国際政治史の概観を提示している。石井敦「捕鯨問題の『見取り図』」石井敦編『解体新書「捕鯨論争」』（新評論、二〇一一年）；真田康弘「捕鯨問題の国際政治史」同上書；石井敦・真田康弘『クジラコンプレックス――捕鯨裁判の勝者はだれか』（東京書籍、二〇一五年）第二章。ジャーナリストの手になる同時代的な秀作としては以下がある。原剛『ザ・クジラ〔第五版〕』（文眞堂、一九九三年）。

（13）Dorsey, *op. cit.*, chapter 7.

(14) *Ibid.*, pp. 221–222.

(15) Train to Oishi, undated『国連人間環境会議（第一回）／商業捕鯨禁止問題』（外務省外交史料館所蔵文書〔以下、外交史料館と略記〕、二〇一四―五五八五）。

(16) 外務省『わが外交の近況』上巻、第一九号（一九七五年八月）https://www.mofa.go.jp/mofaj/gaiko/bluebook/1975_1/s50-2-2-6.htm#a2（二〇二二年三月三一日最終閲覧）。

(17) Dorsey, *op. cit.*, pp. 221–223; Nishikawa, "The Origin of the U.S.–Japan Dispute over the Whaling Moratorium," pp. 332–333; 樋口敏広「『環境大国』日本の原点?――1972年ストックホルム人間環境会議と日本の環境外交」波多野澄雄編『冷戦変容期の日本外交――「ひよわな大国」の危機と模索』（ミネルヴァ書房、二〇一三年）二六九―二七一頁。

(18) Dorsey, *op. cit.*, pp. 227–233 and 259–268.

(19) Thomas Borstelmann, *The 1970s: A New Global History from Civil Rights to Economic Inequality* (Princeton: Princeton Univ Press, 2011), p. 108; Iriye, *op. cit.*, pp. 143–148; Steinar Andresen and Tora Skodvin, "Non-state Influence in the International Whaling Commission, 1970 to 2006," in Michele M. Betsill and Elisabeth Corell, eds., *NGO Diplomacy: The Influence of Nongovernmental Organizations in International Environmental Negotiations* (Cambridge: The MIT Press, 2008), pp. 127–129 and 137–139; Epstein, *op. cit.*, chapter 7; 阪口功「IWCレジームの変容――活動家型NGOの戦略と規範の受容プロセス」『国際政治』第一五三号（二〇〇八年一一月）。

(20) 島一雄「海洋からの食料供給と捕鯨問題（2）」『鯨研通信』第四五四号（二〇一二年六月）https://www.icrwhale.org/pdf/geiken454.pdf（二〇二三年一月一五日最終閲覧）一二頁。

(21) 政策研究大学院大学C．O．Eオーラル・政策研究プロジェクト『「捕鯨問題」と日本外交――保護と利用をめぐる国際対立の構造』（政策研究大学院大学、二〇〇二年）八六―八七、一〇八―一〇九頁。

(22) 真田、前掲「捕鯨問題の国際政治史」九〇―九一頁。

(23) 『朝日新聞』（一九七九年七月四日）夕刊。

(24) 真田、前掲「捕鯨問題の国際政治史」九六―九八頁。

(25) Dorsey, *op. cit.*, pp. 254–255; Stoett, *op. cit.*, pp. 65–68.

(26) 島、前掲論文、四頁、坂口、前掲論文、四七―四八頁。

(27) 大隅清治「国際捕鯨取締条約の加盟国とその変遷」『鯨研通信』第三四六号（一九八二年九月）https://www.icrwhale.org/pdf/geiken346.pdf（二〇二三年一月一五日最終閲覧）；Wong, *op. cit.*, p. 96.

(28) 坂口、前掲論文、四八頁；Andresen and Skodvin, op. cit., pp. 138–139; Epstein, *op. cit.*, pp. 158–162.

(29) "Message to the International Whaling Commission," July 17, 1981, Ronald Reagan Presidential Library, https://www.reaganlibrary.gov/archives/speech/message-international-whaling-commission, accessed on October 10, 2022.

(30) Wong, *op. cit.*, p. 97.

(31) 『朝日新聞』（一九八一年七月二七日）、『読売新聞』（一九八一年七月二九日）、『毎日新聞』（一九八一年七月二七日）。

(32) 原、前掲書、二七九―二八二頁。

(33) 作成者不明「捕鯨問題に関連した米国国内法」（作成日時不明）『国際捕鯨委員会（日米捕鯨　1983年（2））』（外交史料館、二〇一九―一二九八）。

(34) 坂口、前掲論文、五一頁。

(35) 石井、前掲論文、二一―二三頁。

(36) 外相から別掲五〇公館長「IWC（最終ステートメント）」（一九八二年八月六日）『捕鯨問題（抗議・報道振り'81～'82）』（外交史料館、二〇一八―〇〇七二）。

(37) 石井、前掲論文、一五頁。

(38)『読売新聞』（一九八二年七月二六日）、『朝日新聞』（一九八二年七月二五日）、『毎日新聞』（一九八二年七月二五日）。

(39) Percy et al. to Baldrige, August 31, 1982『捕鯨問題（抗議・報道振り'81～'82）』（外交史料館、二〇一八―〇〇七二）。

(40) 原、前掲書、三七二頁。

(41)「国際捕鯨委員会第34回年次会議における3年後の商業捕鯨禁止決定に対する異議申立てについての櫻内外務大臣談話」（一九八二年一一月二日）外務省『わが外交の近況』第二七号（一九八三年一〇月）https://www.mofa.go.jp/mofaj/gaiko/bluebook/1983/s58-shiryou-214.htm（二〇二三年一〇月一〇日最終アクセス）。

(42) 溝口から外相「ほげい問題」（一九八二年一二月七日）『国際捕鯨委員会（第34回年次会合（11））』（外交史料館、二〇一九―一三〇五）。

(43) 外務省経済局漁業室「（総理訪米ブリーフ資料）捕鯨問題」（一九八三年一月）同上ファイル所収。

(44) 溝口から外相「ほげい問題（日米協議）」（一九八二年一二月六日）、溝口から外相「ほげい問題（日米協議）」（一九八二年一二月七日）、溝口から外相「ほげい問題（日米協議）」（一九八二年一二月九日）。いずれも同上ファイル所収。

(45) 経済局漁業室「第2回日米捕鯨非公式協議（議事要録）―2月24日―25日於東京（外務省）―」（一九八三年二月）同上ファイル所収、水産庁「Ⅲ 捕鯨をめぐる国際情勢」（一九八三年一〇月）『国際捕鯨委員会（日米捕鯨 １９８３年（２））』（外交史料館、二〇一九―一二九八）、石井・真田、前掲書、六一頁。

(46) 漁業室「捕鯨問題（水産庁幹部および米沢ＩＷＣ委員との意見交換）」（一九八三年三月九日）『国際捕鯨委員会（第35回年次会合（３））』（外交史料館、二〇一八―〇四三七）。

(47)『毎日新聞』（一九八一年七月二五日）。

(48) 作成者不明「米沢コミッショナーより入手（19日）」（作成年月日不明）『国際捕鯨委員会（第35回年次会合（３））』（外交史料館、二〇一八―〇四三七）。

(49) 外務省経済局漁業室「日米捕鯨協議（水産庁幹部との意見交換）」（一九八三年六月八日）同上ファイル所収。

(50) 佐藤嘉恭「捕鯨問題に関する日米協議」（一九八三年一一月二五日）『国際捕鯨委員会（日米捕鯨 １９８３年（２））』（外交史料館、二〇一九―一二九八）。

(51) 大河原から外相「日米ほげい協議（スカリー国務省極地部長との意見交換）」（一九八四年二月一六日）同上ファイル所収。

(52) 作成者不明「（参考）第36回ＩＷＣ主要決定事項」（作成年月日不明）『国際捕鯨委員会（日米捕鯨 １９８４年（１））』（外交史料館、二〇一九―一二九九）。

(53) 大河原から外相「日米ほげい協議」（一九八四年八月一三日）同上ファイル所収。

(54) 外務省経済局漁業室「新局長ブリーフィング用資料」（一九八四年一〇月一五日）『国際捕鯨委員会（日米捕鯨 １９８４年（４））』（外交史料館、二〇一九―一三〇二）。

(55) 作成者不明「次官記者懇談要旨（9月21日）」（作成年月日不明）『国際捕鯨委員会（日米捕鯨 １９８４年（３））』（外交史料館、二〇一九―一三〇一）。

(56) 外相から駐英大使「ＩＷＣ（フェイズ・アウト提案）」（一九八二年七月二三日）『国際捕鯨委員会（第34回年次会合（５））』（外交史料館、二〇一八―〇〇六八）。

(57) 長史隆『「地球社会」時代の日米関係――「友好的競争」から「同盟」へ １９７０―１９８０年』（有志舎、二〇二二年）七六―八一、一九〇―一九三、三〇〇―三〇一頁。

(58) 大河原から外相「事務連絡」（一九八四年一一月四日）『国際捕鯨委員会（日米捕鯨 １９８４年（４））』（外交史料館、二〇一九―一三〇二）。

（59）島、前掲論文、九頁。

（60）同上、九―一〇頁。

（61）『朝日新聞』（一九八六年七月二日）。

（62）原、前掲書、三七六頁、『読売新聞』（一九八五年四月五日）。

（63）石井・真田、前掲書、六一―六三頁。

（64）佐竹五六『国際化時代の日本水産業と海外漁業協力』（成山堂書店、一九九七年）一一三―一二〇頁。

（65）若松文貴「日本の調査捕鯨」岸上伸啓編『捕鯨と反捕鯨のあいだに――世界の現場と政治・倫理的問題』（臨川書店、二〇二〇年）一七五―一七六頁。

（66）Dorsey, *op. cit.*, pp. 274–277.

（67）「平成30年12月26日 内閣官房長官談話」（二〇一八年一二月二六日）、首相官邸、https://warp.ndl.go.jp/info:ndljp/pid/11547454/www.kantei.go.jp/jp/tyokan/98_abe/20181226danwa.html（二〇二三年一月一五日最終閲覧）。

（68）石井敦「日本のＩＷＣ脱退の問題点と今後の展望」、岸上編、前掲書、二〇七―二二〇頁。

（69）M. J. Heale, "Anatomy of a Scare: Yellow Peril Politics in America, 1980–1993," *Journal of American Studies*, Vol. 43, No. 1 (April 2009); John W. Dower, "Fear and Prejudice in U.S.–Japan Relations," *Japan in War and Peace: Selected Essays* (New York: New Press, 1993)／（明田川融監訳）「日米関係における恐怖と偏見」『昭和――戦争と平和の日本』（みすず書房、二〇一〇年）; Marie Thorsten, *Superhuman Japan: Knowledge, Nation and Culture in US–Japan Relations* (New York: Routledge, 2012).

〔付記〕本稿は松下幸之助記念志財団研究助成による成果の一部である。

（ちょう　ふみたか　広島市立大学）

日本国際政治学会編『国際政治』第212号「二国間と多国間をめぐる日本外交」（二〇二四年三月）

冷戦終結過程での日本の対中外交
——多国間外交の文脈のなかで——

若月秀和

はじめに

米ソ冷戦の終焉は、欧州で東欧革命からドイツ統一、ソ連崩壊と一連の劇的な事象を生んだ。これに対し、日本を取り巻く東アジアでは、欧州に比肩する大変動はなく、朝鮮分断や台湾問題が冷戦対立の残滓となって、現在に至っている。

東アジアで冷戦終焉の影響が強く現れなかったのは、この地域の冷戦対立構造が、一九七〇年代の米中和解とヴェトナム戦争の終結によって、すでに大きく変容していたためである。七〇年後半以降、ソ連の軍事力増強はあったが、中国を含めてアジアの国々の関心の重点は経済にあった。米中日がソ連に対し緩やかに連携する一方で、唯一の先進国日本が、アジア諸国の経済発展を牽引していくという国際環境は、日本外交にとり追い風であった。

ところが、一九八九年五月のゴルバチョフ書記長（Mikhail Gorbachev）訪中による中ソ関係正常化とその翌月の天安門事件、それに続く、米ソ冷戦対立それ自体の終焉が、ソ連の脅威を前提に米中両国と関係を固めるという従前の日本外交の与件を変化させる。政治社会体制の異なる中ソ両大国を、いかにして国際社会に包摂していくかという課題が浮上してくるのである。

そこで本稿では、外務省が情報開示した内部文書や当時の外交当局者たちの証言などを活用しながら、一九八九～九一年の冷戦終焉過程で、日本外交がいかなる認識をもって、どのように米国や西欧諸国と協調関係を維持しつつ、中ソ両国との関係を構築したのかについて検証・考察していく。

一　天安門事件の衝撃の中でのアルシュ・サミット

(1) 贖罪感と中ソ接近の懸念

一九八九年六月四日の天安門事件は、七〇年代以降、比較的に順調に推移してきた日本の対アジア外交にとって久方ぶりの大きな試練となった。対中制裁措置をめぐり、中国と欧米諸国の狭間に立たされたのである。(1)

事件翌日の五日、国会の所信表明で、宇野宗佑首相は、事件は中国の「内政問題」であるとして、同事件への言及を控えた。(2) そして七日の衆議院本会議で、日中関係の歴史的特殊性に鑑み、「あえて黒白をつけたような発言は避けるべき」と発言し、翌日の参議院本会議では、「制裁措置をとることは、隣国に礼を失することになる」と述べ、制裁措置に否定的な見解を示す。(3)

また九日、北京の中島敏次郎中国大使は本省への意見具申の中で、事件を「内政問題」としたうえで、「諸外国の対中圧力」によって中国指導部の方針を変更させるのは不可能であり、却って、「益々その対外態度を硬直化する危険がある」と指摘した。そして、「事態のかかる発展は、中ソ正常化後の中国の対ソ姿勢を益々ソ連よりの方向へ押しやる」として、対中経済制裁で欧米諸国に同調しないよう進言した。(4)

(2) 制裁措置に関する米国からの働きかけ

しかし、七月のアルシュ・サミットが迫る中で、日本も米国や西欧諸国の対中姿勢を意識せざるを得なくなる。日本以外の参加国は、中国当局の武力鎮圧とその後の取り締まり強化を「強く非難」し、軍事交流及び武器輸出の停止や閣僚レベルの交流停止、経済援助中断といった措置を発表していた。(5) ブッシュ大統領（George H.W.Bush）は、日本に対して非公式に制裁措置をとるよう打診していたようだ。(6)

事実、六月一五日、訪日中のフォーヴァー国務次官補代理（Robert Fauver）が非公式の意見交換で、外務省の鈴木勝也アジア局審議官と小倉和夫経済局審議官に対し、「日本政府が on-going な対中国経済協力案件を次々と approve すれば、ワシントンを刺激することとなろう」と牽制した。(7)

これに対し、鈴木アジア局審議官は、「西側の価値観・体制とは共に異なる中国に同様の yardstick（基準（筆者追記））をあてはまるのは無理」、「（中国の改革開放の）プロセスを途絶えさせる動きは禁物」と反論した。小倉経済局審議官も、「アジアの情勢は複雑であり、全斗煥政権やマルコス政権への経協を（日本が（筆者追記））実施したとの political reality がある」と指摘した。(8)

もっとも、鈴木審議官は、将来の経済協力案件については、「遅延戦術」を用いる可能性があるし、実施の蓋然性がより低いものについては、「遅延」や「撤退」があり得るとして、日本政府として何らかの措置を採る方向性を示した。(9)

(3) 第三次円借款の凍結——「西側の一員」か「アジアの一員」か

六月二〇日、外務省は一九九〇年度から始まる第三次円借款の準備作業および新規無償援助案件を当分の間「凍結」する方針を表明し、二九日には閣僚レベルの対中接触を当面見合わせる方針を示した。(10) 二六日の米国での日米外相会談で、三塚博外相は右の方針を伝え、ベーカー国務長官（James Baker）も評価した。(11)

六月二〇日付けの外務省経済協力局が作成した「今後の対中経協

政策について」には、「西側諸国が一致して人道、人権、民主的自由等の見地から非難を高めている中で、同じ西側陣営の一員として同様の価値を信奉する我が国が大きく外れた行動に出ること（は（筆者追記））、不適当ではないか」との指摘がある。そこには、「恰も『何もなかった』如く"Business as usual"に戻るのは『日本は経済利益だけに従って動く国』との印象を高め、日本の国際的地位と責任が高まった現在、適当ではない」との認識があった。

その一方、「日中関係には、地理的近接性、戦争を含む過去の歴史的関係、及び過去一〇年の近代化・開放化政策への強力な経済協力など、欧米諸国の対中関係とは同一視できない特殊な面があるのも事実」とも指摘する。さらに、中国の安定はアジアの安定という見地から、改革開放路線の「大筋が維持される限り」、積極的な対中経済協力を推進する路線を「変更すべき理由なし」と結論付けた(12)。

六月二九日の外務省のアジア局内の課長たちによる非公式の意見交換でも、欧米諸国と異なるアプローチを採るべきとの論調が優勢であった。そこには、①中国が平和・安定的な勢力としてとどまるような外交努力を行うべき、②ＡＳＥＡＮ諸国は、民主化よりも国の安定が第一との意識があり、内政干渉を嫌う、③ＡＳＥＡＮ諸国との関係を考慮し、西側に過度に歩調を合わせるべきでない、という認識があった(13)。唯一、田中均北東アジア課長が、「西側のパーセプションを考えるべし」と指摘し、「人権問題については、認識が違ってもよいと言っても西側諸国には通用しないのではないか。むしろ『Japan bashing』の材料となる惧れあり」と警告した(14)。

意見交換の最後、阿南惟茂中国課長が、サミットでの対中宥和姿勢が対米関係悪化に繋がることに北米局が危機感を抱いていると言及しつつ、「現実には西側のスタンスをとって信用を確かなものにしてから、アジアの状況・感情を西側に対して代弁していく」と締めくくった(15)。中国への経済技術援助を事実上凍結する一方、強い対中非難を抑制していくのが、日本の基本的立場となった。

(4)　欧米と日本との間のソ連観の乖離

六月一五日付けで外務省情報調査局が作成した極秘扱いの文書には、西側諸国が対ソ連で結束するという従前のサミットの構図が転換することへの警戒感が示されていた。すなわち、ゴルバチョフ書記長のＧ７首脳への外交攻勢が、「西側の統一ポジションの文章化を難しくする」との懸念が示されるとともに、仏革命から二〇〇年という節目ゆえに、中国問題の取り上げ方に困難を来すことを予測する(16)。

さらに、「現在、欧州で進められている東西関係の再構築に対する欧米諸国の思い入れがあり、ゴルバチョフの『新思考』外交はそれを加速し、ひいては中国に対して厳しい姿勢が出てくる素地を作り出している」ことは、「（サミットでの（筆者追記））中国に対してより厳しく、ソ連に対してはより穏やかな対応という結果」という「我が国にとって最も望ましくないシナリオ」を惹起すると展望した(17)。中国に対し、欧米からの批判の矛先が集中する事態は避けたかった。

(5) 中国に関する宣言をめぐって――孤立する日本

六月二七日、欧州共同体（ＥＣ）理事会宣言は、人権問題の提起や軍事協力・武器輸出の停止、新規の経済協力プロジェクトの延期といった対中制裁措置を発表した。一方、米国は、対中制裁措置を発表した二三日、中国の人権問題について「サミット参加国のいずれかにでも躊躇が見られれば、米議会はその国を強く批判することが明らか」と表明していた(18)。

七月一日付けの外務省の情報調査局の文書は、各国が共同で中国に対処する印象を回避すべく、過去にとった各国の制裁措置について「サミットの宣言の中で言及しない方が望ましい」とした。また「（今後の制裁〔筆者追記〕）措置の呼び掛けに対して基本的には反対」と論じる。そして、①中国との関係重視、②中国国民を犠牲にしない、③開放・改革政策を支持などに言及すべきと主張している(19)。六月三〇日、一時帰国したサミットのシェルパ役である外務省の國廣道彦外務審議官に対し、宇野首相は、「具体的制裁措置を書き込むことは日本一国になっても反対すべきである」と指示した(20)。

七月七日のサミットの準備会合で、日本の孤立は明確となった。議長国のフランスのアタリ大統領特別補佐官（Jacques Attali）が、中国問題についての宣言発出の是非を尋ねた際、日本以外全てが発出に賛成したため、仏案を叩き台としての議論を強いられた(21)。そして、同宣言の第二パラグラフの措置について、日本側は、「この抑圧により我々は強い非難の気持ちを表現するため、適当な措置をとるに至った」との表現以上に具体的に書けない旨を何度も強く主張した。これに対し、米国や西独、イタリアは、議会や世論の動向を念頭に、具体的措置への言及は不可欠と主張した(22)。議長のアタリ補佐官が、「日本はやっていることを何故書けないのか」と苦言を呈するほど、日本の抵抗は突出していた(23)。

具体的な措置の言及が回避できない状況下、首相・外相以下日本側は次善の策として、「中国を孤立化させることがわれわれの意図ではない」とした文言の明記を目指した。七月一一日、この主張を持ちかけた國廣審議官に対し、マコーマック国務次官（Richard McCormack）は、「宣言文の迫力が落ちてしまう」と難色を示した。また、國廣が、「中国を孤立化させて闘争的な政権にすれば、周辺のアジア諸国が不安に陥る」と主張したのに対し、マコーマックは、欧州諸国が、日本の対中柔軟姿勢は、中国での日本の経済的利益の確保のためだと信じていると指摘した。國廣は、中国の孤立化回避の意図を宣言文に明記できないのは「理解しがたい」として、再検討を求めた(24)。

サミット二日目の七月一四日の昼食会で、宇野首相は、「中国が自ら孤立化しないような改革を進める必要がある。それまでは（西側は〔筆者追記〕）こういう姿勢をとる、我々は見守る」という案文を提案する。ここまで日本の主張を拒んできたフランスのアタリ補佐官も難渋するも、宇野はさらに押した(25)。

結局、宣言は、第二パラグラフに中国非難の文言や幾つかの制裁措置を盛り込まれたものの、第三パラグラフに「中国当局が、政治、経済改革と開放へ向けての動きを再開することにより、中国の孤立化を避け、可能な限り早期に協力関係への復帰をもたらす条件を創り出すよう期待する」とした表現も入り、バランスのとれた内容となった[26]。

(6) アジアの一員として

七月一五日の各国首脳の会合で、宇野は、右文言が入ったことについて、「中国にとっても、アジア諸国にとっても、良いメッセージ」と述べるとともに、「先般のASEAN拡大外相会議の際にも、中国の孤立化を懸念する声が強く、その点配慮が得られた」と評価した[27]。

前日一四日の外相会合で、三塚外相も、「穏健で安定した中国が、この地域のために如何に重要である」ことが、「アジア諸国のコンセンサス」となっていると述べた。そのうえで、日本が中国の孤立化回避を志向するのは、経済的利益の確保のためではなく、「アジアの平和と安定のために必要であるから」と発言している。さらに「中国は価値判断の基準が異なり」、人権に絡めて外から圧力をかけても「怒らせるだけ」とのシンガポールのリー・クアンユー首相（Lee Kuan Yew）の言葉を紹介した[28]。

宣言の文案が比較的日本が望むラインで決着したのは、「日本を孤立させることだけは絶対避けねばならない」と考える親中国派のブッシュ大統領の意向により、米国が最終的に日本の立場に与したことが大きかった[29]。米議会の空気を考えれば、大統領自身でなければ日本案への支持に踏み込めなかったであろう[30]。

(7) 日中間の齟齬——注文を付ける日本・牽制する中国

アルシュ・サミット閉会直後の七月一八日、中島中国大使は劉述卿外交部副部長に対し、日本がサミットで「一方的な声高の中国非難」に終始しないよう努力したと伝えた。そのうえで、「中国が先進民主主義諸国の標榜している基本的な諸価値に反する行動をとることは、これら諸国と中国との関係に影響せざるを得ず、結局は中国の近代化のプロセスは後退し、中国の利益にならない」と注意を促した。そして、中国が宣言文の「メッセージを正確に受け取り」、改革開放政策へのコミットメントを適切な行動により示すことを求めた[31]。

これに対し、劉述卿副部長は、サミットが中国内政への干渉を行ったと強く非難し、「中国は如何なる国に対しても申し訳ないことはしていない」と断言した。また、他のアジア諸国を引き合いにして日本の対応への不満を漏らしつつ、日本が西側諸国に追随しないよう牽制した[32]。

それでも、日本は中国に対して関係改善のシグナルを送り続ける。八月一日のパリにおけるカンボジア国際会議で、三塚外相は銭其琛外交部長に対し、中国の改革開放政策堅持の意向表明に、「勇気付けられている」としつつ、日中間の経済協力について、「今後平静に復せばこれは再開され、また、新たなプロジェクトの検討に入ることも可能である」と述べた[33]。

二　中国や東西関係に関する日米間の認識調整

(1)　段階的な対中協力再開への模索

サミット直後の七月二三日の参議院選挙で自民党が惨敗した結果、宇野内閣は僅か二か月で退陣し、八月九日に海部俊樹内閣が成立した。一一日、『人民日報』の記者に対し、海部首相は、「中国は永遠に重要な隣国である」として、日本として改革開放路線に「好意的に協力」すると表明した。(34)

新内閣発足直前の七日に中国課が作成した文書では、「最近、中国からは日本の取っている行動は事実上の『制裁』に等しいとの不満も聞かれる」と指摘すると同時に、「民間の対中案件意欲の冷え込み」への懸念が示されていた。(35)また、その付属文書には、経済協力の中断状態継続は、「中国経済が深刻な事態」になる可能性への言及があった。したがって、「中国側の前向きな対応」を待たずに、「日本側の判断で徐々に（経済協力を）再開することを検討する必要」と結論付けた。(36)

八月一八日、北京市以外の地域における渡航自粛勧告が解除された。これにより、北京以外で事実上中断状態にあった経済協力案件は、「問題のないところから徐々に活動」を再開する一方、「第三次円借款を含む新規案件の授与」については、「現地情勢の帰趨、国際的動向、実施中案件の進捗振り等を見極めつつ」、慎重に検討するとされた。(37)

北京以外への渡航自粛勧告が解除されたその日、外務省の松浦晃一郎経済協力局長は、東京の米国大使館のブラウン参事官（David Brown）に対し、中国側が第三次円借款実施に向け、早期の事務的な話し合いを懇願していると明かし、慎重に検討していくと伝えた。さらに、松浦局長は、「我々として、世銀やアジア銀行の対中新規融資案件に反対の意向を表明しておきながら、日本だけが先駆けて新規融資案件を進める訳にはいかない」と述べた。これに対し、ブラウンも、「日本政府の一連の協調政策を評価している」と発言した。(38)

(2)　日米両首脳の楽観的な中国観

九月二日の米国での首脳会談において、海部は、「自由と民主主義を基本とする中国」が西側にとって望ましいとの見地から、その改革開放政策に「出来る限り協力していきたい」と述べた。これに対し、ブッシュは、「日本、欧州の友好国と共に中国に対して臨めば、われわれにとり地政学上、戦略上重要な中国との関係を正しく維持できる」と応じている。(39)両首脳のやり取りから、中国がこのまま改革開放政策を進めていくと自由民主主義体制へと移行するとの楽観論に基づき、日米が共同歩調で従来の対中政策を推進していくとの方向性が読み取れる。

同時に行われた日米外相会談では、中山太郎外相がベーカー国務長官に対し、①国際金融機関の対中融資を見合わせるべき状態は依然変化していない、②バイの援助については、継続案件のうち停止されていたものは状況の許すところから再開されているが、新規案件については引き続き慎重に対応する、と説明した。同席の鈴木アジア局審議官も、「中国にいる日本人のビジネスマンの数は未だ事件前の水準には、はるかに及ばない」と説明した。(40) 対中経済協力の再開にあたり、日本は先走っているように見えないよう米国側に配慮していた。

(3) 根強い日本の対ソ警戒感

日米両首脳は東西関係でも意見を交換した。ブッシュは、「現在のソ連における状況は、米、欧、日の自由民主主義国家にとり大きな機会を提供するもの」と述べると、海部も米ソ関係が「一歩二歩」と前進することに期待を表明しつつ、対ソ政策での日米連携の必要性を語った。(41)

しかし、同日夕方における海部とチェイニー国防長官（Dick Cheney）との会談は、日米双方がソ連に対してあからさまに警戒感を表明する場となった。

チェイニー国防長官は、通常・戦略兵器両面での「ソ連の兵力近代化努力が一貫して継続していることを直視」するべきと指摘した。すなわち、ソ連が「緊張緩和」の動きを見せるのは、「相当程度西側からの先端技術の入手」のためであり、ソ連の脅威は、「数的減少を補って余りあるような質的向上が図れており、脅威は引き続き存続している」と注意を喚起し、日米両国の防衛力整備の必要性を強調した。

一方、海部も、「ソ連の兵力削減は、結局、老朽化して不要となった兵器の払い下げ」であり、「国際軍事安全保障に係る現実は基本的には変化していない」と応じた。そのうえで、中期防衛力整備計画の達成に加え、日米安保条約の枠内で対米支援・協力措置を着実に推進すると約束した。(42) 冷戦終結直前のこの時期にあっても、双方とも東西冷戦対立の思考を維持していたのである。

三　第三次円借款の「凍結」解除のプロセスへ

(1) 経済界を通じた中国からの圧力

中国は日本の経済界を通して、早期の経済協力の正常化を働きかける。一一月に訪中した日中経済協会代表団に対し、李鵬首相は、対中制裁について、「何らかの形で制裁する側にも跳ね返ってくることも間違いない」と牽制した。そして、「フランスは政治的には対中態度は最も厳しい（悪い）が、経済界の人々は政府より柔軟で弾力的」と引き合いに出しつつ、「口ではあまり言わないが、実際的には逆に（制裁を）行っているところもある」として暗に日本の対応を当てこすった。他方、中日友好関係は「我々の前の世代の政治家、経済人や友好人士の共同の努力」の所産だとして、「この関係が我々の世代で阻害されないよう希望」すると発言する。これに対し、代表団団長の斉藤英四郎最高顧問（経団連会長）も強く賛同する。(43)

その後帰国した斉藤団長らは、中山外相に対し早期の対中関係改善を要望した。特に、李鵬首相が、第三次円借款の再開を強く求め、「米国等に目立たない形で調査団の派遣を行うなど、事前準備を進め、公に再開となった時点で直ちに実施に移れるようにしてはどうかとの現実的提案もあった」と伝えている。さらに、斉藤らは、対中経済制裁解除にあたって日本が「米国を説得するぐらいのイニシアティブをとるべき」と主張し、米国追随では中国その他アジア諸国に評価されないと主張した(44)。

(2) 第二の「米中頭越し」

日中経済協会代表団の訪中の直後の一一月一八日、呉学謙副首相は橋本恕中国大使に対し、「米国の政府の中にも一部の人は中国に対し積極的な対応をしている」と言及した。さらに、九月の日中友好議員連盟の伊東正義会長の訪中を契機に両国間の民間交流が回復してきた点に触れ、「民間の積極的動きに、日本政府が遅れをとらないようにしてほしい」と注文した(45)。

これに対し、橋本大使は、「問題は、高官の往来と第三次円借款の二つ」と指摘した。そのうえで、①日本国民の中に、六月の天安門事件に関連して中国に対する批判的意見が少なからず存在すること、②日本には日中友好の政策とともに、西側の一員であるとの基本政策があり、他の西側諸国の意向を考慮に入れる必要があるので、二つの問題解決には時間が必要と説明した(46)。

右の「米国の政府の中にも……」と呉学兼が示唆したように、ブッシュ政権は慎重に対中融和に動いていた。一二月、冷戦終結を宣言したマルタでの米ソ首脳会談の直後、スコウクロフト大統領補佐官（Brent Scowcroft）が訪中したばかりか、その直後、天安門事件直後の七月にも同補佐官が訪中していたことが判明した。

一九七一年のキッシンジャー補佐官（Henry Kissinger）の極秘訪中以来の「頭越し外交」の再現である。対中強硬派の多い米議会はむろん、日本の外務省にも強い怒りが起きる。通常対米配慮をする北米局も憤慨して、米国側に厳重抗議の電報を送ったという(47)。これまで、米国政府は対中制裁措置で日本に他の西側諸国と足並みを揃えるよう要請していたからである。

しかし、当時の外務審議官の栗山尚一は、米補佐官の訪中に「日本としては怒り心頭」であったとしつつも、日本は対中円借款の早期凍結解除を志向していたので、米国の対中柔軟姿勢は「渡りに船」であり、日本が米国の姿勢を「利用した面がある」と証言する(48)。

(3) 戒厳令解除を梃に

年が明けた一九九〇年一月一〇日、中国政府は北京に出されていた戒厳令を解除した。この戒厳令解除の狙いについて、外務省は、「西側諸国、特に日本、米国との関係改善」、「米議会再開（一月二三日）前にシグナルを送る要あり」と解した(49)。その一方で、「これを以って、一挙に日中関係が旧に復することにはならない」とも見ていた(50)。

それでも、日本政府は今後の中国に対する働きかけとして、①鄒家華中国国務委員兼国家計画委員会主任を外務省賓客として招請（一月一六〜二五日）、②松浦晃一郎経済協力局長を中国に派遣（一月一八〜二〇日）、の二つを実施した。

鄒家華国務委員招請は、中国側から「改革・開放政策の現状と展望、並びに具体的施策につき明確な説明を聴取する」ことが目的であった。松浦経済協力局長の訪中は、「現状についてのレビューを含め全般的な意見交換をすること」を通じ、「対中関係改善のプロセスに弾みがつき、今後の第三次円借款を含む新規案件供与実施のための環境」を整備するということであった[51]。

訪中した松浦局長は、①第二次円借款による継続事業は止めない、②無償資金協力は進める、③第三次円借款は今年の米ヒューストンでのG7サミットまでは動かせないが、中国や国際社会の情勢を見ながら準備を進める、の三点を中国側に伝えた。松浦は担当局長として、第三次円借款の実施に尽力したが、「天安門事件後も（李鵬と鄧小平の）二人に力がある間は、日中の経済関係が深まれば政治関係も深まると思えました」と回想する[52]。

四　欧米諸国への根回しから凍結解除へ

(1) 海部首相の欧州歴訪

一九九〇年一月、欧州各国を歴訪した海部首相は、中国問題について各国首脳に働きかけを行った。すなわち、中国の孤立化を避けつつ、その改革開放路線を定着させ、「中国の民主化・近代化を働きかけていく」というものであった[53]。これに対して、欧州各国首脳も、「世論の問題があり、対中国政策は極めて控えめなものとならざるを得ない」（コール西独首相（Helmut Kohl））としながらも、基本的には対中国関係改善への意欲を示唆した[54]。

他方、海部の対ソ観は依然シビアであり、アンドレオッティ伊首相（Giulio Andreotti）に対し、ソ連の「新思考外交」は欧州ではともかく、「アジア太平洋」では未だ出現していないと指摘した。また、ゴルバチョフの政権が民族問題や経済悪化に直面していると評した[55]。

これに対して、前月にゴルバチョフと会談したアンドレオッティは、ソ連の改革に楽観的な展望を示すとともに、「ソ連の新思考外交は全体の方向としてはアジアにも現れてくると思う」と見通しを語った[56]。サッチャー英首相（Margaret Thatcher）も、「ソ連・東欧諸国が完全な民主主義、一層の自由化、法の支配の下での体制に移行するよう支援する必要がある」と指摘し、「ゴルバチョフ政権が継続することが西側の利益」と説いた[57]。

(2) 共同歩調を求める米国――パームスプリングスでの日米首脳会談

一九九〇年三月二日、海部はパームスプリングスでの日米首脳会談に臨んだ。夕食会で、ブッシュが、「対中政策について日米間で足並みを揃えていくことが、中国の変革を実現する上で重要と考えるところ」と述べた。また、「李鵬は強硬派であるが、江沢民は現実的であり、後者とは、いずれ上手くやっていけるような気がする」と評した。そのうえで、「趙紫陽の復権、江沢民の李鵬離れ等の事態」により、「中国に穏健な政権が成立」し、「対中関係を改善できる状況が生まれること」への期待を表明した[58]。海部も、「国民あっての国家」という見地から「個人の人権」の重要性を中国側に主張してきたと述べた[59]。

また翌三日の二回目の首脳会談で、海部は、「わが国としては今後中国が開放政策の継続を促進するための措置につき予備的準備を行っている」と発言した。そのうえで、「最終決定に至るまでにはさらに中国情勢を見守るとともに米との協調を行って参りたい」と語った。一方、ブッシュも、「米国と協調するとの点を歓迎する」としながら、中国の人権状況に懸念を表明した(60)。

外相会談でも、ベーカー国務長官が、中国の孤立化を回避しつつ、「制裁を維持する」と説明した。また、国際金融機関の対中融資に関し、「全面的反対」から「ベーシック・ヒューマン・ニーズ（BHN）」関連に限り条件的に認める方針に変更したと述べた。さらに、高いレベルの中国との交流については、少人数のものを認めつつも、大人数の交流は反対との方針と語った。そして、関係改善のための中国側の努力が不十分だと指摘した(61)。

一方、中山外相は、日本として中国要人に対し、「日中関係を改善したければ、米中関係を改善する努力をしなさい」と伝えていると応答した。また中国への第三次円借款について、BHN関連のものは、「前向きに検討していく考えである」と述べた(62)。日本側としても、あくまで米国と歩調を合わせる姿勢を示した。

その後、小和田恆外務審議官とキミット国務次官（Robert M.Kimmitt）がやり取りしながら、七月のヒューストン・サミットに向け対中政策を調整した。そうしたなか、五月、中国が天安門事件の逮捕者の釈放を追加で行うと、米国はブッシュ自身が中国への最恵国待遇を一年間延長すると表明する。六月に入ると中国は、さらに逮捕者を釈放し、二五日には民主化運動の指導者である方励之の出国を認めるに至る(63)。

(3) ヒューストン・サミット——円借款再開の条件付き承認と対ソ金融支援

七月のヒューストン・サミットで、海部や中山は、①政治改革や人権問題に関する過去一年間の中国側の努力はそれなりに評価すべきだし、その方が同国の改革派にプラスになる、②中国を孤立化させてはいけない、③経済発展により改革あるいは人権問題の改善が進むであろう、の三点を力説した。

中国の人権問題や政治改革に実質的な進展がないにもかかわらず、制裁措置を緩和することに対し、フランスの批判は根強かった。また米国も、今般のサミットで中国に対する制裁措置を全面解除するようなことになれば、議会の反発が激しくなることもあり、制裁解除にブッシュ政権も厳しくならざるをえなかった(64)。それでも、第三次円借款の再開を主張する海部に対し、ブッシュが中国の隣国という日本の立場に鑑み、漸進的な形でと条件を付けて、円借款の再開を事実上認めた(65)。

サミットではソ連に対する金融支援も議題となった。サミット参加各国は、ペレストロイカの成功を期すための知的支援や技術協力を行うところまでは足並みが揃っているものの、さらなる資金供与の是非については立場が分かれていた。資金協力に前向きなのは独仏伊三国であるのに対し、日米両国は慎重であった。その理由は、①ソ連の経済改革、市場経済への移行が明確でない、②ソ連は軍事大国であって、西側からの資金供与が、そのまま軍事面に使われる可能性がある、③キューバやヴェトナムなど地域紛争の原因になっている国に対する援助を、ソ連が行っている、というものであった(66)。

特に海部や中山は、極東ソ連軍の大幅な削減は依然見られないし、「ソ連の拡張主義の所産」たる北方領土問題も未解決であり、「新思考外交」がアジア太平洋地域に及んでいない以上、「日本として資金供与を行う立場」にないと発言した。資金協力にあたっての中国・ソ連に対する日本の姿勢の落差を問われた際、海部は、「中国の経済改革の方がソ連よりずっと進んでいる」と反論した(67)。

こうした日本の働きかけもあり、サミットの経済宣言で、対ソ支援に関し、①ソ連の改革が進むこと、②軍需の民需への転換、③紛争助長国への支援の停止という三つの条件を付されたのに加え、北方領土問題の重要性も明記された(68)。

五　冷戦終焉を認識し始める日本

(1)　アジア・太平洋地域の安全保障問題に関するソ連との対話

それでも、日本のソ連に対する見方も、ようやく変化し始めた。一九九〇年九月末、訪米した海部は記者会見で、韓ソ国交樹立や日朝対話の開始を例に「最近の東西対立の緩和という、好ましい歴史の流れがアジアに及んできた」と発言した。そのうえで、翌年四月予定のゴルバチョフ訪日に言及し、領土問題を乗り越えて、ソ連の改革に日本も充分な協力を行いたいと表明した(69)。

外務省北米局が一九九〇年一〇月に作成した内部文書は、「米ソ間の緊張緩和をうけての国際関係の構造変化」は、「アジアにも着実に及びつつあり」との認識をもとに、「日米安保体制を含むアジア・太平洋の安全保障のあり方が新たに問われている」と指摘していた。そのうえで、「ソ連の強大な軍事力、朝鮮半島における緊張といった既存の枠組みの前提が今後緩んでいった場合、アジア・太平洋において、仮想敵国を前提としない集団安全保障体制の枠組み」が「究極的な姿」として想定されていた(70)。

しかし、一九九一年四月のゴルバチョフ大統領の訪日は、彼の権力基盤が大幅に弱体化していたこともあり、日ソ関係の大きな転換点とはならなかった。首脳会談後に発表された共同声明には、両国が北方四島の帰属を含めて平和条約問題を話し合ったことが表記されるに止まった(71)。

確かに、ゴルバチョフを招待した一九九一年七月のロンドン・サミットの冒頭発言で、海部は、「ソ連が新しい国際秩序の中で建設的なパートナーになってもらうために」、ソ連を世界経済に統合し、国内の民主化と人権状況改善を求めた。その一方で、領土問題に言及しつつ、「新思考外交」がアジア太平洋地域に及んでいない以上、対ソ金融支援に慎重な立場をとると表明した(72)。このサミットから僅か一か月後、ソ連で保守派のクーデターが発生し、一二月にはソ連自体が崩壊する。

(2)　海部首相訪中――日本の対中外交の変化の兆し

一九九〇年七月のヒューストン・サミット終了後、小和田恆外務審議官が首相特使として訪中し、中国に第三次対中円借款再開を伝え、一一月には、第三次対中円借款の凍結解除が閣議決定された。そして、関係の全面的正常化の総仕上げとして、一九九一年八月、

海部首相が訪中した。(73)

李鵬首相との会談で、海部は対中経済協力に積極的な姿勢を示しつつ、日本の経済協力の「四指針」を念頭に置くよう求めた。すなわち、①軍事面での支出の動向、②武器輸出の動向、③市場経済導入の努力、④民主化の努力や基本的人権の状況、である。(74)この「四指針」は、訪中前の四月の参議院予算委員会で、海部が示したものである。同指針を作る契機となったのは、湾岸危機や東欧・ソ連の変革であった。開発途上国についても、民主化、市場経済の導入、人権の尊重が推進されるべきであるという議論が強まっていた。同指針が、翌一九九二年のODA大綱につながる。(75)

海部が提示した指針について、李鵬は、①中国の防衛費は日本の五分の一であり、決して多い額でない、②イラクに武器を大量に輸出した米国やソ連が注意すべき、と反論した。さらに、海部は、中国の核不拡散条約（NPT）への参加を要請し、通常兵器移転の国連報告制度についても賛同を求めた。これに対し、李鵬は、中国のNPT原則参加を表明する一方で、通常兵器移転の国連報告制度については、「実行可能性を検討中」と述べるに止まった。(76)

今回の訪中にあたり、日本側は、「世界の平和の問題に積極的な姿勢を示す中国、中国をその方向に誘導する日本」という「国際社会に理解される」日中関係の構築を目指していた。特に、天安門事件後、初のG7参加国首脳の訪中であるだけに、西側を中心とした国際社会が強い関心を持つ事項について、日本の立場を「明確に伝えて頂く必要」があった。(77)日本の対中外交もより自己主張を含む形に変化し始めていた。

おわりに

冷戦終焉期の日本外交の軌跡を検証して、印象付けられるのは、ソ連の脅威を前提に、あくまで中国の改革開放路線を支援していく路線を固守した点である。また、サミットという多国間外交の場で、G7の立場が中国に対し強硬な方向に傾斜しないよう働きかけるとともに、米国や西欧諸国との二国間外交のレベルでも、円借款再開に向けて周到に根回しを行う。そこには、民主主義や人権など欧米の価値観を一方的に、中国に押し付けるべきでないという認識があった。その認識は、ASEAN諸国と共有するものであった。当時の日本外交は、多国間外交と二国間外交を連関させつつ、「西側の一員」と「アジアの一員」の立場との両立を図ったのである。

他方、日本政府は、冷戦対立の思考から抜けられず、「ゴルバチョフの新思考外交は、アジアには及んでいない」との主張を頑なに繰り返し、対ソ外交で後手に回ってしまった。政治家も外交当局者も領土問題に囚われ、ソ連を地域秩序にどのように包摂するかという発想は乏しかった。日本にとっては、一九七〇年代後半以来の「米中日対ソ」の構図を前提にして、対アジア外交を展開している方が心安かったのかもしれない。

しかし、日本は中国への関与政策を堅持し、推進していく一方で、冷戦時代よりも、民主主義や人権といった西側の価値観や武器輸出規制などグローバルな問題を、日中二国間関係に投影するようになっていた。その触媒となったのがソ連や東欧の政治変革や湾岸危機であった。一九九〇年代が進むにつれて、日本の対中外交において、過去の贖罪感や「アジアの一員」同士という連帯感が低減し、普遍的な価値観や現実主義的な安全保障認識が次第に重要な位置を占めるようになる。一九九一年の海部訪中は、日中関係のそのような変化の始まりを画すものであった。

（1）徐承元『日本の経済外交と中国』慶應義塾大学出版会、二〇〇四年、一七三頁。
（2）折田正樹（服部龍二・白鳥潤一郎編）『外交証言録 湾岸戦争・普天間問題・イラク戦争』岩波書店、二〇一三年、八八頁。
（3）三宅康之「六・四（第二次天安門）事件 1989—91年」高原明生・服部龍二編『日中関係史 1972—2012 I政治』東京大学出版会、二〇一二年、二三六頁。
（4）中島大使発外務大臣宛て電信第二七二〇号「日中関係（意見具申）」（平成元年六月九日）、一—二頁、戦後外交記録「天安門事件（現地情勢と日本の対応）」二〇二〇—〇五四五、外務省外交史料館。以下、外史と記載。
（5）中国課「中国問題（サミット関係国の反応）」（平成元年七月三日）、一頁、戦後外交記録「天安門事件（アルシュサミット）」二〇二〇—〇五四九、外史。
（6）徐顕芬『日本の対中ＯＤＡ外交』勁草書房、二〇一一年、一六三頁。
（7）報告・供覧「中国及びアジア太平洋問題に関するフォーヴァー国務次官補代理との懇談」（平成元年六月一五日）、三—四頁、戦後外交記録「天安門事件（アルシュサミット）」二〇二〇—〇五四九、外史。
（8）同右、六頁。
（9）同右、五—六頁。
（10）三宅、前掲論文、二三八頁。
（11）外務省「我が国対中経済協力」（平成元年六月二七日）、戦後外交記録「サミット第一五回アルシュ会議（中国に関する宣言）」二〇二〇—〇五五五、外史。
（12）経協政策課「今後の対中経協政策について」（平成元年度六月二〇日）、二頁、戦後外交記録「天安門事件（二国間協力等）」二〇二〇—〇五四六、外史。
（13）中国課「今次中国情勢のアジア諸国に及ぼす影響に関する非公式意見交換（メモ）」（平成元年六月二九日）、一—三頁、戦後外交記録「サミット第一五回アルシュ会議（中国に関する宣言）」二〇二〇—〇五五五、外史。
（14）同右、三頁。
（15）同右、四頁。
（16）情報調査局「アルシュ・サミット（政治問題をめぐる動き——東西関係を中心に）」（一九八九年六月一五日）、一頁、戦後外交記録「天安門事件（アルシュサミット）」二〇二〇—〇五四七、外史。
（17）同右。
（18）前掲「中国問題（サミット関係国の反応）」、二、六—七頁。
（19）情報企画課「サミットにおける中国への言及振りについて（第二案）」（平成元年七月一日）、二頁、戦後外交記録「サミット第一五回アルシュ会議（中国に関する宣言）」二〇二〇—〇五五五、外史。
（20）國廣道彦（服部龍二・白鳥潤一郎編）『回想「経済大国」時代の日本外交——アメリカ・中国・インドネシア』吉田書店、二〇一六年、二九一頁。
（21）木内大使発外務大臣あて電信第三二四三号「アルシュ・サミット政治問題（中国）」（平成元年七月八日）、一頁、戦後外交記録「天安門事件（アルシュサミット）」二〇二〇—〇五四七、外史。
（22）同右、二頁。

(23) 同右、二―三頁。
(24) 木内大使発外務大臣宛て電信（電信番号なし・総番号R127052）「部内連絡」（平成元年七月一一日）、一―二頁、戦後外交記録「天安門事件（アルシュサミット）」二〇二〇―〇五四七、外史。
(25)「中国問題に関する総理とアタリ補佐官の会話（七／一四昼食会）」、一―二頁、戦後外交記録「サミット第一五回アルシュ会議（報告）」二〇二〇―〇五五六、外史。
(26) 外務省「中国に関する宣言（仮訳）」（平成元年七月一五日）、戦後外交記録「サミット第一五回アルシュ会議（中国に関する宣言）」二〇二〇―〇五五五、外史。
(27) 外務省経済局・情報調査局「アルシュ・サミット――第二日目、一五日午前の模様」（平成元年七月一五日）、戦後外交記録「天安門事件（アルシュサミット）」二〇二〇―〇五四七、外史。
(28) 木内大使発外務大臣宛て電信（電信番号なし・総番号R129927）「アルシュ・サミット（外相個別会合）」（平成元年七月一六日）、三―四、八―九頁、戦後外交記録「サミット第一五回アルシュ会議（報告）」二〇二〇―〇五五六、外史。
(29) 松永大使発外務大臣宛て電信第七九三三号「アルシュ・サミット政治宣言（後日談）」（平成元年九月八日）、戦後外交記録「天安門事件（アルシュサミット）」二〇二〇―〇五四七、外史。
(30) 國廣、前掲書、三〇三頁。
(31) 中島大使発外務大臣宛て電信第三四〇一号「中国外交部への申し入れ（アルシュ・サミット）」（平成元年七月一九日）、一―二頁、戦後外交記録「サミット第一五回アルシュ会議（中国に関する宣言）」二〇二二―〇五五五、外史。
(32) 同右、二―四頁。
(33) 木内大使発外務大臣宛て電信第三六八一号「日中外相会談」（平成元年八月一日）、三―四頁、戦後外交記録「天安門事件以降日中関係、国会答弁等」二〇二〇―〇五五三、外史。
(34) 三宅、前掲論文、二四二―二四三頁。
(35) 中国課「今後の対中政策―中国情勢に関する特別検討会議（最終回）用資料」（平成元年八月七日）、戦後外交記録「天安門事件（現地情勢と日本の対応）」二〇二〇―〇〇四五、外史。
(36)「とりあえずの対中政策の取り進め方（アジア局長用メモ）」、一頁、戦後外交記録「天安門事件（現地情勢と日本の対応）」二〇二〇―〇〇四五、外史。
(37) 同右。
(38) 外務大臣発米大使宛て電信第四六七三号「我が国の対中国経済協力（ブラウン参事官と松浦経協局長との会談）」（平成元年八月一八日）、三頁、戦後外交記録「天安門事件（二国間協力）」二〇二〇―〇五四六、外史。
(39) 松永大使発外務大臣宛て電信第七七九二号「総理訪米（日米首脳会談―全体会合―中国）」（平成元年九月二日）、一頁、戦後外交記録「海部総理米国、カナダ、メキシコ訪問（一九八九年）／米国」二〇二〇―〇五三六、外史。
(40) 松永大使発外務大臣宛て電信第七七七四号「日米外相会談（中国）」（平成元年九月二日）、戦後外交記録「海部総理米国、カナダ、メキシコ訪問（一九八九年）／米国」二〇二〇―〇五三六、外史。
(41) 松永大使発外務大臣宛て電信第七七九四号「総理訪米（日米首脳会談―全体会合―東西・米ソ関係）」（平成元年九月二日）、戦後外交記録「海部総理米国、カナダ、メキシコ訪問（一九八九年）／米国」二〇二〇―〇五三六、外史。
(42) 松永大使発外務大臣宛て電信第七七九五号「総理訪米（「チェ」国防長官の表けい）」（平成元年九月二日）、一―三頁、戦後外交記録「海部総理米国、カナダ、メキシコ訪問（一九八九年）／米国」二〇二〇―〇五三六、外史。
(43) 報告・供覧「日中経済協会代表団の訪中（同協会作成の会談・会議記録要旨）」（平成元年一一月二一日）、六―七頁、戦後外交記録「天安門事件以降日中関係、国会答弁等」二〇二〇―〇五五三、外史。

(44) 報告・供覧「斉藤英四郎経団連会長他の中山大臣来訪」（平成元年一一月一五日）、一―二頁、戦後外交記録「天安門事件以降日中関係、国会答弁等」二〇二〇―〇五五三、外史。

(45) 橋本大使発外務大臣宛て電信第五〇二九号「日中関係（本使のゴ・ガクケンとの会談）」（平成元年一一月二〇日）、一頁、戦後外交記録「天安門事件以降日中関係、国会答弁等」二〇二〇―〇五五三、外史。

(46) 同右、一―二頁。

(47) 谷野作太郎（服部龍二・若月秀和・昇亜美子編）『外交証言録 アジア外交 回顧と考察』岩波書店、二〇一五年、一八六頁。

(48) 城山英巳『天安門ファイル――極秘記録から読み解く日本外交の「失敗」』中央公論新社、二〇二二年、三七一頁。

(49) 「当面の対中政策の取り進め方（含北京戒厳令解除）」（平成二年年一月一一日）、戦後外交記録「天安門事件（戒厳令解除等）」二〇二〇―〇五五一、外史。

(50) 中国課「北京の戒厳令解除」（平成二年一月九日）、戦後外交記録「天安門事件（戒厳令解除等）」二〇二〇―〇五五一、外史。

(51) 中国課・経済協力政策課「当面の対中政策（鄒家華国務委員訪日、松浦経協局長の中国派遣）」（平成二年一月一〇日）、戦後外交記録「天安門事件（戒厳令解除等）」二〇二〇―〇五五一、外史。

(52) 松浦晃一郎（元ユネスコ事務局長）「対中ODAが改革開放を支えた」（朝日新聞デジタル・二〇二二年八月一三日配信）。https://www.asahi.com/articles/ASQ8D4GMZQ89UTFK01D.html、二〇二二年一二月一〇日に参照。

(53) 木村大使発外務大臣宛て電信第八七号「総理訪欧（日独首のう会談・対中関係）」（平成二年一月一〇日）、一頁、戦後外交記録「海部総理欧州諸国訪問（一九九〇年）／会談記録」二〇二一―〇五二一、外史。／千葉大使発外務大臣宛て電信第二四一号「日英首のう会談（中国）」（平成二年一月一二日）、一頁、戦後外交記録「海部総理欧州諸国訪問（一九九〇年）／会談記録」二〇二一―〇五二一、外史。

(54) 外務省欧亜局「海部総理訪欧の概要」（平成二年一月一八日）、三―四頁、戦後外交記録「海部総理欧州諸国訪問（一九九〇年）／評価、結果、プレス」二〇二一―〇五二二、外史。

(55) 手島大使発外務大臣宛て電信第一四六号「総理訪欧（日イ首のう会談）」（平成二年一月一三日）、五頁、戦後外交記録「海部総理欧州諸国訪問（一九九〇年）／会談記録」二〇二一―〇五二一、外史。

(56) 同右。

(57) 千葉大使発外務大臣宛て電信第二四〇号「日英首のう会談（ソ連・東欧）」（平成二年一月一二日）、一頁、戦後外交記録「海部総理欧州諸国訪問（一九九〇年）／会談記録」二〇二一―〇五二一、外史。

(58) 外務大臣発在米大使宛て電信第一二八七号「総理訪米（夕食会での両首脳の意見交換：中国）」（平成二年三月三日）、戦後外交記録「海部総理米国訪問（一九九〇）」二〇二一―〇五二四、外史。

(59) 同右。

(60) 荒船総領事発外務大臣宛て電信第一八七号「海部総理の訪米（第二回首のう会談）（三の一）」（平成二年三月四日）、一―二頁、戦後外交記録「海部総理米国訪問（一九九〇）」二〇二一―〇五二四、外史。

(61) 外務大臣発在米大使宛て電信第一二八三号「総理訪米（第二回外相会談：中国）」（平成二年三月四日）、一―二頁、戦後外交記録「海部総理米国訪問（一九九〇）」二〇二一―〇五二四、外史。

(62) 同右、三頁。

(63) 藤田直央・里見稔「天安門事件から一年 日本『中国を孤立させない』、円借款凍結解除へ」（朝日新聞デジタル・二〇二二年八月八日配信）。https://www.asahi.com/articles/ASQ7Y525MQ7CUTFK00C.html、二〇二二年一一月二九日に参照。

（64）渡邊幸治「ヒューストン・サミットの成果と日本」『世界経済評論』一九九〇年一〇月号、一六頁。

（65）政策研究大学院大学「C・O・E・オーラル・政策研究プロジェクト 海部俊樹（元内閣総理大臣）オーラル・ヒストリー（下巻）」、二七三頁。

（66）渡邊、前掲論文、一七―一八頁。

（67）同右、一八頁。

（68）東郷和彦『日露新時代への助成――打開の鍵を求めて』サイマル出版会、一九九三年、七一頁。

（69）「総理内外会見（未決裁記録）」、一―二頁、戦後外交記録「日米関係（一九九〇年七月～一一月）」二〇二一―〇五三二、外史。

（70）北米局「明年にかけての日米関係の運営について」（平成二年一〇月八日）、一―三頁、戦後外交記録「中山外務大臣米国訪問（一九九一）」二〇二一―〇五三五、外史。

（71）駒木明義「ゴルバチョフ氏の歴史的な訪日 共同声明、それでも残った領土問題」（朝日新聞デジタル・二〇二二年八月三一日配信）。https://www.asahi.com/articles/ASQ805VLNK15UHBI00C.html、二〇二二年一一月二七日参照。

（72）渡邊幸治「ロンドン・サミットの成果と日本」『世界経済評論』一九九一年一〇月号、一八―一九頁。

（73）杉浦康之「『日中友好』時代の再検証――『七二年体制』下の日中関係」、波多野澄雄・中村元哉編著『日中の「戦後」とは何であったのか』中央公論新社、二〇二〇年、二九五―二九六頁。

（74）谷野作太郎「海部総理の中国・モンゴル訪問の成果」『世界経済評論』一九九一年一一月号、三〇―三二頁。

（75）小島誠二「開発協力大綱を読む――規範文書としてのＯＤＡ大綱、政策文書としての開発協力大綱」（『霞関會』のホームページ・二〇一六年四月二七日配信）。https://www.kasumigasekikai.or.jp/16-04-27-1/、二〇二二年一二月一日参照。

（76）中国課「日中首脳会談（概要）」（平成三年八月一一日）一―三頁、戦後外交記録「海部総理中国・モンゴル訪問（一九九一）／中国（二分割の一）」二〇二一―〇六一九、外史。

（77）外務大臣発中国大使宛て電信第二三七四号「事務連絡（総理の中国訪問戦略ペーパー）」（平成三年八月二日）、二―三頁、戦後外交記録「海部総理中国・モンゴル訪問（一九九一）」二〇二一―〇六一八、外史。

（わかつき ひでかず 北海学園大学）

日本国際政治学会編『国際政治』第212号「二国間と多国間をめぐる日本外交」（二〇二四年三月）

国連安保理非常任理事国としての日本のカンボジア外交
——日タイ工作と決議七九二号——

村上友章

はじめに

国連加盟直後の一九五七年の初当選以来、日本は安全保障理事会の非常任理事国任期（二年）を一二期務めてきた（二〇二三年現在）。国連加盟国中最多記録である。だが非常任理事国として日本が安保理内外で展開した外交（以下、非常任理事国外交）に関する研究は少ない[1]。常任理事国（Ｐ５）に次ぎ国連の中枢に長く位置してきた日本の経験はもう少し注目されてもよい。そこで本稿は二〇年以上の非常任理事国外交の実績から冷戦終結直後の第七任期（一九九二年・九三年）におけるカンボジア外交を取り上げる。当事例に注目するのは日本がＰＫＯ（カンボジア国連暫定統治機構［ＵＮＴＡＣ］）に自衛隊を初めて派遣した転換期であり、そこに活発な非常任理事国外交も認められるからである。ＵＮＴＡＣの武装・動員解除を拒否するポル・ポト派に、日本はタイと説得（以下、日タイ工作）を試み、安保理決議七九二号（**S/RES/792**）を起案するなど「これまでの常識では考えられなかった役割」（神余隆博・国連局国連政策課長［当時］）を担う[2]。同決議はポル・ポト派を抜きにしてでも一九九三年五月に選挙を実施するという安保理の決意を示し、その方向にＵＮＴＡＣの任務を軌道修正した極めて重要な決議だった[3]。

冷戦終結前後の日本のカンボジア外交に関しては回顧録等に一次史料を加味した実証研究が進む[4]。ただし、その多くがパリ協定締結（一九九一年）までを対象とし、同協定に基づくＵＮＴＡＣ展開中の日本外交を扱わない。その例外が外交当局者への聞取り調査を基にした友田錫の研究である[5]。当研究は日タイ工作等の和平履行期の外交を詳らかにし、それが一九八〇年代後半からの日本の能動的なカンボジア外交の延長線上にあることを示す。だが非常任理事国外交という観点から眺めれば、当事例に残された課題も浮かび上がる。第一に、日タイ工作を国際的文脈に位置づけて、それが安保理決議に収斂した経緯を明らかにすることである。第七任期当時の安保理は非常任理事国にとって居心地の悪い外交場裡だった。冷戦終結がP5の結束を促す反面、その政策決定から非常任理事国が排除されたからである(6)。にもかかわらず日本が決議案起草に参画できたのはなぜか。第二に、安保理への参画が従来のカンボジア外交に与えた影響を明らかにすることである。シハヌーク（Norodom Sihanouk）元国王を支持してP5に発言権を得るのが日本の戦略だったが、そのアプローチは安保理の政策決定への参入でどう変容したか。本稿は以上二点の課題を念頭に置き、第七任期に至る日本外交を俯瞰した後、外務省情報公開文書等を用いて決議七九二号に至る安保理の段階的決定（議長声明［S/24091］、決議七六六号［S/RES/766］、同七八三号［S/RES/783］）を追い、日本の非常任理事国外交の実相を考察する。

一　UNTAC前史

(1)　安保理非常任理事国の当選

一九九一年一〇月、第四六回国連総会で日本は七回目の安保理非常任理事国に当選した。日本が非常任理事国に立候補を重ねてきた背景には、安保理常任理事国入りという古くからの外交目標があった。すでに第一任期（一九五八・五九年）直後には、常任理事国入りを説く松平康東国連大使が「安保理における理事国としての地位を許すかぎり確保することは極めて重要」と意見しており、日本が国連憲章改正を模索し始めた七〇年代には「既成事実の積み上げによりわが国が安保理メンバーであることが当然であるとの一般的な“mood”をつくりあげる」との戦略が描かれていた(7)。一九九〇年初頭には米英から日独二国を常任理事国に加える「クイック・フィックス案」が提案されるが、憲法九条の制約上、常任理事国の義務と考えられていた国連軍参加を困難と判断した日本は同案を見送る(8)。

だが九〇年八月の湾岸危機を契機として日本は積極的に常任理事国入りを目指すようになる。当時、非常任理事国でもなかった日本は湾岸危機に関する安保理協議に入れず、政治判断に必要な情報を迅速に収集できなかった。その結果、日本は巨額の資金供与をしながら期待した評価を得られなかった。その不満から九一年二月初旬より外務省は外交体制の刷新作業を開始、それは翌九二年春に国連創設五〇周年（一九九五年）を目標に常任理事国入りを目指すという安保理改革構想へと結実する(9)。九一年の非常任理事国当選や国際平和協力法案（PKO法案）の国会への提出も、こうした国連改革構想の一環と推測される。日本が非常任理事国に就任した九二年一月、史上初の安保理首脳会議に出席した宮澤喜一首相は「[安保理が]その機能、構成を含め、新たな時代に一層適合したものとなるよう、絶えず検討を続けていくことが重要(10)」と表明し、安保理改革の口火を切る。冷戦終結後の日本の常任理事国入り構想は米英頼みの「クイック・フィックス案」ではなく、同じくP5の安保理独占に不満を抱く他の加盟国との連携も視野に入れるものとなった(11)。

一方、宮澤演説に先立ち常任理事国化と憲法九条との関係を改めて検討した外務省は「武力行使を目的とする国連の活動に参加することは、国連憲章の解釈として安保理常任理事国の義務とは言えない」との結論に達した。外務省は憲章七章に基づく武力行使を伴う活動には参加できずとも、憲章六章（紛争の平和的解決）に基づく「伝統的なPKO」に参加できれば常任理事国化の条件は満たすと考えたのである。だが、こうした解釈に宮澤は懐疑的で「常任理事国としてそのような解釈で国際的に納得されるのかどうか、自問しておられるかのようであった」という(12)。そこで一九九二年六月に宮澤内閣は「伝統的なPKO」の諸原則（「停戦合意の成立」等）をPKO参加条件とし、それが崩れた場合は日本要員を撤収することを明記したPKO法を成立させる。同法に基づき自衛隊がPKOに初めて参加した非常任理事国第七任期は常任理事国としての日本の資格を問う試金石だったのである。

(2)　カンボジア和平と日本

P5主導の安保理に対する日本の不満は湾岸危機に始まったわけではない。その最たる例こそカンボジア外交だった。一九七九年一月、一七〇万人もの国民を虐殺したポル・ポト政権をベトナム軍が駆逐して人民共和国政府（プノンペン政権）を樹立して以降、カンボジアでは、ソ連・ベトナムが支援するプノンペン政権と、米国・中国・ASEANが支持する三派（シハヌーク派、ソン・サン派、ポル・ポト派）連合政府（八二年樹立）による内戦が膠着していた。だが、八七年末にシハヌークがプノンペン政権のフン・セン（Hun Sen）首相との直接交渉に乗り出すや、日本も米中とASEANに追随する従来の政策から脱却し、シハヌークを直接支援する能動的な外交に踏み出した。そこにはASEANと共産化したインドシナ三国を架橋して東南アジアの平和に貢献しようとした「福田ドクトリン」（一九七七年）の復活という側面に加え、世界第二位の経済大国として国際秩序形成への積極的関与を目指す「責任の分担」の側面もあった。国際秩序が米国の覇権体制から「米・欧・日の集団協調体制」に移行しつつあると認識した栗山尚一外務審議官は一方的な日本の経済的負担（「重荷の負担」）には納得せず、「互いにとるべき政策について協議し、その上で決まった政策を実行するために必要なコストを公正に分担する」という「責任の分担」を主張していた。この「責任の分担」論を反映した政策が、竹下登内閣の「国際協力構想」だった。同構想の「平和のための協力」は「資金協力」だけでなく、「PKOの企画・立案からの参画を行うべき」として和平交渉への能動的参画を構想していたのである(13)。そのテスト・ケースこそカンボジア和平だった。八九年の第一回パリ会議（仏国とインドネシアが共同議長）に日本は第三委員会（難民帰還、復旧・復興問題）共同議長国として参加するに至る(14)。

しかし、四派対等の暫定政府樹立を主張する三派連合政府と、ポル・ポト派の排除を譲らないプノンペン政権の対立からパリ和平会議は決裂、さらにカンボジアに駐留していたベトナム軍が一方的に撤退を完了するや内戦も激化する。そこで豪州が国連がカンボジアで暫定統治を行うという和平案を提起、同案を認めたＰ５（およびインドネシア）は一九九〇年初頭から密室での協定案策定に入る。だが、その結果、和平交渉から紛争当事者のみならずＡＳＥＡＮや日本は締め出されてしまう。これに不満を抱く外務省アジア局南東アジア第一課は国連主導の和平を構想するＰ５と一線を画し、シハヌークとフン・センの提携を軸とする独自の和平案を模索した[(15)]。ローカル・オーナーシップを支援することでＰ５に対して発言権を持つという戦略である[(16)]。六月、日本はタイと協力してシハヌークとフン・センを東京に招き和平会議を開催した。南東アジア第一課が注目したのは豪州案の柱の一つである四派構成の最高国民評議会（ＳＮＣ）設立だった。受入国の同意に基づくＰＫＯ設置にも、それを表明するＳＮＣが不可欠だった[(17)]。日本はプノンペン政権の統治能力を評価し、ポル・ポト派の影響力を封じる権力分有案を提示、その線でシハヌークとフン・センはＳＮＣ設立に合意する。この二者合意をＰ５合意に結び付け、その圧力でポル・ポト派を説得するという日本の「二段階方式」構想が功を奏した。二者合意はＰ５和平案に盛込まれ、九一年一〇月の第二回パリ会議で締結されたパリ協定に結実したのである[(18)]。

だが、パリ協定締結後もＰ５はカンボジア人主体のＳＮＣの独走を警戒し、それとの協議を独占した。そこで九一年一一月にＳＮＣ日本政府代表大使（後の駐カンボジア特命全権大使）としてカンボジアに着任した今川幸雄はＳＮＣ議長に就任していた旧知のシハヌークに直談判し、Ｐ５大使（およびインドネシア）がオブザーバー参加するＳＮＣに日本・豪州・タイも加えることをＰ５に認めさせた。やがてＳＮＣ参加資格を持つ外交団が「拡大Ｐ５」（コア・グループ）という協議機構となる。日本はシハヌークとの信頼関係を梃子にカンボジア和平に関しては「ほぼＰ５並みの地位を獲得した」（今川幸雄）のである[(19)]。

二　ポル・ポト派の「停戦の第二段階」入り拒否

(1) 安保理議長声明

一九九二年二月、安保理はパリ協定に基づき、ＵＮＴＡＣ創設を国連事務総長に求める決議七四五号（S/RES/745）を採択した。ガリ国連事務総長（Boutros Boutros-Ghali）が、その特別代表に抜擢したのが練達の国連職員の明石康だった。波多野敬雄国連大使（常駐代表）はガリと頻繁に意見交換を行い、旧知の明石を熱心に推薦したという[(20)]。明石の存在は三つの点で日本にとって重要だった。第一に、明石が拡大Ｐ５を自らの「顧問団」と位置づけて重用したことである。明石は言う。「プノンペン在勤の大使たちとの話し合いを重ねていくと、ＵＮＴＡＣの抱える課題や問題が彼らを通じて各本国政府に伝えられ、やがて本国政府を通じて各国の国連大使に伝わる。最終的にはカンボジアの現地でわれわれがやっていることを安保理がよく把握し、われわれの希望するような安保理決議ができ上っていくことになる」。第二に、明石が共にＳＮＣ共同議長を務めるシハヌークを支持したことである。それはローカル・オーナーシップを重視する日本（特に外務省アジア局）にとって有意義だった。第三に、明石が憲章七章を援用した同時期のＰＫＯと一線を画し、憲章六章に基づく伝統的なＰＫＯ原則を意図的に貫徹したことである。それはＰＫＯ法の運用上、ＵＮＴＡＣを憲章六章援用に留めておかねばならない日本（特に外務省国連局）にとって有益だった。[21]

明石がカンボジアに着任した三月一五日、ＵＮＴＡＣが正式に発足した。だが、他のＰＫＯとの競合からＵＮＴＡＣは資機材や要員の確保に悩まされた。それがＵＮＴＡＣの直接管理を通じてプノンペン政権の解体を期待したポル・ポト（Pol Pot）の失望を招く。パリ協定締結以降、同派は四派構成のＳＮＣの影響力を全土に浸透させることでプノンペン政権への侵食を謀る政治闘争路線を選択、ＵＮＴＡＣの武装・動員解除に応じる準備も進めた。だが、展開の遅れたＵＮＴＡＣがパリ協定の定めるプノンペン政権に対する行政管理を充分に進めることができなかったため、ポル・ポト派は軍事闘争路線へと回帰する。[22]

そもそもＵＮＴＡＣは「停戦の第一段階」（四派の自主停戦）を経て「停戦の第二段階」（ＵＮＴＡＣによる武装・動員解除）を完了した後、九三年五月までに制憲議会選挙を実施することを予定していた。しかし「停戦の第二段階」入り期日（六月一三日）間際になってもポル・ポト派は支配地域へのＵＮＡＴＣ進出を拒み続けた。その結果、同派に対して憲章七章下の決議を求める意見が安保理で浮上する。その急先鋒が仏国と露国、それに反対するのが中国、慎重な対応を求めたのが米英日だった。[23] 露国と米中日とが対峙する構図は冷戦期のままだが、注目すべきは旧宗主国・仏国の強硬姿勢である。ＵＮＴＡＣ内でも仏国の副司令官が同派支配地域への武力侵攻を強く主張した。

一方、明石はＵＮＴＡＣ軍事部門には戦闘を行う意思も能力もないと認識し、武力侵攻案を却下して拡大Ｐ５とともにポル・ポト派に説得を試みる。だが、同派は六月一〇日のＳＮＣに至ってもベトナム軍撤退の検証とＳＮＣ権限強化という主張を繰り返して譲歩しなかったため、明石は「停戦の第二段階」入りを明言、シハヌークも支持した。そこで拡大Ｐ５は、安保理にカンボジア各派にパリ協定遵守を求める議長声明を発出させ、状況が好転しなければ「トーンを強くし、近隣国が経済的支援を差し控える（制裁ではない）という趣旨の決議」を準備することで合意した。ニューヨークでは仏国が議長声明起案に着手する。[24] だが同地のＰ５会合に参加できない日本代表部は「安保理は引き続き状況を監視し、必要に応じてパリ協定を履行するためのさらなる措置を検討する」との修文を準備するも、米国の反対で仏案に反映できなかった。そこで波多野国連大使は安保理非公式会議で同趣旨の追加修正を提案する。これを中国が「仏案は関係国で慎重に審議した結果のバランスのとれた内容となっている」と拒否、すると波多野は「我が国がその協議に参画しておらず、これは遺憾」と応酬、中国にポル・ポト派への説得を求め、早急に安保理審議を行うことを条件にして幕引きを図る。[25] Ｐ５から排除された不満を公にした波多野発言は関係国に波紋を呼んだ。審議終了後、波多野は露国の国連大使から「カンボジア問題につき当地P５会合から日本を排除し続けることは不適当かもしれないとの認識を、安保理メンバー国の中、特にP５の中に植え付けた」と称賛される一方、英国の国連大使からは「本当に日本がやる気ならば、パケッジを組んででも常任理事国入りを狙う熱意を示すこと」と助言された。(26)

(2) カンボジア復興閣僚会議

結局、六月一二日に安保理議長（ベルギー）が表明した声明はポル・ポト派に何ら影響を与えず、翌一三日、UNTACは同派の協力不在のまま「停戦の第二段階入り」に踏み切る。こうしてUNTACが重大な岐路に立たされた六月、日本はカンボジア復興閣僚会議（以下、復興閣僚会議）を東京で開催することになった。(27) そこで同会議をポル・ポト派に強い圧力をかける重要な機会と考えた仏国は「ミニ・パリ会議」（SNC＋拡大P５）非公式会合開催を提案、明石の賛同を得る。すでに明石と拡大P５（中国・タイを除く）もポル・ポト派に圧力をかけることで一致、同派によるUNTACとASEANの分断工作を阻止すること、P５内で中国を孤立させないこと、そして、ポル・ポト派とタイを離間するには宝石・木材の輸出禁止および石油禁輸を盛込む安保理制裁決議を必要とすることで同意していた。(28) 一方、ASEAN諸国はポル・ポト派への制裁に反対で、タイのアーサ（Arsa Sarasin）外相は「まずカンボディア人だけで話し合うことが重要」との考えを日本側に伝えた。この提案に谷野作太郎アジア局長が賛同、カンボジア人だけのSNC開催が決定する。(29) その結果、日本はタイの協力を得て、不参加を表明していたポル・ポト派を復興閣僚会議に引き込むことにも同時に開催することになった。だが、カンボジア人のみのSNCはポル・ポト派がUNTAC批判に終始して失敗に終わる。そこで拡大P５では明石が今川大使らと連携して同派を説得するための一一項目の提案（「ノン・ペーパー」）を準備した。ポル・ポト派の要求にパリ協定の枠内で応答した同案は、復興閣僚会議閉幕直後に召集された緊急SNC特別会合でカンボジア四派に提示された。しかし、ポル・ポト派が態度を保留したため、明石は七月初旬のSNCまで同派の意思表明を待つことを提案して同会合の了承を得る。(30)

なお、議長国・日本は復興閣僚会議で、総額八億八千万ドルの支援策を盛込む「復旧・復興に関する東京宣言」に加え、ポル・ポト派に「停戦の第二段階」入りを促す「カンボジア和平プロセスに関する東京宣言」も全会一致（同派も含む）で採択できた。こうした政治面にも踏み込んだ同会議の成果に手応えを感じた日本は、さらにタイと協力してポル・ポト派に武装・動員解除を促す外交努力に着手した。復興閣僚会議に参加したアーサ外相が「タイとしてポル・ポト派を引っ張り出すことにやぶさかではない」と小和田恒外務次官に語ったことがその発端だった。(31) 小和田は谷野局長と山本忠通南東アジア第一課長にポル・ポト派説得工作を指示、在京タイ大使を外務省に招き日タイ工作を正式に提案した。(32)

三　日タイ工作と安保理

(1)　決議七六六号とＰＫＯ参加問題

七月八日のＳＮＣでは、シハヌークから「ノン・ペーパー」受諾の可否を問われたポル・ポト派が明確に拒否を表明した。同派の説得に失敗した明石はＵＮＴＡＣに協力する他の三派との公平性に配慮し、ついに安保理に判断を仰ぐ。[33] 明石は同会合後、今川大使に安保理で非常任理事国の日本がＵＮＴＡＣを積極的に支持するよう要請した。[34] 七月一〇日、国連ではＰ5がポル・ポト派に対する決議案作成で合意、外務省は同決議が同派をパリ協定から排除することを危惧して日タイ工作を急ぐ。日本は「[ポル・ポト派に対する]国際社会のアプローチはマルチトラック方式で行うべきもの」と考え、厳しい措置もあり得るという安保理（および拡大Ｐ５）の圧力を「側面的な手段」として日タイ工作を進めていく。[35]

その日タイ工作が本格化したのは、ＰＫＯ要員派遣のためにＵＮＴＡＣ実情調査を行った「カンボジア国際平和協力調査団」（以下、政府調査団）の帰国（七月八日）直後だった。[36] 翌九日、外務省事務次官室で「カンボジア政策に関する会議」が開催されるや、一〇日には藤井宏昭在タイ大使がアーサ外相と会談、タイ側からポル・ポト派に交渉を打診することになり、一七日には第一回の日タイとポル・ポト派の三者協議が開催されたのである。[37] 以上の経緯からして日タイ工作には和平プロセス上の要請に加え、日本のＰＫＯ派遣の環境整備という要素も強かったことが明らかである。外務省国連局はＵＮＴＡＣがＰＫＯ法の自衛隊参加条件（特に停戦合意の成立）を満たすか否かに関心を寄せる国内世論の動向に神経を尖らせていた。例えば第一回三者協議が不調に終わった一七日、外務省は波多野大使に仏国の決議草案から「[ポル・ポト派の]停戦違反の継続」を批判する段落を削除（あるいは一部修正）するよう指示した。政府調査団はＵＮＴＡＣがＰＫＯ参加条件を満たすとの報告書を宮澤首相に提出していたから、その判断に反して安保理が「停戦違反の継続」を認定すれば「我が国のＵＮＴＡＣ参加議論に決定的な打撃を与え得る事態となる」ことを国連局は危惧したのである。[38] だが日本修正提案は「[ポル・ポト派に対して]安保理の強いメッセージを伝えるべき、事実に照らして、現表現振りを修正する必要はない」とのＰ５内の反論に遭い、決議案に反映されなかった。[39]

もっとも、日本外務省担当者もポル・ポト派を説得できる可能性は「きわめて小さい」と当初から判断していた。にもかかわらず、小和田が日タイ工作に着手したのは、それを「どっちにしても損はない」政策だと考えたからである。小和田は言う。「仮にそれ［日タイ工作］がうまくいかなかった時に、そういう努力をしておくことは決して悪いことではない。そういう努力をした上で、なおかつポル・ポト派が出て行ったとすれば、中国もポル・ポト派に対して見切りをつけるだろう、という判断はありました。ですから、これはやってみて損はない」。[40] つまり日タイ工作を進める外務省には中国にポル・ポト派を見切らせ安保理制裁決議に同調させる狙いもあったのである。そこで日本は中国にも協議参加を打診したが、中国は側面支援を選んだ。[41]一方、安保理では、武力行使も含む制裁を求める仏国に中国が強く反発、米英も中国に同調した。[42]七月二一日、安保理はパリ協定の履行スケジュールの遅滞は許されないとの意思を示す決議七六六号をひとまず採択した。

(2) 拡大P5高級事務レベル会合と決議七八三号

決議七六六号を採択した安保理公式会合では仏国がポル・ポト派が国連への協力拒否を続ければ安保理がさらなる措置を取ることを警告した。[43]そこで第二回三者協議を画策していた日タイは、こうした「安保理の制裁決議まで時間がない」との「ムチ」をポル・ポト派に加えつつ、その譲歩を引き出す「アメ」となる提案を準備した。[44]日本が「ノン・ペーパー」やポル・ポト派の主張を参照して作成した提案は、カンボジア各派から行政への要望を受け付ける四派構成の「行政諮問機関」（ACB）をUNTACに新設するという内容で、バンコク開催の第二回三者協議（八月一二日）で正式に提示された。他方、同協議ではポル・ポト派も各派行政機構内部に四派構成の諮問委員会（CC）を設置することを提案、さらに第三回協議（八月一七日）ではACBとCCを統合した折衷案も提示、CC設置さえ認められれば「停戦の第二段階」入りに応じるとすら述べた。[45]

一方、明石とプノンペン政権、そして中・タイを除く拡大P5は三者協議に強い難色を示した。[46]第二回三者協議を控えた八月一八日に仏国の提唱で開催された拡大P5では日タイ工作に関する疑問が噴出、仏露からはACB案がパリ協定に違反する恐れがあること、米英からは同案が明石の立場を弱めて問題を複雑化する可能性が指摘された。[47]このように日タイ工作は、ポル・ポト派のUNTAC分断工作を警戒する拡大P5内で日本の孤立を招いた。当時、明石も小和田次官に次のように警告している。「タイ、中国はKR［ポル・ポト派］に対し軟弱であり、日本がこれと組んでいることの国際的イメージが良くないという点には要注意。在プノンペン英、米大使は自分（明石）に対し、日本は常々自分が協議を受けていないといって文句を言うが、P5が本件につき十分にインフォームされていないのは問題である旨述べていた。プノンペンでは拡大P5という確立した協議の場があるので、今川大使の立場を苦しくしないように配慮する必要があろう」。[48]もっとも、CC設置によりプノンペン政権への侵食を目論むポル・ポト派の逆提案は、行政機関の維持を認めたパリ協定からの逸脱は明白で日本も受け入れる余地はなかった。そこで日タイはポル・ポト派にCC案修正を求めたが、それを拒否した同派は強硬姿勢に転じて三者協議は中断する。[49]

ポル・ポト派の態度が硬化した背景には、パリ協定履行の遅延を憂慮する豪州を中心とした同派に対する強硬論の台頭があった。九月一〇日、豪州が国連が次に取るべき具体策を提案した。同案はパリ会議共同議長国（仏国とインドネシア）が主導し、ポル・ポト派が選挙に参加できる期限（一一月一日）を切り、協力が得られなければ同派抜きでも選挙を進めることを定めた安保理決議を採択するという内容だった。[50]一方、中国は豪州案に否定的であり、日タイ工作の継続を求めていた。[51]そこで仏国とインドネシアが協議した結果、一〇月七日・八日にニューヨークで拡大P5各国の局長クラスに明石を交えた高級事務レベル会合が開催されることになった。[52]

同会合を主導したのは一〇月の安保理議長国の仏国だった。注目すべきは、仏国が強硬論に転じた豪州と入替って中道路線に移動していたことである。仏外交の主導権がミッテラン大統領（François Mitterrand）からバランス重視のレビット外務省アジア局長（Jean-David Levitte）に回帰した結果だった。[53] そのレビットは会合冒頭、ポル・ポト派対策の原則を提示、①ポル・ポト派を和平プロセスから排除せずに対話を維持すること、②ポル・ポト派が和平プロセスから除外されるとすればそれは同派自らの決定によること、③ポル・ポト派に対してはいつでも和平プロセスに参加することが容認されること、以上三点を確認した。次にレビットは、①安保理の支持を背景に日タイが明石特別代表や関係国と協議してポル・ポト派説得を実施、②その説得工作が失敗した場合にはパリ会議共同議長が対策を検討、③以上の外交努力の結果を国連事務総長が一一月中旬に安保理に報告、安保理は何らかの決議を採択、という制裁決議に至る議長シナリオを提示した。中国は「欧米流に早々と結論を出すべきではなく、最後まで努力をつくすべき」と反論したが、最終的に拡大Ｐ５は合意に至る。再び日タイ工作を要請された日本も安保理決議に同工作への支持が明記されることを条件に同意した。[54]

こうしたレビットの外交手腕を明石は次のように総括した。「中国はポル・ポト派をかばう慎重な姿勢ながら、かばいきれない所もあり、ポル・ポト派に次第に厳しくなってきている。それを導きだすレビットの作戦は中々うまい。日タイ両国に外交活動をやらせ、一一月から共同議長国がより強固な安保理決議採択をちらつかせながら、ポル・ポト派やタイを追いつめてゆくという戦略は、中々のものだ」。[55] 一〇月一三日、安保理は以上の合意内容を反映した決議七八三号を採択、初めて名指しでポル・ポト派にパリ協定履行を求めた。決議案を最終決定したＰ５会合には仏国連大使の異例の計らいで波多野大使が招かれ、同会合への参加を求めてきた日本は面目を施した。[56] 一方、安保理非公式会合（一二日）では日タイ工作が不透明であることに非常任理事国（ハンガリー等）から異論が噴出、採択が翌日に延期される一幕もあった。[57]

四　国際合意と日本の役割

(1) 北京会合と決議七八三号

こうして日タイ工作は仏国が用意した新安保理決議に至るシナリオの中核に位置付けられ、決議七八三号により安保理の正式な承認（同決議パラグラフ一二）を得るに至る。そのことを拡大Ｐ５内での孤立に苦しんだ今川大使は「フランスのレビットが本当に日本の名誉を守ってくれた」と深謝する。[58] だが、中国・タイを国際合意に誘導しようとするレビットにとっても日タイ工作が貴重な外交カードであったことは否定できない。それは中国とポル・ポト派を離間するという、日本が日タイ工作に秘めた狙いと合致するものだった。第四回三者協議に向けて日タイは仏国とインドネシア、明石と協議してポル・ポト派に対する新提案を準備、同派提案のＣＣをＡＣＢの下部機関として各派支配地域に展開させるが、それを既存の行政機関の外部に設置するという妥協案を完成させる(59)。

だが、日タイ工作は思わぬ逆風にさらされた。一〇月二〇日のSNCで、すでにポル・ポト派を見限っていたシハヌークが「外国が勝手にDK［ポル・ポト派］へへつらう妥協を行おうとしている」と喝破、SNCの頭越しに和平工作を行う日タイを激しく批判したのである。その結果、日本、タイ、仏国、インドネシアの大使が急遽、シハヌークを表敬して日タイ工作への理解を求める事態となる。明石の下で開かれた善後策協議では、プノンペン出張中の山本課長が「［日タイ工作が］もはや二国間だけのイニシアチブではなく国際社会の意向を体したものであるということだが、この点について『シ』殿下の認識は十分なのだろうか」と疑問を呈する一方、「『シ』殿下としては国際社会が本来中心的役割を果たすべき同殿下に主要な役割を与えていないのみならず、殆ど考慮に入れないで和平プロセスを動かしていることの不満がこうじたものと言えるのではないか」と分析した。当時、シハヌークはパリ協定に規定のない大統領選挙実施を主張してフン・センとの連携を強めてはいたが、米英やUNTAC等の反対に遭っていた。加えて豪州や仏国、日本主導で自身の頭越しに和平交渉が進んでいることにシハヌークは強い不満を募らせていたのである(60)。こうしてシハヌークの支持を欠いたまま、一〇月二九日にプノンペンのタイ大使公邸で、仏国大使とインドネシア大使、UNTAC代表者も同席して第四回三者協議が開催された。しかし、ポル・ポト派は日タイ新提案を拒否するばかりか「停戦の第二段階入り」の条件として「カンボジアに居住するベトナム人移民二〇〇万人の問題」を新たに持出す始末だった。日タイはポル・ポト派が「交渉を放棄している」と判断、三者協議の打ち止めを宣告した(61)。その結果を明石は「ポル・ポト派にある程度好意をもっていたタイや他のASEAN諸国、中国などが、これでポル・ポト派に見切りをつける効果が期待される」と評した(62)。

日タイ工作の失敗を受けて仏国とインドネシアは決議七八三号が定めた行程に沿いつつシハヌークの意向を汲み、SNCと拡大P5を北京で開催した（一一月七日・八日）(63)。一連の北京会合には二つの論点があった。第一に、ポル・ポト派対策である。同派が共同議長国に対して「パリ和平協定の実施に参加しない」との立場を明確にしたので、ついに中国・タイも含めた拡大P5は「国際社会として強いメッセージを伝える為に、DK［ポル・ポト派］が痛みを感じる措置を採るべし」との線で一致した(64)。だが、具体的な措置では議論があった。従来の慎重論から豪州や露国と並ぶ強硬論に転じた米国が、選挙参加期限（一二月一五日）をポル・ポト派に迫る制裁決議を強く主張し、国連主導の新国軍創設構想も提案したのである。米国の変調の背景には米大統領選挙（一一月三日）でのクリントン候補（Bill Clinton）の勝利があった。ポル・ポト派に強い反感を抱く民主党次期政権に国務省が忖度したのである(65)。そこで日本は憲章七章に基づく制裁措置は取らないことを米英豪等に認めさせ、また、人為的かつ性急なデッドラインの設定はポル・ポト派の戦闘再開を招くとして強く牽制、同派を刺激する可能性のあった新国軍創設にも反対した(66)。その結果、新安保理決議について協議した米英日豪・インドネシア代表（仏代表は帰国）と明石は、ポル・ポト派への挑発を避けるべく憲章六章に基づく「ソフトな制裁」で合意に至る。[67]このように米英豪等が最終的に日本の提案を尊重した背景には、日本のPKO参加に対する一定の評価もあったと考えられる（一〇月下旬には自衛隊施設大隊本隊が現地到着）。例えば北京でのSNC終盤で米国は「多くの国々が政治的リスクを冒してPKOに参加している。日本が特にその好例であり、米国は日本のこの決定を高く評価している」と強調、カンボジア各派にUNTACへの協力を訴えている。[68]

北京会合のもう一つの論点は、カンボジア大統領選挙の早期実施だった。仏露は選挙後の国家分裂を回避するためにシハヌークの指導力に期待していた。そこで仏国はやや強引に大統領選挙の早期実施を北京会合の議題に加えたが、意外にもシハヌークがそれに言及しなかったため、拡大P5は新安保理決議には大統領選挙を盛込まないことで合意した。一方、同会合に出席した松浦晃一郎外務審議官はシハヌークの真意について、フン・センが「大統領選挙の実施につき外国の反対がある中で同選挙を認めてくれと頼んでまわる形になることはくつじょくと考えているからである」と解説したことを紹介し、拡大P5合意に一石を投じている。[69]すでに日本は大統領選挙を支持することを決め、一〇月三〇日にはその旨をシハヌークに伝達していた。[70]

(2)　米仏対立と決議七九二号

決議七八三号は一一月一五日までに事態の改善が無ければ安保理決議の内容を検討するよう国連事務総長に求めていた。北京会合では拡大P5が新決議の要点と「ソフトな制裁」リストを用意しており、安保理での採択を待つばかりのはずだった。しかし、二つの点で決議案作成は波乱含みの展開となる。第一に、ガリ事務総長がその報告書（S/24800）でポル・ポト派に対する経済制裁に反対したのである。「ソフトな制裁」を追求する明石は「どうしてこんなにポル・ポト派に下手に、弱腰に出なければいけないのか」とガリに対する不満を日記にぶつけた。[71]第二に、米仏が北京会合では合意されていなかった問題を蒸返して両国が対立したのである。仏国は大統領選挙の早期実施と、ポル・ポト派がUNTACを妨害するまで制裁を発動しないという項目を盛込む決議案を準備した。他方、米国は選挙後の混乱を回避するための国連主導の新国軍創設や「ソフトな制裁」を明記した決議案を求めた。[72]その結果、国連でのP5決議案起草作業は暗礁に乗り上げる。

この安保理決議の重要性を認めた日本は山本課長をニューヨークに出張させていた。米仏対立を知った山本は仏国のレビット局長に電話で状況を説明、山本自身が決議案を起草することを提案する。山本は日タイ工作から北京会合に至る一連の協議に参加し、その内容を細部に至るまで熟知していた。山本の提案に賛成したレビットは日本への決議案起草依頼を仏国連代表部に指示、それを受けて山本が米仏担当者と相談して日本案を起草、同案は波多野大使を通じて仏国に投げ返された。そこで仏国は米英露と協議の上、日本案に僅かな修正を加えてP4案を完成させる。[73]同案は大統領選挙の勧告を国連事務総長に要請する項目を盛込む一方、「ソフトな制裁」（パリ協定に基づく石油製品の供給禁止、SNC決定に基づく木材輸出禁止への支持等）を明記して新国軍創設を暗示する文言も挿入、さらに選挙対象地域を「一九九三年一月三一日時点でUNTACが完全かつ自由に出入りできるカンボジア全地域」と定義することでポル・ポト派抜きの選挙実施を自然な形で示した。こうして米仏妥協に道筋を付けた山本は、国連PKO局部長の志村尚子からも「事務局としては、安保理が内容的にSG［国連事務総長］報告よりも、DK［ポル・ポト派］に対し厳しい決議を採択することは覚悟しており、むしろ、その方がよいと考えている」との言質を得る。(74)

ついにP4案の関門は制裁決議に一貫して反対してきた中国のみとなった。中国が採決の先延ばしを図っているとの観測も流れる中、事態が動いたのはUNTAC仏要員が襲撃された一一月二四日だった。事件を受けてデュマ外相（**Roland Dumas**）がポル・ポト派に強い対応を示すように指示、その連絡をレビットから受けた山本は「直ちにP-5会合を開き、中国にも今次事件の概要を説明し、同事件を中国に説明し、今月中の採択に同意するよう説得すべき」と返答した。(75) そのこともあってかP5会合が直ちに開催されたが、中国はP4案への態度を保留する。中国による棄権の可能性を米側から知らされた山本は、仏国からの要請もあって中国の国連代表部員と面会した。山本は「仮に中国が棄権するような場合には、国際社会が割れているとの印象を与え好ましくないのではないか」と迫るが、中国側はポル・ポト派抜きの選挙実施と制裁措置を含む決議には賛成できないとして「懸念は、判らないわけではないが、中国としても致し方ない」と答えた。(76) こうして一一月三〇日の安保理公式会合はP4案を採決、賛成一四・棄権一（中国）の結果、からくも決議七九二号が成立した。だが、採決の際に中国は「棄権」がポル・ポト派を再び支援する意図を意味しないことを示唆した。中国の棄権がポル・ポト派に対する安保理の決意表明を弱めたとはいえ、中国も含めた国際合意がついに決議七九二号に結実した意義は大きかった。(77) 同決議をステップとして一九九三年三月にはポル・ポト派への制裁を認める決議八一〇号（**S/RES/810**）が全会一致で採択されるのである。

おわりに

本稿は日本の非常任理事国外交を考察すべく、冷戦終結直後（第七任期）のカンボジア外交を取上げた。日本は安保理や拡大P5といった多国間協議に、日タイ工作という二国間協議を組み合わせた「マルチトラック方式」の外交を展開した。安保理と拡大P5の圧力を背景にポル・ポト派に譲歩を迫り、それが失敗した場合にも中国に同派を見限らせて厳しい安保理決議に同調させようというのが日本の戦略だった。この重層的アプローチで和平交渉のあらゆる局面に深く関与した結果、その内容を知悉する日本は評価され、決議七九二号の起草に与るに至った。加えて本稿は仏国が拡大P5を安保理の事前協議機構として活用し、制裁決議に至るシナリオを描いて段階的に多国間合意を導き出したことも明らかにした。仏国という脚本家あればこそ日タイ工作は国際合意形成の一助たりえた。だが日タイという演者抜きにはそのシナリオが完結することもなかったであろう。以上の非常任理事国外交は、憲章七章に基づく軍事措置に参加せずとも常任理事国の役割を果たしうると解釈する外務省当局者に自信を与えることにもなった(78)。

一方、こうした安保理の政策決定への参入は従来の日本のカンボジア外交を変質させることにもなった。ローカル・オーナーシップを重視してきた日本だったが、シハヌークが構想した大統領選挙よりも安保理決議に基づく日タイ工作を優先したことでシハヌークの不興を招いた。さらにポル・ポト派抜きの選挙実施を方向付けた決議七九二号の下、ＵＮＴＡＣ軍事部門が同派の攻撃から文民を保護する任務に舵を切った結果、その傘下にあった自衛隊にもＰＫＯ法の想定を越えた業務が求められていく。以上の新局面は稿をあらためて論じることにしたい。

(1) その例外として日本の国連外交史研究の水準を示す潘亮の研究がある。Pan Liang, *The United Nations in Japan's Foreign and Security Policymaking, 1945–1992: National Security, Party Politics, and International Status* (Harvard University Asia Center/Harvard University Press, 2006). その他、村上友章「国連安全保障理事会と日本　一九四五〜七二年」細谷雄一編『グローバル・ガバナンスと日本　歴史のなかの日本政治４』中央公論新社、二〇一三年。

(2) 神余隆博「ポスト冷戦の国連平和維持活動の新展開――三つのＰＫＯにみる国連平和維持活動の将来的構造とわが国の役割に関する一考察」『阪大法学』第四三巻四号、一九九四年三月、三一頁。

(3) Janet E. Heinger, *Peacekeeping in Transition: The United Nations in Cambodia.* (Twentieth Century Fund Press, 1994), p. 77.

(4) 友田錫「日本のカンボジア外交――政治的役割の実験」『亜細亜大学アジア紀要』一九号、一九九二年、同上「続・日本のカンボジア外交――和平協定の危機と日本の役割」『亜細亜大学アジア研究所・研究プロジェクト報告』一〇号、一九九四年、小笠原高雪「カンボジア和平と日本外交」木村汎、グエン・ズイ・ズン、古田元夫編『「日本・ベトナム関係」を学ぶ人のために』世界思想社、二〇〇〇年等がある。外交記録を使用した最新の研究水準を示す研究には、Andrea Pressello, *Japan and the shaping of post-Vietnam War Southeast Asia: Japanese diplomacy and the Cambodian conflict, 1978–1993* (Routledge, 2017) がある。

(5) 友田「続・日本のカンボジア外交」。

(6) Vaughan Lowe, Adam Roberts, Jennifer Welsh and Dominik Zaum, eds., *The United Nations Security Council and War: The Evolution of Thought and Practice since 1945* (Oxford University Press, 2008), p. 140.

(7) 村上「国連安全保障理事会と日本」、一九七、二一一頁。

(8) 加藤良三「小和田恒さんのこと」岩沢雄司・岡野正敬編『国際関係と法の支配　小和田恒国際司法裁判所裁判官退任記念』信山社、二〇二一年、一三四三―一三四四頁。

(9) 竹内俊隆・神余隆博編著『国連安保理改革を考える』東信堂、二〇一二年、六七頁、『朝日新聞』一九九二年一一月一日。

(10)「国連安保理首脳会合における宮澤喜一内閣総理大臣演説」『外交青書』三六号、三八八―三九二頁。

(11) 竹内・神余編、前掲書、六五―六六頁。

(12) 同右。

(13) 村上友章「カンボジアPKOと日本」軍事史学会編『PKOの史的検証』錦正社、二〇〇七年、一三〇―一五一頁。
(14) 若月秀和「和平外交 夜明け前――一九八七年七月～八月カンボジア国際会議」『外交』七一号、二〇二二年一月、九二―九六頁。
(15) 河野雅治『和平工作――対カンボジア外交の証言』岩波書店、一九九九年、三八―四九頁。
(16) 友田、「日本のカンボジア外交」、一六九頁。
(17) 山田哲也『国連が創る秩序』東京大学出版会、二〇一〇年、六九頁。
(18) 南東アジア一課「シハヌーク＝フンセン会談に臨む我が方考え方」（平成二年五月二日）戦後外交記録「カンボジア和平（我が方の考え方、関係来電等）」2021-0526、外務省外交史料館。
(19) 今川大使発外務大臣宛二四四号「カの拡大P5加入問題」（一九九三年二月六日）外務省開示文書（以下、開示請求番号のみ記載）2015-00737。今川幸雄『カンボジアと日本』連合出版、二〇〇〇年、一四三―一四七頁。
(20) 波多野敬雄『波多野敬雄オーラルヒストリー』政策研究大学院大学、二〇〇五年、四―五頁。
(21) 明石康『忍耐と希望 カンボジアの五六〇日』朝日新聞社、一九九五年、一二一―一三九頁。
(22) David W. Roberts, *Political Transition in Cambodia 1991–99: Power, Elitism and Democracy* (Curzon Press, 2000), pp. 50–103.
(23) Ken Berry, *Cambodia From Red to Blue: Australia Initiative for Peace* (Allen & Unwin, 1999), p. 251.
(24) 南東アジア一課「カンボディア情勢（一〇日の拡大P―5の模様）」（一九九二年六月一一日）2013-00702、外務大臣発在国連代大使宛一七一八号「カンボディア問題（議長声明仏案）」（一九九二年六月一〇日）2011-00338。
(25) 波多野大使発外務大臣宛三〇四二号「カンボディア問題（議長声明）」（一九九二年六月一二日）2011-00338。
(26) 波多野大使発外務大臣宛三〇四四号「カンボディア問題（安保理会合：評価）」（一九九二年六月一二日）2011-00338。
(27) 池田維『カンボジア和平への道――日本外交試練の五年間』都市出版、一九九六年、一四四―一四七頁。
(28) 木内大使発外務大臣宛三〇〇三号「カンボジア問題（仏のデマルシュ）」（一九九二年六月一五日）2013-00702、今川大使発外務大臣宛二三五号「『カ』情勢（拡大P5会合）」（一九九二年六月一二日）2013-00702。
(29) 南東アジア一課「『カ』復興内閣閣僚会合――タイよりの『カ』人会合開催提案」（一九九二年六月一七日）2012-00114。
(30) 明石康『カンボジアPKO日記』岩波書店、二〇一七年、七六―七八頁。
(31) 外務大臣発在国連代大使宛一六二四七号「明石国連事務総長特別代表の小和田外務次官との会談」（一九九二年八月二五日）2012-00482。
(32) 山本忠通「小和田大使：Guiding Star」山本吉宣・上川陽子・田中明彦・金城亜紀・赤松秀一編『「学ぶこと」と「思うこと」学び舎の小和田恒先生』信山社、二〇二二年、一一三頁。
(33) 今川大使発外務大臣宛三三五号「緊迫したカンボディア情勢（アカシ代表内話）」（一九九二年七月一三日）2012-00481。
(34) 今川大使発外務大臣宛三二六号「UNTACへの支持要請」（一九九二年七月一〇日）2011-00338。
(35) 外務大臣発在国連代大使宛一九六九号「カンボディア問題（安保理）」（一九九二年七月一四日）2011-00338。
(36) 「七月九日今後の対『カ』政策に関する事務次官室での会議（記録）」2012-00114。当文書は「開示請求対象行政文書一覧表」に名称のみ記載で非開示。
(37) 南東アジア一課「アーサ外相と藤井大使の会談について（山本課

長よりの電話連絡）」（一九九二年七月一〇日）2012-00114。

（38）外務大臣発在国連代大使宛一九九四号「カンボディア問題」（一九九二年七月一七日）2012-00481。

（39）波多野大使発外務大臣宛三五六四号「カンボディア問題（安保理）」（一九九二年七月二二日）2011-00338。

（40）『PKOプロジェクト・オーラルヒストリー小和田恒氏（第二回）』政策研究大学院大学、二〇一六年、九―一〇頁、池田、前掲書、一五五頁。

（41）池田、前掲書、一五一頁。

（42）波多野大使発外務大臣宛三四一二号「カンボジア問題（安保理）国連発（秘）」（一九九二年七月一三日）2011-00388。

（43）Berry, *op. cit.*, p. 258.

（44）南東アジア一課「拡大ASEAN外相会談（カンボディア問題）」（一九九二年七月二四日）2012-00481、池田、前掲書、一六三、友田、「続・日本のカンボジア外交」、八五頁。

（45）今川大使発外務大臣宛八五五号「カンボディア情勢（日・タイ・DK三者協議）」（一九九二年一〇月二二日）2102-00115。第二回、第三回の三者協議の記録は筆者の請求で開示された外務省文書の中には存在しなかった。日・タイが国連事務総長に提出した三者協議に関する共同報告書にはその概要が記載されている。The United Nations Department of Public Information (UNDPI), *The United Nations and Cambodia 1991–1995* (UNDPI, 1995). pp. 234–236 を参照。

（46）明石、『カンボジアPKO日記』、九二―九三頁。

（47）今川大使発外務大臣宛五二五号「拡大P5会合（八月一八日）」（一九九二年八月一八日）2012-00482。

（48）「明石国連事務総長特別代表の小和田外務次官との会談」。

（49）友田、「続・日本のカンボジア外交」、八八―八九頁。

（50）Berry, *op.cit.*, p. 261, UNDPI, *op. cit.*, pp. 208–210.

（51）今川大使発外務大臣宛六八八号「カンボディア情勢（中国ジョンシン外務次官内話）」（一九九二年九月二四日）2012-00483。

（52）今川大使発外務大臣宛六八七号「カンボディア和平問題（仏提案）」（一九九二年九月二四日）2012-00483。

（53）明石、『カンボジアPKO日記』、一二九―一三〇頁。

（54）波多野大使発外務大臣宛四八七二号「カンボディア情勢（国連における協議）」（一九九二年一〇月九日）2012-00115。

（55）明石、『カンボジアPKO日記』、一三三頁。

（56）波多野大使発外務大臣宛四八九四号「カンボディア問題（国連における協議）」（一九九二年一〇月一〇日）2012-00115。

（57）波多野大使発外務大臣宛四九二五号「安保理（カンボディア問題決議案）」（一九九二年一〇月一三日）2014-00136。

（58）今川幸雄『今川幸雄オーラル・ヒストリー』政策研究大学院大学、二〇〇五年、四二五頁。

（59）波多野大使発外務大臣宛四九〇六号「カンボディア情勢（国連における協議）」（一九九二年一〇月一二日）2012-00115。

（60）今川大使発外務大臣宛八三三号「カンボディア和平（対DK協議：シアヌークの了承取り付け）」（一九九二年一〇月一四日）2012-00115、今川大使発外務大臣宛八五六号「カンボディア情勢（ACB・CC提案についての明石代表との協議）」（一九九二年一〇月二三日）2012-00115。

（61）今川大使発外務大臣宛八五五号「カンボディア情勢（日・タイ・DK三者協議）」（一九九二年一〇月二二日）2012-00115。

（62）明石、『カンボジアPKO日記』、一四五頁。

（63）今川大使発外務大臣宛八七五号「拡大P5会合（25日）」（一九九二年一〇月二六日）2012-00115。

（64）橋本大使発外務大臣宛四三三三号「カンボジア和平（北京SNC特別会合：第2回拡大P―5会合）」（一九九二年一一月九日）2011-00609。

（65）同右。

（66）同右、橋本大使発外務大臣宛四三二三号「カンボディア和平（北京ＳＮＣ特別会合・米英豪との打ち合わせ）」（一九九二年一一月八日）2011-00609、明石、『カンボジアＰＫＯ日記』、一四九頁。

（67）明石、『カンボジアＰＫＯ日記』、一五一頁、Berry, *op. cit.*, p. 268.

（68）橋本大使発外務大臣宛四三三二号「カンボジア和平（北京ＳＮＣ特別会合）（２の２）」（一九九二年一一月九日）2011-00609。

（69）「カンボジア和平（北京ＳＮＣ特別会合：第２回拡大Ｐ―５会合）」。

（70）外務大臣発在カンボディア大使宛六〇三号「カンボディア情勢（大統領選支持）」（一九九二年一〇月二八日）2012-00115。

（71）明石、『カンボジアＰＫＯ日記』、一五八頁。

（72）矢田部大使発外務大臣宛五九三〇号「カンボディア問題（北京会合：ルヴィット・アジア仏外務省アジア局長ブリーフィング）」（一九九二年一一月一一日）2011-00609、栗山大使発外務大臣宛一一九二七号「カンボディア情勢（安保理における審議）」（一九九二年一一月一〇日）2011-00609。

（73）山本忠通氏インタビュー（二〇〇八年八月二七日）。山本氏のご厚情に感謝申し上げる。

（74）波多野大使発外務大臣宛六一五七号「安保理（カンボディア問題：志村部長内話）」（一九九二年一一月二一日）2011-00609。

（75）波多野大使発外務大臣宛六二三二号「ＵＮＴＡＣへの攻撃と安保理決議への影響」（一九九二年一一月二四日）2011-00609。

（76）波多野大使発外務大臣宛六二三八号「安保理（カンボディア問題：決議案についての中国の立場）」（一九九二年一一月二四日）2011-00609。

（77）Berry, *op. cit.*, p. 270.

（78）池田、前掲書、二二四頁。

〔付記〕本稿は科学研究費助成事業（基盤研究〔Ｃ〕、課題番号21K01381）による研究成果の一部である。

（むらかみ　ともあき　流通科学大学）

日本国際政治学会編『国際政治』第212号「二国間と多国間をめぐる日本外交」（二〇二四年三月）

インド太平洋地域秩序をめぐる日豪の多国間と二国間外交の比較

——脅威の性質と地理的近接性の視点から——

畠山京子

はじめに

中国の経済的台頭と海洋における拡張主義は、アジアの安全保障環境を大きく変えた。中国は、南シナ海の大部分に対して、自国の「歴史的権利」を主張し、埋め立てた人工島に軍事基地を作り、軍事的プレゼンスを拡大している。同時に、南シナ海での資源開発や漁業の取り締まりを強化し、実効支配の強化に乗り出している(1)。

中国が海洋権益の主張を強めるなか、日本は、二〇一六年に「自由で開かれたインド太平洋（ＦＯＩＰ）」を発表し、「法の支配」を強く訴えた。また、日豪米印が参加するクアッド（Quadrilateral Security Dialogue）の再開を主導し、自由で開かれた海洋の重要性を強調するなど、積極的に多国間外交を展開した。ＡＳＥＡＮ各国や豪州、インドとの二国間関係も強化し、法の支配の重要性を議論した。ところが、日本は、多国間外交では中国の行動に批判的だったものの、二国間では中国との関係を改善し、良好な関係を維持した(2)。日本の対中外交は硬軟両面を併せ持つ(3)。

一方、「ルールに基づく秩序」を謳う豪州は、中国をパートナーとして位置付けていたが、二〇一七年頃より態度を硬化させた。豪中関係は急速に悪化し、二〇一六年一月から二〇二一年八月までの間、日中両国の高級事務レベル間では一五二回の交流があったのに対し、豪中間はわずか三二回に激減した。印中の一〇九回、米中の一六四回に比べても豪州の少なさが目立つ(4)。また、二〇二一年には米英両国とオーカス（ＡＵＫＵＳ）を発足させて米国へ寄り添う姿勢を鮮明にした。二〇二二年に発足したアルバニージ（Anthony

Albanese）労働党政権は対中批判をトーンダウンさせたものの、対中政策が変わったわけではない。

このように、日豪の対中政策は異なる。日豪両国は、ともに米国の同盟国であり、地域の秩序観や価値観、対中脅威認識を共有している[5]。中国の台頭をうけ、両国は秩序を維持すべく安全保障・外交関係も強化している[6]。多くの共通点を持つ両国は類似した行動を見せてもいいはずだが、実際はそうではない。なぜ、両国の対中外交は異なる様相を見せたのだろうか。この問いに答えるため、本論文は、脅威認識を分析の枠組みとして、第二次安部政権時の日本と豪州の二国間および多国間外交を比較検討する。

既存の研究は、勢力均衡論や脅威均衡論、利益均衡論の立場から、日本や豪州は中国の台頭を受けてバランシングあるいはヘッジングをしていると議論する[7]。しかし、日本の対中政策を見るとバランシング一辺倒ではない。バランシングとバンドワゴンの間に位置するヘッジングも、確立された概念ではないうえに[8]、経済的相互依存や多国間関係が深化している現在では、対立一辺倒になることは考えにくく、それ故どんな行動もヘッジングと議論することが可能である。しかも、これらの研究は、日豪両国の対中外交がなぜ異なるのかには答えていない。尖閣諸島問題を抱える日本のほうが中国に対する脅威認識は強いはずだが、対中強硬姿勢を見せたのは豪州である。一見パラドックスな状況をどう説明すればいいのだろうか。外交分析では、国内要因を重視する傾向がある[9]が、日豪両国の違いは、国内要因が引き起こしたのだろうか。

本論文では、まず分析の枠組みを提示する。二国間外交と多国間外交の目的や特性について論じたのち、安全保障外交に影響を与える要因として脅威認識の性質に焦点を当て、脅威には外的、内的、国際的の三つがあると論じる。第二および第三に日本と豪州の対中二国間外交および多国間外交を検証する。最後に、日豪両国の脅威認識の性質を考察する。結論を先取りすれば、外的な脅威認識が強い国家が必ずしもバランシングをするわけではなく、関与または宥和的態度をとることもある一方で、外的脅威は低くても国際的および国内的脅威を感じた国家は、バランシング行動をとることもある。脅威の性質と地理的近接性が国家行動に影響を与えるのである。

一　分析の枠組み

(1)　二国間外交と多国間外交

外交とは、軍事力などの物質的な力を行使せずに、貿易、安全保障など様々な分野の問題を交渉により解決したり、国家の目的を達成したりする方法である。外交は、各国間の立場の違いを解消し、平和と安定の維持に大きな役割を果たす[10]。

二国間外交は、交渉により自国の利益を高めるのが目的である。基本的に対面式で行われ双方向のコミュニケーションを伴う二国間外交は、お互いの意思疎通が容易で双方の疑念や不確実性を取り除く効果があるため、緊張緩和に大きな役割を果たす[11]。国家同士がホットラインを創設して緊張緩和を模索するのも、こうした直接的なコミュニケーション効果に期待してのことである。特に、喫緊の安全保障上の課題を抱える場合は、問題解決（または棚上げ）にあたり二国間外交が果たす役割は大きい。

一方、多国間外交は、規範や理念の拡散を通じて、自国の国益に資するルールの形成を目的とする。国際機関や会議などで、自国の理念やアイデアを提案し、議論し、他国を説得するのである。さらに、国際条約締結や枠組みの発足により制度化を進め、ルールや規範を定着させることを目的とする[12]。例えば、アジア太平洋経済協力（APEC）の発足は、日本と豪州による多国間外交が成功して自由貿易が制度化された事例である。日本が、ミサイル実験を繰り返す北朝鮮の非難決議採択を国際連合に働きかけるのも多国間外交の一例である。また、多国間外交は多くの参加国による協力推進、信頼醸成の場でもある。例えば、二〇〇〇年代に中国が多国間外交を利用して日本との関係を改善しようとしたように[13]、緊張した二国間関係を仕切りなおす場を提供する。また、自国と同じ理念を持つ国でグループを形成するのも多国間外交である。

このように、二つの外交の目的や方法は異なるが、国益は国家の理念や規範によって構成されることから[14]、両外交の究極のゴールは同じであろう。では脅威を認識した場合、国家はバランシング外交を行うのだろうか。

(2)　脅威の性質と地理的近接性

ウォルト（Stephen Walt）は、「脅威均衡論」で、国家は脅威に対抗してバランス行動をとると議論し、脅威を感じる条件として、脅威となる国の意図、能力、地理的近接性、相対的パワーの四点をあげた[15]。バスケス（John A. Vasquez）も同様に、地理的近接性は、戦争の原因ではないものの脅威認識のレベルを上げると指摘した[16]。近年では、弾道ミサイルなど技術の発達により、遠く離れた敵国も攻撃できるようになったため、戦争や紛争は必ずしも隣国同士で起こっていない[17]。しかしながら、地理的に近いと攻撃が容易なため脅威をより強く感じるのは確かだろう。また、マルコヴィッツ（Jonathan N. Markowitz）らは、異なる政治体制の経済大国が地理的に近接している場合、国家は強い脅威を感じ、対抗するために軍拡（バランシング）に走ると論じた[18]。

しかし、第二次世界大戦前、英国がドイツに対して宥和的だったように、あるいは韓国が対中配慮からミサイル防衛システムの導入を渋ったように、脅威を感じた国家が常に均衡を選好するとは限らない。スウェーデンやフィンランドも（ロシアのウクライナ侵攻後に北大西洋条約機構に加盟申請したが）、対ソ配慮から中立政策を長らく維持した。国家は必ずしも脅威に対して自動的にバランシングするわけではないようだ。では、どのような場合にバランシング行動、宥和または関与政策をとるのだろうか。既存の研究が論じるように、経済的相互依存関係にある場合や利益が見込める場合は、台頭する国家に対して均衡政策ではなくバンドワゴンや混合アプローチ（ヘッジング）をとるのだろうか[19]。しかし、日豪の対中政策の相違を見る限り、相手国との経済的相互依存関係が常に要因として働くわけではなさそうである。リベラルな価値観を持つ日豪両国が、中国中心の新たな秩序への移行に対して、利益を見出すことも考えにくい。

このように既存の議論は国家行動を十分に説明できない。なぜなら、脅威にも様々な種類があることを見落としているからである。既存の分析の焦点は主に外的脅威であり、外的脅威以外は分析の射程外であった。しかし、冷戦後は難民が安全保障問題となるなど、領土以外の様々な脅威も国家行動を左右する要因の一つとなっている。分析の射程を広げる必要があるだろう。

そこで本稿では、脅威の性質に着目し、脅威を①領土など国家主権に対する外的脅威、②国内政治やアイデンティティに対する内的脅威 ③公共財や秩序に対する国際的脅威の三点に分ける。①の外的脅威は、戦争や紛争、侵略に直結する最も深刻な脅威である。この脅威は、脅威を増幅させうる地理的近接性に大きく左右される。一方で地理的近接性には、歴史的なつながりや文化的交流の蓄積という別の作用もある。地理的に遠い場合は、脅威の深刻度は比較的低く、国家間の歴史的つながりも限定的である。②の内的脅威は、イシューの安全保障化が行われた結果、国内で脅威と認識されるようになる。外国による影響工作や移民や難民の安全保障化もそれにあたる。③の国際的脅威とは、秩序変動や既存の公共財の弱体化をもたらす脅威である。冷戦後、米国が秩序や公共財の維持に役割を果たしているが中国の台頭によりその秩序が揺らぎつつある。変化の兆しに直面して、豪州や日本など既存秩序の恩恵を受けてきた国は、不安を感じている。

右記の分類に基づき、本稿では以下の仮説を提示する。③の国際的および①の外的脅威に直面している場合（地理的に近接している場合）、国家はバランシングではなく宥和的な政策をとる。歴史的・文化的交流や交戦による甚大な被害は、相手国に対し強硬姿勢を取ることを躊躇させる。二国間のチャンネルが様々な分野で確立されているため、関与により解決の糸口を見つけようとする。他方、距離があるため侵略や紛争などの外的脅威が深刻ではなくとも、③の国際的および②の国内的脅威を感じている場合は、バランシング行動をとる。歴史的文化的な絆がないため、躊躇することはない。

二　インド太平洋を巡る日本外交

(1) 対中外交

日中国交回復後、中国と日本の経済関係は順調に進化し、二〇〇七年には中国が日本の最大貿易国となった。政治面でも、日中両国は関係を深めていった。二〇〇八年の「戦略的互恵関係」の包括的推進に関する日中共同声明では、両国首脳による定期的相互訪問のメカニズムを構築し、首脳会談を頻繁に行い、交流や対話のメカニズムを強化して良好な関係を維持することや、アジアの平和、繁栄、安定、開放の実現を共に推進することを謳った。[20]

日中関係は順調に深化するように見えたが、二〇〇八年末、中国公船二隻が尖閣諸島周辺領海内に初めて侵入したことにより、尖閣問題がクローズアップされる。海上保安庁巡視船からの退去要求及び外交ルートを通じた抗議にもかかわらず、中国船は約九時間にわたり領海内を徘徊・漂泊した。[21]さらに、二〇一〇年には尖閣諸島付近で、海上保安庁の巡視船に中国漁船が体当たりしてくる事件が発生した。日本が中国船員を逮捕したため、日中関係は悪化し、中国からレアアースの輸出が遮断されレアアースショックも起こった。その二年後には日本が尖閣諸島を国有化したため、中国公船による領海・接続海域侵入は急激に増加し、日中関係は悪化した。

しかしながら、第二次安倍晋三政権が日中関係の改善に力を注いだ結果、二国間関係は急速に改善していった。二〇一四年七月には福田康夫元首相が訪中して習近平国家主席と会談し、約二年ぶりに、第二回日中高級事務レベル海洋協議を開催した。こうした努力の積み重ねのうえに、同年一一月に日中首脳会談が実現し、両首脳は戦略的互恵関係の維持や信頼醸成を確認した(22)。この時すでに日本は、多国間会議で中国の東・南シナ海での強硬姿勢を批判していたが、この首脳会談では、「中国の平和的発展は国際社会と日本にとって好機」であると中国を持ち上げた。更に、二〇一五年五月には、二階俊博自民党幹事長率いる日中観光文化交流団約三千人が訪中した。自民党主導で、経済交流を軸に関係改善を図ろうとしたのであった。

日本は、FOIPを表明した際にも対中配慮を怠らなかった。中国に同構想の説明を行い、理解を得た(23)。二〇一七年五月には、日本政府の代表として、二階自民党幹事長が経団連会長とともに、「一帯一路（BRI）」国際協力フォーラムに出席し、首相からの親書を習主席に手渡して来日を要請した。翌月に開催された「アジアの将来国際会議」でも、安倍首相は、ルールや原則が透明かつ公正であり、プロジェクトが実行可能で、適切に資金供給されるならば、BRI推進のために中国と協力をする用意があることを明らかにして、対中配慮をにじませた。むしろ東西をつなぐ構想としてBRIを大いに持ち上げた(24)。この会議で海洋における法の支配に触れることもなかった。七月の日中首相会談では、日本はBRI構想だけでなく一つの中国政策への支持を明確にした(25)。

トランプ（Donald Trump）政権が貿易戦争を仕掛けていた頃も、日本の対中協力姿勢に変化はなかった。二〇一八年の李克強総理の訪日時には、「競争から協調へ」日中関係を大きく発展させることや、アジアのインフラ需要に協力して取り組む姿勢を強調した(26)。中国も、両国は改善と発展のチャンスを迎えている述べ、日本に対して友好的にふるまった(27)。日中防衛交流も再開されるなど関係改善は着実に進んでいった。

こうした甲斐あってか、二〇一八年一〇月には七年ぶりに安倍首相の単独中国訪問が実現した。この訪問で、両国は互いに協力パートナーとなり「脅威とならない」ことを確認した。さらに、BRIへの協力として、第三国における日中経済協力の拡大を見据えて五二件の覚書を締結した(28)。アベノミクスにより強い日本経済を取り戻すには中国市場が必要であったし、中国市場を重視する経済界からの要望もあった(29)。実行可能なのは数件だったが、五二件もの覚書を締結したのも、締結により対中関係の改善を図りたいからであった(30)。開放性、透明性、経済性、財政健全性といった国際基準に沿ったインフラ案件を中国と協力して進めていくことで同国の社会化も期待できた。

日本の対中宥和姿勢は、人権や民主主義分野でも顕著だった。新疆ウイグル自治区での人権侵害や香港での民主主義弾圧に対して国際的な懸念が高まっていたにもかかわらず、日本が批判や制裁に加わることはなかった。むしろ政府は、国際社会での非難を横目に習主席を国賓として招待することを模索した。日中双方は、主席来日時に発表する「第五の政治文書」の作成に取り組み始めてすらいた[31]。結局、新型コロナウイルス感染症拡大と「一国二制度」を形骸化する香港国家安全維持法の制定により欧米諸国の対中批判が高まり、来日は延期された。

二〇二二年八月、ペロシ（Nancy Pelosi）米国下院議長の台湾訪問に反発した中国が弾道ミサイルを台湾に向けて発射し、うち五発が日本の排他的経済水域に落下した時は、日中外相会談が中止となるなど両国関係は一時的に悪化した。しかし、一一月にはタイで日中首脳会談が開催されるなど、両国関係はわずか三カ月で元に戻った。海や空での自衛隊と人民解放軍の偶発的な衝突を防ぐために防衛当局間のホットラインも運用開始となるなど、良好な日中関係が維持された。

(2) 多国間外交

対中配慮がにじむ二国間外交とは異なり、日本の多国間外交は中国に対して批判的であった。たとえば、政権発足直後、安倍首相は、「セキュリティ・ダイヤモンド構想」[32]を発表し、南シナ海が「北京湖」になることへの警鐘を鳴らした。二〇一四年には、第一三回アジア安全保障会議にて三つの原則を発表し、対中批判を行った。三つの原則とは、第一に国家の主張は法に基づくべきであり、第二に力や威圧を用いないこと、第三に紛争は平和的に解決することである[33]。このように、中国が南シナ海の実効支配を強めるなか、日本は、ASEAN諸国との二国間協議に加え多国間の国際会議を利用して法の支配を訴え中国を牽制したのだった。

さらに、中国の海洋権益の主張を否定した仲裁裁判所の判決が出ると、日本政府は、日本語、英語、中国語で素早く支持を表明し、中国の一方的な現状変更を暗に批判した。こうした姿勢は、判決支持を表明するのが少し遅れた欧州や、支持を明確にしなかったASEANと対比をなした。

また、日本は友好国とグループを形成することで対中抑止を強化した。二〇一七年には、米国と日本の主導で、日米豪印によるクアッドが一〇年ぶりに復活し、自由で開かれたインド太平洋の実現に向け協力することを謳った。法の支配を強調する日米豪に加え、世界最大民主主義国家であるインドが加わったクアッドは、FOIP推進の枠組みともなった。さらに、日本は、物品役務相互提供協定や防衛装備品移転協定の締結を通して、インド、豪州、ASEAN各国や欧州と安全保障関係を強化した。共同演習など防衛交流も着実に深化させ、安全保障のネットワークづくりを加速化させていたのである[34]。

日本は、経済面でもルールに基づく枠組みを推進して、法の支配の強化につなげようとした。トランプ政権は、政権発足直後に、対中包囲網とみなされていた環太平洋パートナーシップ（ＴＰＰ）からの脱退を宣言した。この決定に、日本や豪州をはじめアジアは落胆したが[35]、二〇一八年一二月、日本と豪州はＴＰＰと同様の経済枠組みを包括的・先進的ＴＰＰ（ＣＰＴＰＰ）として発足させ、経済面でイニシアティブを発揮した。

また、日本は、欧州でも積極的な多国間外交を繰り広げた。茂木敏充外相はオンラインで出席したＥＵ外交委員会にて、東および南シナ海で法の支配が揺らいでいることを訴えた[36]。東欧諸国も訪問し、秩序が揺らいでいることを訴えてＦＯＩＰへの支持を取りつけた[37]。会合では、アジアと欧州が、それぞれ中国とロシアという脅威に面していることを強調し、日本と欧州がともに立ち上がることを呼びかけたのだった[38]。

岸田文雄首相も、アジア安全保障会議での基調講演で、ＦＯＩＰをさらに強力に推進していく旨を表明した。またロシアによるウクライナ侵攻後にＮＡＴＯ首脳会談に出席し、東および南シナ海での中国の現状変更行動を批判し、法の支配の重要性を訴えた。二〇二二年に改訂された国家安全保障戦略でも、中国を法の支配に基づいた国際秩序への最大の挑戦だと位置づけて[39]、中国の行動をけん制した。

三　インド太平洋を巡る豪州外交

(1)　対中外交

経済成長を続ける中国を「機会」だと考えた豪州は、二〇一三年に中国と戦略的パートナーシップを締結し、翌年には包括的・戦略的パートナーシップへと格上げした。二〇一五年一二月には豪中ＦＴＡも発効した。豪州は、日米が参加を見送ったアジア・インフラ投資銀行へも原加盟国として参加した。英国、韓国やドイツなどの欧州諸国も参加したため、豪州の参加決定が際立っていたわけではないが、この決定は経済重視の姿勢を表していた。さらに同年、豪州は米軍基地に近いダーウィン港湾を中国企業に九九年間貸与する契約を締結した。オバマ政権は、同港が米軍駐留基地に近いことから懸念を表明したが、ターンブル（Malcolm Turnbull）保守連合政権は安全保障上の懸念はないと反論し、対中挑発的な措置をとることは避けた。

安全保障分野でも豪中は協力を推進していった。例えば、二〇一五年、両国は二国間防衛協力に合意した。豪州は、中国の拡張主義的な動きを既に認識していたが、中国と強固で建設的な関係を維持することを望んでいた政府は不問に付した[40]。

しかしながら、対中姿勢については、豪州国内でも議論が割れていた。例えば、外相も務めた政治家のカー（Bob Carr）や著名なホワイト（Hugh White）教授は、米国を批判し、中国寄りの発言を繰り返した。また紛争巻き込まれの懸念から、日豪防衛協力の深化を繰り返し批判した[41]。一方で、対中懸念は政府内でも共有されており、アボット（Tony Abbott）首相が自国の対中政策を「恐怖と欲望（fear and greed）」と表現したように、豪州では複雑な対中認識が渦巻いていた[42]。

しかし、豪州の対中姿勢は次第に変化していった。二〇一六年頃より豪州メディアは中国による内政干渉が浸透していることを報じ始めた。ターンブル政権に提出された報告書では、外国による国内政治介入や干渉の事実が指摘されていた[43]。豪州安全保障情報機関も同様の指摘をするなど、中国による影響工作が次第に明らかになっていった。こうしたなか、二〇一七年末には外国政府や外国人の政治介入を排除する一連の法案が提出された。さらに、政府は、外国企業が戦略的価値の高い豪州資産を取得するのを防ぐため、重要インフラ安全保障法を採択し、外国投資審査委員会の手続きも厳格化した。翌年八月には、国家安全保障上の懸念からＨＵＡＷＥＩとＺＴＥの５Ｇネットワーク参入を世界に先駆けて実質的に禁止にした。一方で、豪州の動きに対抗するかのように、中国は、二〇一七年半ば頃よりビーフ、ワインや石炭などの豪州産輸入品に対する輸入差し止めや関税の引き上げなどを度々行うようになり[44]、ターンブル政権の終わり頃には豪中関係は冷え切っていた。

次のモリソン（Scott Morrison）保守連合政権は、当初、中国と対決ムード一色ではなかった[45]。しかし、豪州が二〇二〇年四月にコロナウイルス発生源の調査を要請したことで豪中関係は一気に悪化した。豪州の要請に中国は激しく反発し、実質的な報復措置として豪州産大麦に反ダンピング、反補助金関税を課した。豪州産ワインも標的となった。六月には、豪州への渡航を控えるよう自国民に呼び掛けた。

中国の措置に反発したモリソン政権は、二〇二〇年末、中国による豪産大麦への追加関税は不当だとして、世界貿易機関（ＷＴＯ）に提訴した。また、国家安全保障の観点から、海外からの投資を政府の審査対象とする外資買収法を厳格化するだけでなく、州や準州が外国政府と締結した協定について、連邦政府に拒否権を与える外国関係法案（州や準州の協定）を可決した[46]。この法案によって、連邦政府は、州政府が中国と締結したＢＲＩ協定を取り消すことが可能になった[47]。翌年、同法に基づき、連邦政府はビクトリア州政府が中国と締結した案件をキャンセルした[48]。

豪州は人権分野でも強硬姿勢を見せた。二〇二一年、豪州は、新疆ウイグル自治区での人権侵害問題をうけ、人権侵害に関与した外国の当局者らに制裁を科す法案を可決した。ダットン（Peter Dutton）国防大臣は、台湾を巡り米中戦争が勃発した場合、豪州軍が参加することは必至であると述べるなど[49]、中国を挑発するかのような発言をした。豪州が中国との関係悪化を望んでいたわけではないし、こうした対中強硬姿勢は選挙対策という側面もあったことは否定できない[50]。しかし、モリソン首相が強力に推進した英米とのオーカスは、豪州のバランシング行動を示していた。次のアルバニージ労働党政権では、言葉はソフトになり首脳会談も再開されるなど、強硬姿勢はトーンダウンしたものの、中国への厳しい姿勢と緊張関係には変化はなかった[51]。

(2) 多国間外交

豪州は、最大貿易相手国である中国との関係を重視していた。二〇一二年にギラード（Julia Gillard）労働党政府が発行した「アジア世紀の中の豪州（Australia in the Asian Century White paper）」では、アジア戦略環境について楽観的な見通しを示し、中国との関係強化をうたった(52)。この白書では「ルール」は三四回言及されているが、殆どが経済分野におけるルールに関するものであった。安全保障は米国と歩調を合わせ、経済は中国と相互繁栄を図るのが最善だとの立場だった。次のアボット首相は、日本との防衛関係を強化したが、中国との良好な関係も維持していた。

しかし、二〇一六年の防衛白書および翌年の外交白書では「ルールに基づく秩序」に四九回以上言及し、中国の拡張主義によりアジアの安全保障環境が変化しつつあることに懸念を示すなど(53)、中国との包括的戦略関係を強調しながらも、中国の現状変更行動に懸念を呈したのであった。二〇〇九年度版の防衛白書や外交白書では、「ルールに基づく秩序」が全く言及されていなかったことに鑑みると大きな変化であった(54)。

対中政策の変化は多国間外交の場でも明らかだった。例えば、豪州は、日本と同じく、仲裁裁判所判決の支持をいち早く表明した。また、二〇一七年三月、ビショップ（Julie Bishop）外相は、民主主義制度と価値観の重要性を強調しながら中国を批判した(55)。同年六月、ターンブル首相は、アジア安全保障会議にて、中国による現状変更行動を非難し、豪州の対米協調姿勢を鮮明にした(56)。

また、友好国との安全保障関係の強化も進めた。二〇〇八年、対中包囲網のようにも見えたクアッドから一度は遠ざかった豪州であったが、クアッドの再開を歓迎するようになっていた。クアッド参加国や日豪、日米豪などの枠組みで、安全保障協力も強化していった。また、経済分野でも、資金力のある日米と経済協力をすすめた。太平洋島嶼国の中国傾倒をくい止めるためであった。

二〇二二年に発足したアルバニージ政権もリベラルな秩序維持を打ち出した。首相とウォン（Penny Wong）外相は、選挙の数時間後には東京でのクアッド首脳会議に出席してクアッドへの関与をコミットした。さらに、中国が南太平洋で影響力を拡大させるのを看過できない豪州は、同会議の数日後に島嶼国を訪問するなど、中国の影響力拡大阻止に向けて精力的な外交を展開した。

四　脅威の性質

豪州と日本の多国間外交は「ルール」と「法の支配」を重んずる共通の秩序認識に支えられていた(57)。日豪間の防衛協力も深化しており、二〇一七年には日豪改定物品役務相互提供協定、五年後には日豪円滑化協定が締結され、両国の共同訓練がより容易になった。さらに日豪共同宣言も改定され、緊急事態には相互協議することも盛り込まれて、日豪関係は準同盟と言えるレベルにまで強化された。両国は共通点が多く関係も密接であるが、脅威の性質は同じなのだろうか。以下、枠組みで述べた三つの脅威について考察する。

(1)　日本

日本は、既存の秩序の揺らぎに強い懸念を感じていた。そのため、多国間外交で法の支配の重要性を説き、クアッドを再開し、共同軍事演習を通じて友好国と安全保障関係を深めていき、中国の拡張主義的な動きをけん制した。国家安全保障戦略で中国の強硬姿勢を国際秩序への「挑戦」と呼んだように、中国の拡張主義がリベラルな国際秩序への脅威となっていることを、強く懸念していた。

　国際秩序に対する中国の挑戦を懸念していた日本だったが、中国の内政干渉に強い懸念を抱いていたわけではない。二〇〇八年に中国公船が尖閣諸島の領海に侵入し始めてから対中感情は悪化の一途をたどり、二〇二二年には中国に対して親しみを感じない人が七九％に上ったが(58)、政府は関係改善に前向きであった。また、二〇一〇年代後半より米国や豪州で、安全保障や学問の自由に対する脅威として中国語教育機関である孔子学院がターゲットになったのとは対照的に、日本で孔子学院が大きな問題となることはなかった。この問題は、二〇二一年に一度国会で取り上げられただけである。二〇二二年には、中国資本による自衛隊基地周辺での森林買収などの事例を受け、外資による安全保障上重要な土地の取得を規制するために、「重要土地利用規制法」が成立したが、依然として中国との関係を重視する二階俊博自民党議員や山口那津男公明党議員などが政策決定において影響力を持っていた(59)。文化的歴史的にも近いためか、中国がアイデンティティへの脅威だと糾弾されることもなかった。

　しかし、尖閣問題を抱える日本は、中国を国家安全保障上の脅威と捉えていた。二〇一〇年には中国を「懸念」として防衛白書に明記しただけでなく(60)、米国に対して尖閣防衛義務の確認を求めるようになったのである。中国は、日本の尖閣諸島国有化以降、接続海域・領海への侵入を継続しており、海上保安庁の巡視船が二四時間体制で尖閣諸島の警備に当たるなど、海域は高度な緊張状態におかれている(61)。さらに、尖閣諸島近海に派遣される中国船舶は大型化が図られ（少なくとも一隻は三千トン級以上の船舶）、二〇一五年末以降は、機関砲とみられる武器を搭載した中国公船が尖閣領海に繰り返し侵入するようになった(62)。尖閣諸島をめぐり日中が緊張する中、日本は米国の関与を明確化して抑止力を高めていった。

　しかも、尖閣問題に加え、台湾問題が日本の安全保障を脅かす可能性も浮上してきた。台湾旅行法やアジア再保証推進法の成立に象徴されるように、トランプ政権が台湾との距離を縮めたことに反発した中国は、台湾海峡の中間線を越えて軍用機を飛ばすなど、台湾に対して圧力を強めていった(63)。バイデン政権も、中国との対決姿勢を鮮明にした。中国が台湾統一に向けて武力行使を厭わない姿勢を強める中(64)、台湾有事の可能性は高くなっていった。

　台湾で不測事態が起こり、米軍が台湾を防衛するとなれば、日本が米軍の軍事作戦を後方あるいは直接支援で支えることになる。ペロシ下院議長の訪台に反発して中国が行った大規模演習では、中国ミサイルが与那国島の北北西八〇キロメートルの地点に落下した。地理的近接性に鑑みると、台湾有事が日本有事へと発展する可能性は否定できない(65)。既存の研究が指摘するように、地理的近接性は脅威を増幅させている。

　一方、地理的近接性は歴史的文化的な繋がりを意味する。中国大陸と日本（倭国）の交流は古代までさかのぼるし、日本文化は漢字や儒教などの中国文化の影響を大きく受けた。近代では、満州事変、日中戦争など不幸な歴史により日中関係は紆余曲折したが、一九七八年には平和条約も締結された。さらに、日本は多額の経済援助を通じて中国の発展を支えるなど日中間に経済的絆が加わった。天安門事件の際には、西側諸国のなかでもいち早く対中制裁を解除して中国の国際社会復帰を後押しした。日中貿易も拡大の一途をたどり、中国は米国に次ぐ重要な投資先となった。中国も日本に対して肯定的な発言をするなど、良好な対日関係を維持することに積極的であった。

戦後、「東西の架け橋」として国際社会に復帰した日本にとって、[66]日米同盟は外交の基軸であるが、アジアの一員としての立場に変化はない。中国との長期にわたる包括的な絆に鑑みると、日米同盟と防衛力の強化を通じて抑止力を高めながらも、二国間外交を通じて対話を継続して緊張緩和を図ったのである。日中首脳が、二〇一九年に「互いに脅威にはならない」ことを確認し、[67]日中間の衝突防止のために海空連絡メカニズムをスタートさせたのも、バランシングではなく関与の拡大であった。

(2)　豪州

豪州は、中国の強硬姿勢を、米国主導のルールに基づく秩序への挑戦だと捉えた。特に、中国による南太平洋島嶼国への経済援助と影響力拡大は、南太平洋のリーダーを自認していた豪州に懸念を与えた。豪州は、「パシフィック・ステップ・アップ」[68]構想や「太平洋地域インフラ資金」などの経済的支援により太平洋諸国との関係の再強化を図ったが、中国の進出を阻止することはできなかった。二〇二二年四月にソロモン諸島と中国が安全保障協力を締結したことは、豪州が自国の裏庭とみなしていた南太平洋でも中国の影響力が拡大し、既存の秩序が動揺していることを示していた。

国際秩序への懸念に加え、二〇一七年頃より、豪州は、中国の影響工作を国内の安全保障上の脅威と捉えるようになった。国内では、中国のスパイ活動や、野党議員が南シナ海問題で中国寄りの発言をしたことが報道されるなど、中国による国内政治介入への懸念が徐々に高まり、キャンベラでは対中強硬論が勢いづいた。[69]中国の政治干渉は、やがて豪州のアイデンティティや主権の問題となり、対中世論も悪化していった。[70]ターンブル首相は、政界や大学での中国の情報操作に触れ、主権、法、議会を守るためにオーストラリア人は「立ち上がる」ことを言明した。そして、「我々の民主主義」「我々の生活様式」という言葉を使いながら、脅威は主権からアイデンティティまで及ぶと国民に訴え、中国の影響力拡大を阻止するための法的対抗措置を導入したのだった。[71]こうしたメディア報道や政府の姿勢により、もともと潜在的に豪州人が持っていたアジアへの怖れは、アイデンティティや民主主義を脅かす中国の脅威と特定され拡散していったのだった。[72]そして中国のコロナウイルス情報の隠蔽や報復措置は、中国脅威論の決定打となった。

中国脅威論が席巻した豪州であったが、中国が触手を伸ばすソロモン諸島と豪州は二千キロ離れている。台湾とは五千六百キロ以上である。米国が核兵器搭載可能なB52をダーウィンに配備すれば、中国が攻撃する可能性が多少高まるとはいえ、実際中国が豪州本土を攻撃する可能性は限りなく低い。距離が緩衝材として中国の軍事的脅威を緩和するため、豪州が軍事的脅威に直面しているわけではなかった。台湾有事の際にも、アンザス同盟の集団的自衛権が自動的に適用されるわけではなく、豪州軍の派遣は政府の判断である。原子力潜水艦の導入が二〇年以上先ということからも、オーカスの目的は軍事的な対中抑止ではないことがわかる。

英国の植民地だった豪州は、一九〇一年に英連邦の一員としてスタートした。中国やアジアとは、歴史的・文化的な絆はない。こうした事情から、豪州にとって「歴史（欧米）と地理（アジア）のどちらを取るか」は古くて新しい課題であった(73)。豪州は、欧米とアジアの間で揺れ動いていたわけだが、米国主導の対テロ戦への豪州軍参加は、米国と共にあることを示し米国をアジアに引き留めておくためであった(74)。ところが、中国の軍事的台頭を横目にトランプ政権が「米国第一主義」を謳ったことは、豪州の不安を掻き立てることになった。米中対立が明確になるなか、アイデンティティに脅威を与える中国ではなく、オーカスを結成して米国支持を明確にしたのは驚くに当たらない。西側価値観やアイデンティティへの脅威に対抗するために、豪州は歴史的・文化的な絆がある米英との関係を再強化して二国間・多国間外交でバランシング行動をとったのだった。地理的近接性から生じる歴史や文化の繋がりもないため躊躇することもなかった。

おわりに

中国が一方的に海洋の現状変更を試みるなか、日本は、多国間外交で法の支配を訴えＦＯＩＰを提案することで、米国主導の地域秩序を維持することに多くの外交資源を割いた。しかし、中国を脅威と認識しながらも、二国間外交では中国と協力を推進し、安定的な関係を維持した。一方、豪州は異なる様相を見せた。豪州は多国間外交の場でルールに基づいた秩序を訴えると同時に二国間外交でも中国に対して毅然たる姿勢を見せた。オーカスを発足させて、中国と対立する米や英との共同歩調を明確にした。

日豪両国は共通点が多いが、なぜ異なる対中外交を展開したのだろうか。なぜ、日本ではなく豪州のほうがより強硬だったのだろうか。この問いに答えるために、本稿では日豪両国の脅威の性質を分析した。

豪州は、中国を主権とアイデンティティへの国内脅威として捉えた。オーカスや原子力潜水艦の導入は中国の脅威に対抗した措置に見えるが、南半球の豪州にとっては中国の軍事的脅威は限定的であったはずである。つまり、豪州の強硬姿勢は、国際的および国内的脅威に対する反応だったといえる。文化・歴史の絆が深い米英と関係を強化して欧米諸国の一員としてのアイデンティティを強化しようとしたのである。中国と対立する米国への傾斜は、主にこれらの脅威に対するバランシング行動であった。

一方、日本では、中国を国内的脅威とみなす論調がなかったわけではないが、中国がアイデンティへの脅威となることはなかったし、主要な政治論点となることもなかった。日本は、尖閣諸島及び台湾をめぐる緊張から、中国に対して軍事的脅威を抱いていたが、紛争を避けるために二国間外交レベルでは関与を追求し対話を継続した。尤も岸田政権下では、敵基地攻撃能力の導入を決定し、中国を念頭に半導体規制を含む経済安全保障の強化が進んでいる。米国の説得に応じて防衛費を増額するなど、(75)対米協調がより顕著になった。しかし、「建設的かつ安定的な関係の構築」を模索し、お互い責任ある大国として「共通の諸課題について協力」し、一つの中国政策を踏襲して対話を継続する姿勢は、(76)バランシング一辺倒ではない。

　本稿の考察は、外的脅威が必ずしも国家のバランシング行動につながるわけではないこと、既存の研究とは異なり地理的近接性がバランシング行動を抑制する要因となりうること、国際的および内的脅威は、国家がバランシング行動をとる要因ともなりうることを示した。

（1）益尾知佐子『中国の行動原理――国内潮流が決める国際関係』中公新書、二〇二二年。第六章。

（2）Michael J. Green, "The Real China Hands: What Washington Can Learn From Its Asian Allies," *Foreign Affairs*, 101-6, (2022) p. 100; 江藤名保子「日中関係の再考――競合を前提とした協調戦略の展開――」フィナンシャル・レビュー、一三八号、二〇一九年八月、一〇五―一三二頁。

（3）日本のアプローチの二面性を指摘したものとして以下参照。大庭三枝「日本の『インド太平洋』構想」『国際安全保障』第四六巻第三号、二〇一八年一二月。神保謙「『インド太平洋』構想の射程と課題」『国際安全保障』第四六巻第三号二〇一八年一二月、四―五頁。

（4）Ethan Pooley and James Laurenceson, "Benchmarking the state of Australia's diplomatic engagement with the PRC," *UTS ACRI Brief*, January 2022.

（5）佐竹知彦『日豪の安全保障協力』勁草書房、二〇二二年、一二―一四頁。

（6）Ministry of Foreign Affairs, Japan (MOFA) "Joint Press Statement: Visit to Japan by Australian Prime Minister Turnbull," 18 January 2018, www.mofa.go.jp/mofaj/files/000326262.pdf.（二〇二三年八月六日アクセス。以下 URL は全て同様）。

（7）Kei Koga, "Japan's 'Free and Open Indo-Pacific' Strategy: Tokyo's Tactical Hedging and the Implications for ASEAN," *Contemporary Southeast Asia*, 41-2 (2019), pp. 286–313; Shin Kawashima, "Japanese Diplomacy and the 'Improvement' in Sino-Japanese Relations," *Asia Policy*, 14-1 (2019), pp. 156–160; Jeffrey W. Hornung, "Japan's Growing Hard Hedge Against China," *Asian Security*, 10-2 (2014), p. 98; Christopher W. Hughes, "Japan's 'Resentful Realism' and Balancing China's Rise," *The Chinese Journal of International Politics*, 9-2 (2016), p. 147; Thomas Wilkins, "Middle power hedging in the era of security/economic disconnect: Australia, Japan, and the 'Special Strategic Partnership'," *International Relations of the Asia-Pacific*, 23-1 (2023), pp. 93–127; Ciorciari, J.D. and Haacke, J. "Hedging in international relations: an introduction" *International Relations of the Asia-Pacific*, 19-3 (2019), pp. 367–374.

（8）Jurgen Haacke, "The concept of hedging and its application to Southeast Asia: a critique and a proposal for a modified conceptual and methodological framework," *International Relations of the Asia-Pacific*, 19–3 (2019), p. 380.

(9) Valerie M. Hudson, "Foreign Policy Analysis: Actor-Specific Theory and the Ground of International Relations," *Foreign Policy Analysis*, 1 (2005) p. 1.

(10) Kristopher W. Ramsay, "Cheap Talk Diplomacy, Voluntary Negotiations, and Variable Bargaining Power," *International Studies Quarterly*, 55-4 (December 2011), pp. 1003–1023.

(11) Marcus Holmes, "The Force of Face-to-Face Diplomacy: Mirror Neurons and the Problem of Intentions," *International Organization*, 67-4 (Fall 2013), pp. 829–861.

(12) 大芝亮『対外政策 課題編（日本の外交 第五巻）』岩波書店、二〇一三年。

(13) 飯田将史「東アジアにおける日中関係」一二九頁、http://www.nids.mod.go.jp/publication/joint_research/series3/pdf/series3-6.pdf.

(14) Alexander Wendt, *Social Theory of International Politics*, Cambridge University Press, 1999.

(15) Stephen Walt, *Origins of Alliance*, Cornell University Press, 1987.

(16) John A. Vasquez, "Why Do Neighbors Fight? Proximity, Interaction, or Territoriality," *Journal of Peace Research*, 32-3 (August 1995), pp. 277–293.

(17) Ibid. p. 279.

(18) Jonathan N. Markowitz and Christopher J. Fariss "Power, proximity, and democracy," *Journal of Peace Research*, 55-1 (January 2018), pp. 78–93.

(19) Paul A. Papayoanou, "Interdependence, Institutions, and the Balance of Power: Britain, Germany, and World War I," *International Security*, 20-4 (Spring 1996), pp. 42–76; Randall L. Schweller, "Bandwagoning for Profit: Bringing the Revisionist State Back," *International Security*, Summer, 19-1 (1994), pp. 72–107.

(20) 外務省「『戦略的互恵関係』の包括的推進に関する日中共同声明」n.d. https://www.mofa.go.jp/mofaj/area/china/visit/0805_ks.html.

(21) 海上保安庁「尖閣諸島周辺海域における中国海警局に所属する船舶等の動向と我が国の対処」n.d. https://www.kaiho.mlit.go.jp/mission/senkaku/senkaku.html.

(22) 外務省「日中首脳会談」二〇一四年一一月一〇日、https://www.mofa.go.jp/mofaj/a_o/c_m1/cn/page3_000999.html.

(23) 谷内正太郎富士通富士通フューチャースタディーズ・センター理事長、元外務省事務次官、元国家安全保障局局長、著者とのインタビュー、二〇二三年二月、オンライン。

(24) 内閣府「第二三回国際交流会議『アジアの未来』での日本総理大臣安倍晋三によるスピーチ：『アジアの夢：太平洋とユーラシアをつなぐ』」二〇一七年六月五日。

(25) 佐々木智弘「再構築へ動き出した日中関係」『〈米中新冷戦〉と中国外交』白水社、二〇二〇年、八三頁。

(26) 外務省「日中共同記者発表における安倍総理発言」、二〇一八年五月九日、https://www.mofa.go.jp/mofaj/a_o/c_m1/cn/page4_004094.html.

(27) 外務省、「日中首脳会談」、二〇一八年九月一二日、https://www.mofa.go.jp/mofaj/a_o/c_m1/cn/page3_002553.html.

(28) 外務省「安倍総理の訪中（全体概要）」二〇一八年一〇月二六日https://www.mofa.go.jp/mofaj/a_o/c_m1/cn/page4_004452.html.

(29) 谷内、前掲。

(30) 兼原信克、同志社大学特別客員教授、元国家安全保障局次長、著者とのインタビュー、二〇二一年一二月。

（31）『朝日新聞』二〇二〇年一月一五日。

（32）Abe Shinzo, "Asia's Democratic Security Diamond", December 27, 2012, Project Syndicate, https://www2.project-syndicate.org/magazine/a-strategic-alliance-for-japan-and-india-by-shinzo-abe.

（33）外務省「第一三回アジア安全保障会議（シャングリラ・ダイアローグ）安倍内閣総理大臣の基調講演」二〇一四年五月三〇日、https://www.mofa.go.jp/fp/nsp/page4e_000086.html.

（34）Kyoko Hatakeyama, "Japan's Vientiane Vision and the Prospect of India-Japan-Australia Cooperation: Towards Middle Power Leadership?" in Jagannath Panda ed., *India-Japan-ASEAN Triangularity: Emergence of a possible Indo-Pacific Axis?* Routledge, 2022, pp. 175–194.

（35）Takashi Terada, "How and Why Japan Has Saved the TPP: From Trump Tower to Davos," The Asian Forum, 2018, https://theasanforum.org/how-and-why-japan-has-saved-the-tpp-from-trump-tower-to-davos/; Heath, T.R., "Strategic Consequences of U.S. Withdrawal from TPP," RAND Corporation, 2017, https://www.rand.org/blog/2017/03/strategic-consequences-of-us-withdrawal-from-tpp.html.

（36）MOFA, Foreign Minister Motegi's Attendance at the EU Foreign Affairs Council (virtual format), 25 January 2021, https://www.mofa.go.jp/press/release/press1e_000168.html.

（37）Kyoko Hatakeyama, "Europe's Strategic Approaches – A View from Japan," *Panorama*, January 2021, pp. 99–113.

（38）Ministry of Defence, Defence Minister Kishi's Attendance at the European Parliament (virtual format).

（39）『国家安全保障戦略』二〇一三年、九頁、一三頁。

（40）Australian Department of Foreign Affairs and Trade, *White Paper*, https://www.dfat.gov.au/sites/default/files/2017-foreign-policy-white-paper.pdf.

（41）Hugh White, "Abbott Should Think Twice Before Becoming Friendly with Japan," *The Sydney Morning Herald*, July 7, 2014; Bob Carr, "ANZUS Call to Arms Would Fail the Pub Test," *The Sydney Morning Herald*, November 4, 2014; Nick Bisley and Brendan Taylor, "Conflict in the East China Sea: Would ANZUS apply?" 2014, p. 7, www.uts.edu.au/sites/default/files/18924-acri-anzus-booklet-web.pdf; James Hardy, "Australia to Donate Heavy Landing Craft to Philippines," *IHS Jane's Defence Weekly*, February 1, 2020.

（42）James Curran, *Australia's China Odyssey: From euphoria to fear*, A New South Book, 2022, p. 191.

（43）Parliament of Australia, The Hon. Malcolm Turnbull MP, "Prime Minister Transcript," 5 December 2017, https://parlinfo.aph.gov.au/parlInfo/download/media/pressrel/5676722/upload_binary/5676722.pdf;fileType=application%2Fpdf#search=%22media/pressrel/5676722%22.

（44）James Laurenceson, Michael Zhou and Thomas Pantle, "Interrogating Chinese economic coercion," *Security Challenges*, 16-4 (2020), pp. 3–23.

（45）White House, "Remarks by President Trump and Prime Minister Morrison of Australia Before Bilateral Meeting," September 20, 2019, https://trumpwhitehouse.archives.gov/briefings-statements/remarks-president-trump-prime-minister-morrison-australia-bilateral-meeting/.

（46）Parliament of Australia, "Australia's Foreign Relations (State and Territory Arrangements) Bill 2020," n.d., https://www.aph.gov.au/Parliamentary_Business/Bills_Legislation/Bills_Search_Results/Result?bId=r6596.

(47) Jamie Smyth, Christian Shepherd, and Thomas Hale, "China berates Australia for cancelling Victoria BRI projects," *Financial Times*, 22 April 2021.

(48) Reuters and Kirsty Needham, "Australia cancels Belt and Road deals; China warns of further damage to ties," *Reuters*, April 21, 2021, https://www.reuters.com/world/china/australia-cancels-victoria-states-belt-road-deals-with-china-2021-04-21/.

(49) Peter Dutton, "'Inconceivable' Canberra would not join U.S. to defend Taiwan, Australian defense chief says," 13 November 2021, *The Japan Times*.

(50) Curran, op.cit., p. 235; Interview with two academics in Sydney University. 10 October 2022.

(51) Misha Zelinsky, "The China-Australia Relationship Is Still Close to the Rocks," *FP*, https://foreignpolicy.com/2023/07/06/china-australia-diplomacy-sanctions/.

(52) Australian government, "Australia in the Asian Century White Paper," October 2012.

(53) Nick Bisley, "Australia's Rules-Based International Order," Australian Institute of International Affairs, 27 July, 2018, http://www.internationalaffairs.org.au/australianoutlook/australias-rules-based-international-order/.

(54) Ibid.

(55) Minister for Foreign Affairs, "Change and uncertainty in the Indo-Pacific: Strategic challenges and opportunities," 13 March 2017, https://www.foreignminister.gov.au/minister/julie-bishop/speech/change-and-uncertainty-indo-pacific-strategic-challenges-and-opportunities.

(56) 16th Asia Security Summit, The IISS Shangri-la Dialogue, Keynote Address, 2 June 2017, Malcolm Turnbull.

(57) 佐竹、前掲。

(58) 内閣府「世論調査」二〇二二年、https://survey.gov-online.go.jp/r04/r04-gaiko/.

(59) Hiro Katsumataa and Daiki Shibuichi, "Japan in the Indo-Pacific: domestic politics and foreign policy," *The Pacific Review*, 36-2 (2023), pp. 305–328.

(60) 防衛省『二〇一〇年防衛白書』。

(61) 兼原、前掲。

(62) 防衛省『令和四年度版防衛白書』四八頁。

(63) 佐橋亮『米中対立』中公新書、二〇二一年、一五八―一五九頁。

(64) General Wei Fenghe, 19th Regional Security Summit, The Shangri-La Dialogue, Fifth Plenary Session: China's vision for Regional Order, 12 June 2022, https://www.iiss.org/events/shangri-la-dialogue/shangri-la-dialogue-2022.

(65) 徳地秀士「米中対立の中の『台湾有事』」『国際安全保障』五〇巻二号、三八―五五頁。

(66) たとえば、重光葵外務大臣の国連演説を参照。一九五六年。

(67) 外務省、日中首脳会談・夕食会、二〇一九年六月二七日 https://www.mofa.go.jp/mofaj/a_o/c_m1/cn/page4_005086.html.

(68) 豪州は、二〇一八年七月、中国の海底ケーブル敷設を阻止するため、日米と協力してパプアニューギニアとソロモン諸島に対して敷設資金の提供を決定した。

(69) インタビュー、豪州国立大学およびシドニー大学教員、二〇二二年一〇月および一二月。

(70) Andrew Chubb, "The Securitization of 'Chinese Influence' in Australia," *Journal of Contemporary China*, 32–139 (2023), p. 2.

(71) Parliament of Australia, Malcom Turnbull, PM. transcript, 27 December 2017, https://parlinfo.aph.gov.au/parlInfo/download/media/pressrel/5676717/upload_binary/5676717.pdf; Chubb,

op.cit., p. 9.

（72）Chubb, op.cit, p. 17.

（73）David Brophy, *China Panic: Australia's Alternative to Paranoia and Pandering*, La Trobe University Press, 2021, p. 3.

（74）Ibid, p. 81; Owen Harries, *Benign or Imperial? Reflections on American Hegemony*, ABC Books, 2004, Chapter 6.

（75）読売新聞オンライン、「日本の防衛費増額『私が説得した』、バイデン氏が岸田首相への働きかけ示唆」二〇二三年六月二一日、https://www.yomiuri.co.jp/world/20230621-OYT1T50196/.

（76）外務省「日中首脳会談」二〇二二年一一月一七日、https://www.mofa.go.jp/mofaj/a_o/c_m1/cn/page1_001413.html; 人民網日本語版、二〇二二年一一月一八日、http://j.people.com.cn/n3/2022/1118/c94474-10173295.html.

〔付記〕本稿は科学研究費基盤研究C（21K01372）の助成を受けた研究の一部である。

（はたけやま　きょうこ　新潟県立大学）

日本国際政治学会編『国際政治』第212号「二国間と多国間をめぐる日本外交」（二〇二四年三月）

責任のリアリズム
——坂本義和再読——

平井雄大

はじめに

政治指導者の国民に対する責任意識と国民の政治指導者に対する統制なしには、外交政策は国民の生命を危険にさらすものとなりかねない。戦後日本の代表的な国際政治学者である坂本義和は、こうした国内における治者—被治者関係の理解を前提として冷戦分析に注力した。本稿の目的は、以上のような視座から坂本の政治責任論を整理し、その国際政治学における意義を再検討することにある。

坂本については近年、戦後民主主義の論客であるとする従来の認識に加え、国際政治学の立場からも改めて注目が集まっている(1)。とくに高坂正堯の坂本批判に着目することで戦後日本のリアリズムをめぐる一定の理解が促進されてきた(2)。その一方で、高坂と坂本を対置しようとする試みは、議論それ自体が坂本に対する高坂からの反論に依拠するため、その本質を捉えきれていない。そもそも一般に知られる「高坂・坂本論争」とは現実には論争とは言い難いものであった。たしかに高坂は坂本を論敵として「現実主義者の平和論」を書いたが、坂本からの応答は限定的で、「力の均衡の虚構」前半部における勢力均衡批判にとどまる。坂本の国際政治論を包括的に理解するためには、彼の理論的前提を精査し、どのような概念枠組みを前提として国際政治を論じていたのか明らかにする作業が不可欠である。

そこで本稿では坂本の議論を彼の助手論文である「国際政治における反革命思想——その一類型としてのエドマンド・バーク」にまで遡り、そのなかで展開された坂本の分析を後の国際政治論と結びつける。とくに本稿では坂本の国際政治論の中心的命題を政治責任論にあると理解し、その意義を検討する。坂本の国際政治論の特色とは、国内政治における民主主義の役割を評価し、国内的な民主的統制が国際的な平和に対してもつ「効果」を示したところにあった。

坂本と同時代のリアリストらは外交の場に民主主義がもち込まれることに否定的な評価を与えていた。ところが坂本にとっては国内において民主的価値に立脚した政治を行うことこそが結果として国家間の平和をもたらす現実的な方策であった(3)。政治において帰結を重視するリアリストの視点をもちながら民主的統制の有用性を訴えたことは坂本独特のリアリズムを構築する。

以上のような解釈は坂本の従来の評価を見直すのみならず、対外政策と民主主義の関係を問い直すことにもつながる。国際政治と国内政治を連結する観点から、国内の民主的統制の国際的含意を説いた坂本の議論にその手がかりを探りたい。

一　「リアリスト」の民主的統制論

本節では、外交の民主的統制について「リアリスト」がいかなる批判を加えてきたのか振り返る。

一九世紀前半、フランスの青年貴族アレクシ・ド・トクヴィル（Alexis de Tocqueville）は当時の新生国家アメリカに滞在し、民主主義への考察を深めた。彼は『アメリカのデモクラシー』を著してアメリカ社会における民主主義の有用性を見出したが、その一方で、民主主義の引き起こし得る危険をつけ加えることも忘れなかった。彼は外交の民主的統制がもたらす弊害についてもまたいち早く警鐘を鳴らしていた。

外交政策には民主政治に固有の資質はほとんど何一つ必要ではなく、逆にそれに欠けている資質はほとんどすべて育てることを要求される。（中略）大事業の細部を調整し、計画を見失わず、障害を押して断乎としてその実現を図るということになると、民主政治はこれを容易にはなしえない。秘密の措置を案出し、その結果を忍耐強く待つことは民主政治にはなかなかできない(4)。

この警告はのちに、H・モーゲンソー（Hans J. Morgenthau）ら外交の民主的統制に反対する論者にとっての古典となった。

その後、外交の民主的統制が現実の問題として注目されるようになった歴史的転換点は第一次世界大戦に求められる。それまで旧世界の国際政治に対して孤立主義をとっていたアメリカでは、第一次世界大戦への参戦を契機にW・ウィルソン（Woodrow Wilson）大統領が公開外交（open diplomacy）の原則を掲げてヨーロッパ国際政治の舞台に登場した。ウィルソンはドイツにおける国内世論の制約の不在がヨーロッパでの戦争をもたらしたと考えた(5)。

ヨーロッパ交戦国内部においても一九一八年までには公開外交を支持する政党が国内で大きな支持を獲得するようになった(6)。H・バターフィールド（Herbert Butterfield）は、「第一次世界大戦後、予防できなかった悲惨な戦争の責任は外交官にあると簡単に想像できた。そのため『旧外交』とくに『秘密外交』に対する強い反応が生まれた」と記している(7)。大戦後も外交官はときおり伝統的な取引を巧みに用いたが、それでも彼らはより民主的な外交の形式を実践せざるを得なかった[8]。大戦の惨禍は旧外交に対する不信を噴出させたが、戦後は民主的な原則にしたがって外交が運営されることで戦争の勃発が防止されることへの期待が生まれた。

これに対して外交官や国際政治学者が示す民主的外交に対する反応の多くは否定的なものであった。彼らは外交における専門的知識や交渉における機密の重要性、民主的外交がこれらを阻害する事実を指摘して、外交の民主的統制には問題が伴うことを主張した。戦間期、英外交官H・ニコルソン（Harold Nicolson）は、外交が公開の交渉によって達せられるべきであるとの考えが広まったことを危惧していた[9]。彼はこのような公開外交の原則と、外交についての民衆の無知によって、交渉担当者の裁量が制約を受ける可能性を論じた[10]。同様の議論は第二次世界大戦後の国際政治学にも受け継がれた。G・ケナン（George F. Kenman）は「世論というものは、容易に感情主義と主観主義の弊に堕し得るのであり、それゆえに、これを国家的行動の指針とするには、あまりに貧弱かつ不充分なものなのである」と述べる[11]。モーゲンソーも前述のトクヴィルの記述を引用して「対外政策の処理を成功させるために必要な考え方というものは、大衆およびその代表者を動かしやすい考え方と時に正面から衝突するに違いない」と論じた[12]。

民衆の非合理性についての議論は世論研究と結びつくことで容易に補強された。W・リップマン（Walter Lippmann）によると戦争と平和の問題にかんして世論の下す決定は破滅的に間違っている[13]。一九五〇年代にマッカーシーイズムの隆盛を目撃したリップマンには民衆は容易に感情に突き動かされる存在として映った。それにもかかわらず国際政治が世論の強い圧力を受けることは平和に対する脅威である。アメリカにおける外交政策と世論の関係についての研究群は世論が外交に与える負の効果を強調するものであった[14]。

第一次世界大戦以降、世論が国際政治に対してもつ圧力はますます大きなものとなった。その一方でリアリストらは外交における交渉過程が世論の制約を受けることは望ましくないと考えた。彼らによれば、優れた外交の実現にとって必要なことはエリートの外交政策が民衆の意見に妨げられないことであった。あるいは国内の民主主義が外交にもたらす弊害を回避し、外交におけるプロフェッショナリズムを貫徹させるために必要な民衆への教育を普及することであった[15]。彼らの主張にはエリートの外交政策が民衆に迎合する外交政策よりも優れた見識であることが前提とされていた。これに対して、政治指導者の国民への責任という観点から国際政治における民主的統制の役割を評価し、その有用性を主張したのが坂本義和である[16]。

二　坂本義和の政治責任論

坂本の議論は日米安保体制を批判し、中立方式によって日本の安全保障を確保することを主張した論稿「中立日本の防衛構想」で広く知られる。一九六〇年代の安保改定論争において高坂正堯が自身を「現実主義者」と自己規定し、坂本を「理想主義者」と呼んだことから、彼は「戦後民主主義」の一論客とされ、リアリストとは異なる国際政治学者であるとみなされてきた。しかし坂本は現実の国際政治を分析するにあたっては既存の国際政治学の学知を十分に意識した議論を行なっている。とくに実際に交流のあったモーゲンソーとのつながりは見過ごせない。後述するように、坂本はモーゲンソーのリアリズムのもつ政治哲学を高く評価した。坂本が助手論文でE・バーク（Edmund Burke）に取り組んだのもモーゲンソーが対外政策を「ピット型（封じ込め）」、「バーク型（巻き返し）」、「フォックス型（静観）」の三つに類型化し、冷戦分析に用いたことに影響を受けたものと思われる[17]。実際に、坂本の助手論文の議論はモーゲンソーの三類型の引用から始まる[18]。また坂本は後に、彼のバークへの歴史的関心は、冷戦下における政治体制の正統性をめぐる闘いという「現代的問題意識に発していた」と回顧している[19]。バークは彼のフランス革命論においてジャコバン主義というイデオロギーは国境で防衛不可能であると考え、早々に革命への介入を訴えた。坂本にとってバークの思考様式は自由主義と共産主義が競合した冷戦期の国際政治を考えるにあたって格好の分析材料であった。

　一方で坂本のモーゲンソー批判はその国内政治学的前提に看取することができる。坂本は指導者と国民をモーゲンソーのリアリズムとはまったく異なるイメージで捉えた。二人の理論的前提の差異は、国際政治における民主主義への評価の違いをもたらし、坂本の国際政治論は、モーゲンソーの『国際政治（*Politics among Nations*）』に見られる論理とは異なる独自性をもつこととなった。

　坂本の政治責任論はバーク、モーゲンソーという二人の思想家との対話によって形作られたものである。以下では、彼らに対する坂本の解釈を提示し、坂本国際政治論の形成過程とその特徴を明らかにする。

(1)　バークの民主政論

　坂本の政治責任論を読み解くにあたって重要な地位を占めるのが『国家学会雑誌』に掲載された坂本の助手論文「国際政治における反革命思想――その一類型としてのエドマンド・バーク」である。この論文は膨大なバーク関連資料を読み込んだ上で書かれた労作であり、坂本の政治論を理解するためには必須の文献である[20]。ところが坂本の著作のなかでは、論壇デビュー作である「中立日本の防衛構想」が安保改定論争のなかで脚光を浴びたために、これまで彼の助手論文についてはほとんど検討されてこなかった。しかし坂本は助手論文中でバーク思想における責任意識の重要性を再三指摘する。殊に政治責任論にかんしては坂本のバーク論文とそれ以降の議論は密接に関連している。

　坂本によれば、バークの責任論はその政治体制論においてもっとも顕著に現れている。バークの擁護する英国の伝統的政治体制とは、「君主政」、「貴族政」、「民主政」、「国教会」の複合をその原理とするものであった。ただしバークにおける「貴族政」や「民主政」とは政治体制の類型を示したものではない。あくまで英国の伝統的政治体制に「貴族政」的要素や「民主政」的要素が含まれることを意味した。

　このうち実際の政治運営を担当するものとしてバークが高く評

価したのが「貴族政」である。とくに「本然の貴族」と呼ばれる議員が政治的エリートとして政治を担当すること（「本然の貴族政（natural aristocracy）」）は優れた政治運営を行う上で重要であると考えられた。本然の貴族とは、生まれながらの貴族ではなく、統治の能力と資質とを備えた政治的エリートのことを指す。バークの生きた一八世紀後半の英国において、彼の考える貴族政とは裕福な地主階級によって支えられた、エリートによる政治支配であり、世襲貴族による支配を表すものではなかった。そして坂本によれば、バークが貴族政の主体である下院の市民的代議士に求めたエートスこそ、まさに政治エリートとしての「責任意識（responsibility）」であった。

坂本は、この「責任意識」という概念を、バーク政治思想にあっては「貴族政」と「民主政」をつなぐ鍵であると解釈した。バークの考える「民主政」とは有権者の議員に対する「信託（trust）」、議員の側における「責任意識（responsibility）」、下院（ないし政府）の有権者に対する「庇護（protection）」という三つの契機から成る[21]。民主政においては、国民たる有権者が議員に対する「信託」を与え、この下からの信託は議員に「責任意識」を生じさせる。政府は国民からの信託を受けることによって国民に対する「庇護」の義務が生まれる。

坂本のバーク解釈によれば、責任意識は政治が民主的に統制されることと表裏一体である。それは国民からの信託をもとに成り立つ。信託から生じる責任意識を議員がもち合わせていなければ、国民が議員を統制することはできない。したがってバークにとってはおよそ政治家の責任意識なしに「民主政」が成立することはありえなかった。議員は国民の代表であり、選挙を通じて国民からの信託を与えられた存在であるが、彼ら自身がそのことを自覚することではじめて政治は民主的に統制されたものとなる[22]。これを坂本は次のように述べている。「エリートの側における責任意識を代償としないならば、『本然の貴族政』は、いかなる意味においても『民主政』と接合しえないであろう。」また「それは、一方において、あくまでもエリートと民衆の距離を前提としつつ、他方その距離の自覚において、逆に下からの統制を政治指導の実質の中に織り込むのであり、この屈折を通じて体制そのものを補強し安定させるものであると言えよう[23]」。バーク思想においては貴族政を担う「いわば〈貴族の中の貴族〉たるエリートこそが、実は『民主政』の前衛」となっていた[24]。

もっともバークの述べる「民主政」は、坂本の擁護する意味での現代的な民主主義とは程遠い。バークの想定する「『民主政』の主体」とは、老年者を除いた成人男子で、政治を議論できるだけの余暇と、政治を知るための手段をもつ人々のことを指す[25]。坂本によれば当時この条件を満たす人々の数は英国内でおよそ四〇万人であった。それ以外の人々は有権者であっても政治の主体たりえず、「だとすればそれ以下の社会層が『国民』たりえるはずがない」と坂本は論じる[26]。それにもかかわらず労働者にまで適用されるバークの言う「民主政」における「信託」は、「擬制というよりも虚構と呼ばれるべきであろう[27]」。

その一方で坂本は、バークの政治指導者の責任意識と国民による信託〈統制〉からなる民主政理解については助手論文以後の著作においても受け入れた。坂本によれば政治において合理的判断を行うには「民衆への責任を負った権力と、民衆による権力のコントロール」が不可欠である。「この二つは、それぞれに独自の機能をもつものであるから、一方をもって他方に代えたり、一方を他方に還元またはは解消することはできない性質のものである[28]。」坂本の助手論文はバークに対して批判的ではあったが、坂本の政治論がバークを選択的に受容していたこともたしかである。

それでは政治指導者が国民に対して責任をもつとは何を意味するのであろうか。バークの言う責任とはある政策が行われたことの効果にかかわる問題であった。坂本によればバーク政治思想の中核は、彼が政治における効用を重視した点にある。坂本はこれを〈効果の理性〉と呼んで高く評価した[29]。バークによれば「政治の問題は第一義的には、真か偽かということとは関係がない。（中略）結果において悪を生み出す可能性のあるものは政治的に虚偽であり、善を生むものは政治的には真理なのである[30]。」しかしバークは英国の伝統的体制に固執したために、根本的な思想においては体制への信仰という非合理性を有していた。この点について坂本はバークが最終的には〈効果の理性〉を放棄したとして批判的であった[31]。

坂本自身は政治責任について次のように述べる。「国民の生命を保障することは、政府たると野党たるとを問わず、およそ政治責任なるものの第一歩であることは、あまりに常識的なことであるはずである[32]」。したがって坂本における政治責任とは第一に国民の安全を保障することにある。後述するように、それをもたらさない外交政策はどんなに理念が高尚であっても、坂本にとっては〈効果の理性〉を欠いた無責任な政策であった。

(2)　モーゲンソーの権力政治論

以上のような〈効果の理性〉を通じた坂本のバーク理解は、国際政治学におけるリアリズム的思考と接合する。モーゲンソーの掲げたリアリズムとは帰結の重視と権力政治観にある。政治権力の行使はそれによって行使される者の行動を制御することを意味する[33]。関係諸主体の権力関係を冷静に見つめ、政治的帰結を考慮することによって行動を選択・評価することこそがリアリズムにおける慎慮〈**prudence**〉である[34]。

このようなリアリストの議論はM・ウェーバー〈**Max Weber**〉による「心情倫理」と「責任倫理」の区別を想起させる。ウェーバーによると、政治家は結果を度外視して倫理的な判断によって行動する「心情倫理」ではなく、「予見しうる結果の責任を負うべきである」とする「責任倫理」の態度に基づいて行動することが求められる。［国家に］「正当な暴力行使という特殊な手段が握られているという事実、これが政治に関するすべての倫理問題をまさに特殊なものたらしめているからである[35]」。

モーゲンソーもまた『科学的人間対権力政治〈*Scientific Man vs. Power Politics*〉』において政治と倫理の関係性について考察し、政治的行為における責任倫理の重要性を指摘している。

> 政治的領域で行われることは本質的に愚かな行為によって苦しめられる他人にかかわることである。政治的領域では、良い意図、しかし愚かで、そのために悲惨な結果をもたらす意図によって行われる行為は道徳的には欠陥がある。なぜなら、それは他人に影響を与えるすべての行為に対する責任倫理（the ethics of responsibility）を犯すことになるからである。[36]
>
> すべての政治的行為に内在する悲劇的な悪の存在に気づくことによってのみ、人間はより少ない悪（the lesser evil）を選択できる。政治的行為が不可避的に悪であることを知り、それでも行為することとは、道徳的勇気である。[37]

坂本は冷戦期の国際政治を分析するにあたっては、イデオロギーの原理に基づいて行われる外交政策を「ダレス型」、権力政治に基づいて思考し、その限りでは米ソの妥協も認める外交方針を「ケナン型」と呼んで区別した。[38] この整理はウェーバーの類型に適合的なかたちで行われたものである。坂本は、ダレスやスターリンのように東西冷戦を善と悪の対立としてとらえる指導者は自身をイデオロギーの担い手と規定するため、リアルな権力についての自覚を曇らされ、現実には恐るべき「支配者」として行動することがあると指摘する。[39] このような坂本の主張に政治を根源的には悪とみなし、リアリストの視点をもつ必要があると考えるモーゲンソー思想の継承を看取することができる。実際、坂本はモーゲンソーを次のように評価している。

> 彼が権力政治の契機を力説したのは、当時、アメリカに支配的であった反共十字軍的発想を批判し、権力政治的アプローチは、イデオロギー的対立にもかかわらず、外交的な妥協と共存を可能にすることを論証するためであった。[40]

モーゲンソーの権力政治論はイデオロギー対立の激しい時代においても権力政治の論理にしたがって行動するならば、米ソは妥協可能であると考えるものである。モーゲンソーはアメリカ国内に根強く残る十字軍的発想が壊滅的な戦争をもたらす危険性のあることを理解していた。そして自由主義への信仰に基づく倫理的判断ではなく、政策のもたらす帰結への考慮から、あくまで冷静な権力政治に基づく外交の論理を支持した。坂本はモーゲンソーのそのウェーバー的発想を高く評価していた。

一方で、坂本はリアリストの慎慮を支持しながらも、軍備による平和を目指すべきであるとは考えなかった。ケナンやモーゲンソーはソ連をあくまでアメリカの対抗者であるとみなし、ソ連の拡張主義的行動を「封じ込め」や軍備増強を通じた勢力均衡政策によって対抗することで、米ソ間の戦争回避や交渉の可能性を探ろうとした。[41] しかしこうしたアメリカの行動はソ連の安全保障上の不安を駆り立てる。ソ連によるアメリカへの対抗措置が促されることによって、結果的に米ソ間の軍拡競争が生じる危険性を拭い去ることはできない。自国の安全のための行動が相手国の安全保障上の不安を駆り立て、権力闘争が激化する「安全保障のディレンマ（security dilemma）」の問題を坂本は憂慮していた[42]。最悪事態を想定して軍備を備えることは「こちらの不信が相手方の不信を助長する悪循環」を引き起こし、平和を脅かしかねない[43]。

　そこで坂本が提示したのが「ダレス型」とも「ケナン型」とも異なる、第三の選択肢としての「一方的縮小」（「一方的イニシアティブ」）であった。これはアメリカの心理学者C・オスグッド（Charles E. Osgood）の議論を踏襲したものである。一方的縮小政策では当該国が自らの安全を脅かさない範囲で先に緊張緩和政策を実行し、相手国への攻撃的意図がないことを示す。それによって相手国から部分的ながらも信頼を獲得し、相手国からも緊張緩和をもたらす行動を引き起こそうとする。一方的縮小政策ではこれが繰り返されることによる「緊張緩和の漸進的交互行為（Graduated Reciprocation in Tension-reduction, GRIT）」の実現が目指される[44]。坂本もオスグッドと同様に、一方的縮小政策によって米ソが相互に不信を取り除き、戦争回避が共通利益であるとの認識を確立すると共に、相互的な緊張緩和の帰結として、米ソ間の軍縮が可能であると論じた[45]。

　坂本は一方的縮小による米ソの信頼醸成と平和共存を提唱したが、それはあくまで安全保障のディレンマという国際政治における権力政治的な要素を踏まえた上での解決策の模索であった。

(3) 政治責任と帰結の論理

　以上の検討から、坂本の国際政治学における帰結への考慮というリアリスト的発想と、バークを中心に展開された政治責任の議論との関連が明らかとなる。坂本はモーゲンソーと同じく国際政治において破局的な事態を回避するには政治指導者が権力政治を冷静に見つめ、責任倫理にしたがって行動することが不可欠であると考えた。この意味で坂本はモーゲンソーのリアリズムを継承する。しかし同時に坂本は、責任倫理の観点だけでは国民のための外交政策が必ずしも用意されないことを注意深く意識していた。たとえばリアリストの用いる国益概念は、しばしば国家行動の指針として言及されるが、それが現実に何を示しているかについては必ずしも明らかにされない[46]。実際、政治指導者は国民に対して常に責任ある指導者であったわけではない。政治指導者はときに国民の利益のためではなく、他の目的をもった外交政策を選択する合理化の手段として「責任倫理」を利用する[47]。第二次世界大戦における日本の軍部の行動を目の当たりにした坂本にとって国家や国家の指導者はそれほど信用にたる存在ではなかった。

　そこで政府が、政治指導者自身の利益のためではなく、国民の利益に適った外交政策を選択するために不可欠の要素としてみなされたのが政治家の国民への責任意識であった。坂本の国際政治論におけるバーク民主政論の意義はここにある。バークが「本然の貴族政」において重視した指導者の責任意識は、指導者に国民のための政策決定を要請する。あらゆる政策は帰結への考慮から選択されるべきものであるが、国民に対する責任意識はいかなる政治的価値、目標に向かってその合理化が行われるべきであるかを指示する。坂本の政治責任論の観点からすれば、ある国家の指導者が追求すべき利益は国民の利益であり、少数者の特殊利益に向かって政策決定が行われるのであればその指導者は非合理な指導者である。

政治家の国民に対する責任意識は国民による下からの統制なしに保証されるものではない。国民による政府への統制がなされなければ、政治指導者はいつでも国民に対して無責任な政策を実行し得る。民主的統制はある国家の指導者が国民に対して無責任となることを防ぐ機能をはたす。それは対外政策の決定にあたっては国家が国民の安全を保障し得るような外交政策を実行することを意味する。坂本の国際政治論において、民主的統制はあくまで帰結の論理から、国家間の平和にとって有用なものとされたのである。

三　政治責任と冷戦期国際政治

坂本の展開した政治責任論は抽象的な理論の枠組みにとどまるものではなかった。坂本は国際政治学者としてのキャリアをバークの思想史的な論文からはじめながらもその生涯の少なからざる部分を同時代の現実政治の分析に注力した。しかし論壇におけるその数々の冷戦論や日本外交論はバーク論文で構築された政治責任論の枠組みを用いて分析されたものである。本節ではその中心的事例として、坂本の書いた米ソ冷戦についての考察に着目したい。

(1)　平和共存の論理

坂本は冷戦期国際政治における対立を権力政治的対立とイデオロギー的対立の二重映しとしてとらえる。(48) このような状況は近代以降のヨーロッパ国際政治においてたびたび出現した。たとえばフランス革命後のヨーロッパは、革命フランスとその他ヨーロッパ諸国の権力政治の場であると同時に、共和制を掲げるフランスと伝統的君主制を擁護する君主国連合とのイデオロギー対立の場でもあった。またアメリカの第二次世界大戦への参加も民主主義とファシズムとの対立というイデオロギー的側面が少なからず存在した。冷戦も米ソの権力政治的対立とイデオロギー的対立が重なったものとしてとらえることができる。

それにもかかわらず米ソが一九五〇年代後半から「平和共存」を進めてきたことは、坂本の議論によれば、米ソ両国の指導者が自国民に対してもつ責任意識なしには不可能であった。また平和共存には米ソ互いの相手国に対する認識の変化と共通認識の形成が不可欠であった。坂本によれば、冷戦とは客観的物理的にもたらされた状況ではなく、人間の認識によって作り出されたものであり、意識や行動の変化によって「主体的に変革可能なもの」である。(49) 坂本の議論では、米ソ行為主体の認識変化は一九六〇年代前半までに三つの段階を経て進展した。その第一期は一九五六年のスターリン批判まで、第二期（過渡期）は一九六二年のキューバ危機まで、第三期はそれ以降である。(50)

初期の冷戦と過渡期を経たキューバ危機以降の冷戦の違いとは米

ソに共通の価値体系が成立しているかどうかの違いであった。坂本はスターリン・ダレスの時代からケネディ・フルシチョフ時代への過渡期に「最も興味と魅力を感ずる」と述べているが[51]、それはこの時期が米ソの全面的なイデオロギー的・権力政治的二重対立から共通の価値認識の成立へと互いに歩み寄っていく過程であるからに他ならない。冷戦初期には米ソ間の戦争は将来的には不可避であると考えられていた。しかし両国はコミュニケーションの進展とともに互いが自国民に対する最低限の責任意識を有する政府であり、核戦争による全面的対立を望んでいないという認識を共有するようになった。

スターリンの死後ソ連では東西緊張の緩和が目指された。「平和共存」という新しいテーゼやフルシチョフによる「スターリン批判」は西側諸国への新しい外交的シグナルとなった。米ソの意思疎通が図られた例として一九五五年に開かれたジュネーヴ会談と一九五九年のフルシチョフ訪米を坂本は次のように評価する。

> 一九五五年の四国首脳会談と一九五九年の米ソ首脳会談との、ほとんど唯一の成果は、相手が全面核戦争を意図していないということを確認した点にあり、その意味で必要最小限の合理性を相互に確認し合った点にあった（中略）この二度の首脳会談の遺産が決して失われていないということこそ、今日なお辛うじて平和を支えている重要な条件の一つに他ならないのである。[52]

もっとも冷戦第二期の米ソの歩み寄りのなかでも東西間の緊張の高まった出来事はいくつもあった。しかし、坂本の強調する点は、それにもかかわらず米ソが全面核戦争の回避と平和共存の原則という共通のルールを確立した点にある。イデオロギーの作用によって現状維持国家を現状変更国家と誤認したとき安全保障のディレンマは深刻化する[53]。五〇年代後半からの米ソ共存の試みはこのような意図の誤認の問題を解決するのに役立ったと坂本は考えた。

坂本によれば戦争の回避という意味での米ソ共通のルールは両超大国の政治指導者の自国民に対する責任意識なしには出現し得なかった。「核兵器の出現は、決して自動的に平和共存の思想を生み出すことができたのではない」と坂本は指摘する。冷戦初期（第一期）の米ソ（とくにソ連の側）における「『戦争不可避論』が根本的に検討されるためには、無責任な個人崇拝に代えて、［民衆への］責任ある権力が登場することが不可欠の条件であった[54]」。「冷戦の第二期以降」「責任ある権力の存在という点で米ソが共通しているということとの根底には、民衆の利益と解放という原理にその政治体制が基本的にコミットし」ているという事実がある[55]。「核兵器の出現は、米ソの双方に『民衆の解放』を原則とする責任ある権力が存在するという条件を媒介することなしには、決して『平和共存』や『抑止』に必然的に連なるものではない[56]。」

核時代において大国間の対立は核戦争を導きかねない。その事実を民衆に責任ある権力がリアリスティックに認識したならば、民衆の安全に危険をもたらすような全面的な対立の道は進み得ないであろう。坂本の言う米ソ共通の価値とは、国民のために全面戦争を避けるという意味での極めて限定的な価値にすぎなかった。それでも坂本の理解では、米ソにイデオロギー上の対立が存在しても、互いの指導者が自国民に対して責任ある指導者であれば共通の価値に基づいて外交のルールを確立することは可能であった。

(2) 抑止の条件

坂本の政治責任論は彼の抑止に対する考えを理解するにあたっても有用である。坂本は抑止戦略を彼自身の政治責任論を用いて分析し、抑止が機能するための前提条件を明らかにしようとした。坂本によれば抑止が働くには政治指導者が自国民への責任をもち、合理的な判断能力を有していることが不可欠である。しかしそれはあらゆる指導者に当てはまるわけではない。すでに述べたように、第一次世界大戦以後、リアリストらは外交が民主的に統制されることについての不満を表明し続けてきた。彼らは民衆の非合理性を批判し、外交政策に民衆が口を出すことに警鐘を鳴らした。

しかしこの判断は外交における政策決定者が合理的計算に基づいた理性ある決断を実行できる場合にのみ妥当するものである。民衆の非合理性にかんする議論は、民衆と違って指導者が国益に基づいた冷静で賢明な判断ができるという前提に基づいている。ところが政策決定者は必ずしも理性的であるとは限らないし、指導者の利益と国民の利益は必ずしも一致しない。当時の国際政治論における民主的統制への懐疑は民衆の合理的判断能力に対する懐疑を前提としていた。それに対して坂本は外交におけるエリートへの無条件の信頼に疑問を投げかけていた。

坂本が一九六五年に公刊した論稿「『力の均衡』の虚構」に以上のような考えがもっともよく現れている。「ひとつの『現実主義』批判」との副題がつけられたこの論文は高坂が一九六三年に公刊した「現実主義者の平和論」への反論としても知られる。坂本の中立論が東アジアの勢力均衡を考慮していないとする高坂の批判に対して、坂本は勢力均衡論の問題点について言及することで応答を試みている。しかし坂本の政治責任論への関心からみると、この論文の力点は前半の勢力均衡についての議論ではなく、後半の抑止の議論に置かれていたと考えるべきである。ここでは冷戦の基本戦略とされた抑止戦略の条件が見直され、抑止の成立には政治指導者の自国民への責任意識が不可欠であることが論じられる。

論稿後半部において坂本は政治指導者が合理的認識能力を欠く場合があると述べる[57]。その顕著な例として挙げられるのが第二次世界大戦期における日本の軍部指導者である。日本の軍部が「戦運」という予測しえない要因を根拠にして、太平洋戦争の開戦の決定に重要な役割を演じたことは、まったくもって合理性を欠く行為であった。

坂本の言う「合理性」には二つの意味が込められている。第一に、政策決定者が合理的判断能力をもつという意味での指導者の合理性である。ここで問題とされているのは能力であり、その基準は政策決定者がある政策を決定するにあたって結果についての推定能力を有しているかどうかである。政治指導者は、指導者自身の能力からも、また情報の不足による状況的・技術的な問題からも非合理になりうる。指導者が合理的であるためには正確な判断材料と判断能力の両方が求められる。すなわち結果に対する正確な予測なしに抑止は機能し得ない。このような能力を坂本は「合理的な認識能力」と呼ぶ(58)。

第二に、政治指導者が合理的であると言うとき、指導者が「(核)戦争を望まない」という意味で、「正常な価値観」をもっている必要がある。もし政治指導者が自国民の安全をまったく考慮しないのであれば、その政府は合理的であるとは言えない。坂本は核時代における抑止戦略とは、「相手の政策決定者が自殺的行為を望まないという想定、つまり、自滅――あるいはそれに準ずる損失――のリスクを賭しても対外侵略を意図することはありえないという想定に立脚している」と述べる(59)。そのためナチスのような狂信的ニヒリズムに貫かれた権力に対して、抑止は効果を発揮し得ない。これを坂本は「核時代における権力の責任」と呼んだ。

坂本がとくに強調したのは第二の意味での合理性であった。「権力の責任」はつねに信頼できる想定であるわけではない。ナチスや日本の軍部のような国民が莫大な犠牲を払うことを意に介さない権力にとって、「抑止戦略」や「核均衡による平和」は一切無意味になる(60)。「核時代の権力の責任」は抑止の機能のためには政府が国民に対する「責任意識」を有する必要があることを意味する。政府が信託に基づいた国民への責任意識をもつことではじめて指導者は国民の安全を考えた外交政策を選択する。加えて、責任ある政策とは帰結を考慮した判断を意味する。核抑止とは米ソ両政府が国民に対する責任意識と合理的判断能力をもち合わせてはじめて可能になるものであった。

冷戦の時代にあって米ソが互いに抑止戦略をとってきたことは両国が互いを最小限合理的な決定主体であると認めていたことを示している。冷戦において米ソの核抑止が機能するためには、米ソ指導者が以上のような合理性の前提を満たしている必要がある。両超大国が互いに自国民の安全を国際政治の目的として設定しているということ、核による破滅を望んでいないということは抑止の前提条件である。坂本によると、冷戦期にあっても米ソ両政府は、少なくとも抑止戦略が成り立つ程度に「正常な価値体系」に依拠していた(61)。

その上で坂本は平和共存の実現には米ソが互いを責任ある権力であると認識する必要があると指摘する。したがって抑止はたんに米ソ両政府がそれぞれ正常な価値観をもっていれば機能するわけではない。政治指導者が自国民に対する責任意識をもっていたとしても、その指導者が相手国の政府を無責任な政府とみなすならば、相手国に対する抑止は機能しないと想定されてしまう。両超大国がともに責任意識をもち、また相手国が自分と同じように責任意識をもっていることを相互に認識してはじめて抑止戦略は機能する。このような共通認識が成立したのは五〇年代後半からの米ソ間のコミュニケーションによって、相互の不信が解消されてきたことの結実であった。

おわりに

坂本は民主的統制と政治指導者の国民への責任意識によって、外交政策は国民の生命を保障するものになると論じた。それゆえ坂本はあくまで帰結を重視するリアリストの立場から外交の民主的統制を擁護した。国内的な民主的統制は政治家に一定の行動の自由の制約をもたらす。モーゲンソーがこの制約によって外交的妥協が困難になると論じたのに対して、坂本は政治指導者が無制約に行動できることの危険を説いた[62]。坂本によれば、民衆による権力の統制と政治指導者の民衆への責任がどちらも機能することでようやく国民の生命は保障される。

ところが坂本の目指した国民による民主的統制と政治指導者の責任意識に基づく外交政策の実行は簡単に実現できるものではなかった。一九六〇年代、坂本が危惧していたことの一つは政治にかんする国民の無関心である。坂本は戦後日本において国民が公的な事柄から距離を置き、政治的判断への無関心が亢進していることを指摘する。加えて、国民が公的なものに関心を抱いたとしても、その抱き方は感情的で「ムード」に左右されるものとなり得ることを坂本は理解していた[63]。そのような状況にあっては国民による効果的な政府の統制は望めないし、政治指導者が自身の政策をイデオロギー的に正当化して国内世論を操作することは容易になる。坂本は岸政権の国民に対する無責任を論壇において何度も批判した[64]。六〇年代において責任論の観点から米ソ平和共存の理論を提供した坂本の議論は一見すると民主主義に対する楽観論のようにも思えるが、その論理には国民的利益に基づいて外交を民主的に統制することの難しさもまた含意されている。

坂本が国内における民主的統制を十分機能させるための条件についてどのように考察を深めていったかについては別の機会に改めて検討される必要がある。しかしながら坂本の国際政治論が国内の民主的統制が国際の平和に役立つ可能性を論じたものであり、いかにして治者による外交政策を被治者の利益に適うものにすることができるかという観点から考え抜かれたものであったことは疑いようがない。無責任な政治指導者によって被治者の生命が危険にさらされるとき、坂本の議論はいまなおリアリティをもって立ち現れてくる。

（1）たとえば、大矢根聡「日本における「モーゲンソーとの対話」」大矢根聡編『日本の国際関係論——理論の輸入と独創の間』勁草書房、二〇一六年、六三—九一頁。

（2）苅部直「未完の対話——坂本・高坂論争を読む」飯尾潤・苅部直・牧原出編『政治を生きる——歴史と現代の透視図』中央公論社、二〇一二年。酒井哲哉「戦後の思想空間と国際政治論」酒井哲哉編『日本の外交　第三巻——外交思想』岩波書店、二〇一三年。

（3）もっとも国内体制の国際的効果を論じることが、国際政治学におけるリベラリズムであるとするならば、坂本をリベラルであると論じることも可能であろう。

（4）トクヴィル『アメリカのデモクラシー　第一巻（下）』松本礼二訳、岩波文庫、二〇〇五年、一〇八頁。

（5）Woodrow Wilson, "An Address to a Joint Session of Congress," 2 April, 1917, in *The Papers of Woodrow Wilson*, vol. 41, ed.

Arthur S. Link et al., Princeton University Press, 1983, p. 519.

（6）Arno J. Mayer, *Wilson vs. Lenin: Political Origins of the New Diplomacy 1917–1918*, The World Publishing Company, 1964, pp. 6–7.（A・J・メイア『ウィルソン対レーニンI ―新外交の政治的起源 1917–1918 年―』斎藤孝・木畑洋一訳、岩波現代選書、一九八三年、一〇頁。）

（7）Herbert Butterfield, "The New Diplomacy and Historical Diplomacy," in *Diplomatic Investigations: Essays in the Theory of International Politics*, ed. Herbert Butterfield and Martin Wight, Oxford University Press, 2019, p. 204.（H・バターフィールド「新外交と歴史的外交」H・バターフィールド・M・ワイト編『国際関係理論の探究――英国学派のパラダイム』佐藤誠・安藤次男他訳、日本経済評論社、二〇一〇年、二〇八頁。）

（8）Melvin Small, *Democracy and Diplomacy: The Impact of Domestic Politics on U.S. Foreign Policy, 1789–1994*, The Johns Hopkins University Press, 1996, p. 53.

（9）Harold Nicolson, *Diplomacy*, T. Butterworth, 1939, p. 82–84.（ハロルド・ニコルソン『外交』斎藤眞・深谷満雄訳、東京大学出版会、一九六八年、七六―七八頁）。

（10）*Ibid.*, pp. 89–95.（同右、八四―八九頁）。

（11）George F. Kennan, *American Diplomacy: 1900–1950*, The University of Chicago Press, 1951, p. 93.（ジョージ・F・ケナン『アメリカ外交五〇年』近藤晋一・飯田藤次・有賀貞訳、岩波現代文庫、二〇〇〇年、一四二頁）。

（12）Hans J. Morgenthau, *Politics among Nations: The Struggle for Power and Peace*. Fifth Edition, Revised. Knopf, 1973, pp. 152–153.（モーゲンソー『国際政治（上）』原彬久訳、岩波文庫、二〇一三年、三四九―三五〇頁）。

（13）Walter Lippmann, *The Public Philosophy*, Hamish Hamilton, 1955, p. 25.

（14）たとえば、Thomas A. Bailey, *The Man in the Street: The Impact of American Public Opinion on Foreign Policy*, the Macmillan Company, 1948. Gabriel A. Almond, *The American People and Foreign Policy*, Harcourt, and Brace and Company, 1950.

（15）Lester Markel, "Opportunity or Disaster," in *Public Opinion and Foreign Policy*, ed. Lester Markel, Harper & Brothers, 1949, pp. 214–216.

（16）石田淳「トマス・シェリングを読む坂本義和」大矢根聡編『日本の国際関係論 ――理論の輸入と独創の間――』勁草書房、二〇一六年、一一三頁。

（17）Hans J. Morgenthau, *In Defense of the National Interest*, Knopf, 1952, p. 70.（モーゲンソー『世界政治と国家理性』鈴木成高・湯川宏訳、創文社、一九五四年、七二―七九頁）。

（18）坂本義和「国際政治における反革命思想（一）――その一類型としてのエドマンド・バーク――」『国家学会雑誌』第六八巻一一・一二号（一九五五年五月）、五六七―五六八頁（『坂本義和集一――国際政治と保守思想』岩波書店、二〇〇四年、一四―一五頁）。

（19）坂本『坂本義和集一』、V―VI頁。

（20）坂本は助手論文提出後、一九五〇年代に『国家学会雑誌』上にその第一章から第三章までを発表した。第四章は書き直しの上、『坂本義和集一』（二〇〇四年）においてはじめて公刊されたものである。なお本稿で坂本の助手論文を引用するにあたっては『坂本義和集一』の表記にならい、旧字体を新字体に改めた。

（21）坂本義和「国際政治における反革命思想（二）――その一類型としてのエドマンド・バーク」『国家学会雑誌』第六八巻一一・一二号（一九五五年五月）、一七六頁（『集一』、六七頁）。Edmund Burke, "Speech Relative to the Middlesex Election," in *The Works of the Right Honourable Edmund Burke*, vol. 7, Nimmo, 1899, p. 65.

Burke, *Reflections on the Revolution in France*, p. 188.（バーク『フランス革命についての省察』、中野好之訳、岩波文庫、二〇〇〇年、一七一頁。）

（22）バークにとって議会における代表とはその選挙区の有権者の利益を代表することではなく、国民全体の利益を代表することを意味した。Edmund Burke, "Speech to the Electors of Bristol," in *The Works of the Right Honourable Edmund Burke*, vol. 2, Nimmo, 1899, p. 96.

（23）坂本「国際政治における反革命思想（二）」、一七七頁（『集一』、六八頁）。

（24）同右、一七五頁（『集一』、六六—六七頁）。

（25）Edmund Burke, "Letter I. On the Overtures of Peace," in *The Works of the Right Honourable Edmund Burke*, vol. 5, Nimmo, 1899, p. 284.

（26）坂本「国際政治における反革命思想（二）」、一八一—一八二頁（『集一』、七三頁）。

（27）同右、一八二頁（『集一』、七四頁）。

（28）坂本義和『核時代の国際政治』岩波書店、一九六七年、一四八頁（『坂本義和集三——戦後外交の原点』岩波書店、二〇〇四年、二四六頁）。引用箇所は論文集である『核時代の国際政治』の「追記」にて記されたものである。

（29）坂本義和「国際政治における反革命思想（三）——その一類型としてのエドマンド・バーク——」『国家学会雑誌』第七二巻六号（一九五八年六月）、五七八—五七九頁（『集一』、一三三—一三四頁）。

（30）坂本「国際政治における反革命思想（一）」、五七八—五七九頁（『集一』、一二六頁）。Burke, "Appeal from the New to the Old Whigs," in *The Works of the Right Honourable Edmund Burke*, vol. 4, Nimmo, 1899, p. 169.

（31）坂本「国際政治における反革命思想（三）」、五八六—五八七頁（『集一』、一四一—一四二頁）。

（32）坂本義和「中立日本の防衛構想」『世界』一九五九年八月号、三四頁（『集三』、一〇三頁）。

（33）Morgenthau, *Politics among Nations*, p. 28.（モーゲンソー『国際政治（上）』、九七頁）。

（34）Hans J. Morgenthau, "Another "Great Debate": The National Interest of the United States," *American Political Science Review* 46 (4) (December 1952), pp. 986–987. なおリアリストの慎慮論については、宮下豊「リアリズムにおける慎慮（プルーデンス）の意味内容に関する一考察——H・J・モーゲンソー、R・アロン、永井陽之助、高坂正堯を対象として——」『年報政治学』第六七巻二号（二〇一六年一二月）、三三四—三五五頁も参照のこと。

（35）マックス・ウェーバー『職業としての政治』脇圭平訳、岩波文庫、一九八〇年、八九、九七頁。

（36）Hans J. Morgenthau, *Scientific Man vs. Power Politics*, The University of Chicago Press, 1946, p. 186.

（37）*Ibid.*, pp. 202–203.

（38）坂本義和「冷戦状況の政治構造」『岩波講座現代六 冷戦——政治的考察』岩波書店、一九六三年、八八—八九頁（『坂本義和集二——冷戦と戦争』岩波書店、二〇〇四年、一八頁）。

（39）坂本義和「平和運動における心理と論理」『世界』一九六二年八月号、二四—二五頁（『集三』、二三一頁）。もっとも実際のダレスの評価については多様な見解がありうる。たとえば対ソ外交におけるダレスの柔軟な態度を明らかにしたものとして、John Lewis Gaddis, "The Unexpected John Foster Dulles: Nuclear Weapons, Communism, and the Russians," in *John Foster Dulles and the Diplomacy of the Cold War*, ed. Richard H. Immerman, Princeton University Press, 1990, pp. 55–58.

（40）坂本義和「モーゲンソー」『平凡社大百科事典』第一四巻、平凡社、一九八五年、九〇〇頁。中村研一「坂本義和——修行時代」初瀬龍平・戸田真紀子・松田哲・市川ひろみ編『国際関係論の生成と展開——日本の先達との対話』ナカニシヤ出版、二〇一七年、五〇頁。

(41) X [George Kennan], "The Sources of Soviet Conduct," *Foreign Affairs* 25 (4) (July 1947), pp. 575–576. Morgenthau, *In Defense of the National Interest*, pp. 190–191.(モーゲンソー『世界政治と国家理性』、一九一—一九二頁。)

(42) John H. Herz, "Idealist Internationalism and the Security Dilemma," *World Politics* 2 (2) (January 1950), p. 157.

(43) 坂本義和「権力政治を超える道」『世界』一九六六年九月号、六八頁(坂本義和『権力政治を超える道』、岩波現代文庫、二〇一五年、一二七頁)。

(44) Charles E. Osgood, *An Alternative to War or Surrender*, University of Illinois Press, 1962, pp. 85–89.(チャールズ・オスグッド『戦争と平和の心理学』田中靖政・南博訳、岩波書店、一九六八年、一三〇—一三六頁。)この観点からキューバ危機を分析したものとして、Amitai Etzioni, "The Kennedy Experiment," *Western Political Quarterly* 20 (2) (June 1967), pp. 361–380.

(45) 坂本「権力政治を超える道」、七一—七五頁(坂本『権力政治を超える道』、一三五—一四四頁)。

(46) James N. Rosenau, "National Interest," *International Encyclopedia of the Social Sciences* vol. 11, Macmillan, 1968, p. 35.

(47) Richard Ned Lebow, "Max Weber's Ethics," *Journal of International Political Theory* 16 (3) (2020), p. 310.

(48) 坂本「冷戦状況の政治構造」、九〇頁(『集二』、二〇頁)。

(49) 坂本義和「〝ニクソン訪中〟の意味するもの」『朝日新聞』一九七一年七月一九日夕刊、五頁(『集二』、二八五頁)。

(50) 坂本義和「アジアにおける平和の条件 ——米ソ共存から米中共存へ——」『朝日ジャーナル』一九六七年四月二日号、一二頁(『集二』、二四七頁)。

(51) 坂本義和「アジアの冷戦と平和の条件」『新版 核時代の国際政治』一九八二年、岩波書店、一四〇頁。

(52) 坂本義和「権力政治と平和運動」『世界』一九六一年一一月号、一六頁(『集三』、二一四—二一五頁)。

(53) Morgenthau, *Politics among Nations*, pp. 73.(モーゲンソー『国際政治(上)』、一八二—一八三頁。)このようなモーゲンソーの「意図の誤認」論については、石田淳「動く標的——慎慮するリアリズムの歴史的文脈」『国際政治』第一七五号(二〇一四年三月)、五九—六〇頁を参照のこと。

(54) 坂本義和「『力の均衡』の虚構 ——ひとつの現実主義批判——」『世界』一九六五年三月号、四六頁(『集二』、五八頁)。

(55) 同右、四五頁(『集二』、五六—五七頁)。

(56) 同右、四六頁(『集二』、五八頁)。

(57) 同右、四三頁(『集二』、五三頁)。

(58) 同右、四三—四四頁(『集二』、五三—五四頁)。

(59) 同右、四四頁(『集二』、五五頁)。

(60) 同右、四四頁(『集二』、五五頁)。

(61) 同右、四五頁(『集二』、五六頁)。

(62) Morgenthau, *Politics among Nations*, p. 147.(モーゲンソー『国際政治』、三五一頁。)

(63) 坂本義和「革新ナショナリズム試論」『中央公論』一九六〇年一〇月号、四六頁(『集三』、一四四頁)。このような坂本の民衆理解は米国におけるG・アーモンドの指摘と重なる。Almond, *The American People and Foreign Policy*, p. 53.

(64) その代表例は、坂本「中立日本の防衛構想」、四七頁(『集三』、一二五—一二六頁)。

(ひらい ゆうだい 東京大学大学院)

日本国際政治学会編『国際政治』第212号「二国間と多国間をめぐる日本外交」（二〇二四年三月）

〈書評論文〉

複数の分岐点としてのドイツ統一

吉留公太著『ドイツ統一とアメリカ外交』（晃洋書房、二〇二一年、五三六＋一一頁）
メアリー・エリス・サロッティ著、奥田博子訳『一九八九――ベルリンの壁崩壊後のヨーロッパをめぐる闘争』上下巻（慶応義塾大学出版会、二〇一九年、上巻一九三＋五三頁、下巻一八八＋九四頁）（Mary Elise Sarotte, *1989: The Struggle to Create Post-Cold War Europe*, Princeton: Princeton University Press, 2011 の訳）

倉科一希

一　ドイツ統一過程をめぐる論争と現在の国際関係

一九八九年から九〇年にかけ、ベルリンの壁が崩壊し、ドイツ連邦共和国（西ドイツ）とドイツ民主共和国（東ドイツ）が統一した。このヨーロッパ国際関係の激変は、近年、史料の公開が進んだおかげで大きく研究が進展した。さらに、喫緊の国際政治の進展と結びつくことによって、政治的にも関心を引き付けるようになっている。したがって、この問題をめぐる数多くの研究が登場しているのであるが、本書評論文では英文による代表的な研究の翻訳、および重厚な邦文の研究を取り上げる。

それぞれの研究の内容を検討する前に、ドイツ統一過程に付された現代的な問題を確認しておきたい。二〇〇〇年代後半からロシアがヨーロッパ国際関係の現状に対する不満をあからさまに示し、北大西洋条約機構（NATO: North Atlantic Treaty Organization）の拡大を批判するようになると、ドイツ統一に至る外交過程に改めて焦点が当たった。[1] とくに注目を集めたのが、アメリカのベーカー（James Baker）国務長官による「一インチ」発言である。一九九〇年二月にソ連を訪問してゴルバチョフ（Mikhail Gorbachev）書記長と協議したベーカーが、統一ドイツのNATO加盟を求めつつも、その管轄権を「一インチも」東方に動かすことはないと約束した出来事である。この直後にコール（Helmut Kohl）西ドイツ首相と会談したゴルバチョフが、ドイツ統一は「ドイツ人自身」が決めるべき事案であると述べ、ドイツ統一を容認した（サロッティ上、一七九―一八〇、一八二―一八四）。[2] 以上のやり取りから、NATOは東方（すなわち東ドイツ領）に拡大しないという条件でゴルバチョフがドイツ統一に同意したにもかかわらず、西側が後にこれを裏切ったという不満がロシアに残ったとされる。「一インチ」発言をめぐる歴史学上の学術的論争は、現在のロシアの対外政策およびヨーロッパ国際関係に対する評価と交錯する問題と化しているのである。

二　国際関係史としてのドイツ統一

サロッティの『一九八九』は、ドイツ統一をめぐるヨーロッパ国際関係の展開を、非常に明確に説明している。ドイツ統一を冷戦の終点ではなく、ポスト冷戦の起点と捉え、ドイツの統一はどのようなヨーロッパ国際関係を作り出すかをめぐる競争であったとみなしている（サロッティ上、一二一―一二三）。具体的には、第二次世界大戦終結時の戦勝四カ国（米英仏ソ）によるドイツの管理を復活させようとする「復元型モデル」、東西ドイツによる国家連合を設立しようとする「再生型モデル」、東西両陣営にまたがる安全保障の枠組みを構築する「マルティナショナリズム」ないし「汎ヨーロッパモデル」[3]、そして西側の枠組みを東ドイツに拡大する「プレハブ型モデル」である（サロッティ上、一八―二〇）。周知のとおり、最後のプレハブ型モデルが実施された。

プレハブ型モデルを選択する上で、さまざまなアクターが重要な役割を果たした。もっとも重要なのは、西ドイツのコール首相とその側近であった。彼らは迅速なドイツ統一を唱え、これを実現するために西側の制度を東ドイツに拡大することを選んだ（サロッティ上、八四）。これに協力したのが、アメリカのブッシュ（George H. W. Bush）政権であった。コール首相とブッシュ大統領は、ともに「迅速な行動の必要性を感じて」おり、NATOやドイツ基本法、ドイツマルクといった既知の制度を東ドイツに拡大することを選択した（サロッティ下、一一七―一一八）。さらに東ドイツの有権者は、一九九〇年三月一八日の人民議会選挙で迅速な統一を唱える「ドイツのための同盟」を勝利させた（サロッティ下、三八―四〇）。また、フランスのミッテラン（François Mitterrand）大統領は、コールに協力した。ベルリンの壁崩壊直後にはドイツ統一に慎重な姿勢を示していたものの、ヨーロッパ統合の進展、とくに通貨統合の実現に対する西ドイツの支持を優先したのである（サロッティ上、一四〇）。

一方、プレハブ型以外のモデルは支持を得ることができなかった。当初ソ連が提案した復元型モデルは、主に西ドイツの反発によって失敗した。第二次世界大戦終結時の取り決めでは、戦勝四カ国がドイツの統一を回復することになっていた。ソ連政府はこの権限を改めて主張し、東西ドイツではなく戦勝四カ国がドイツ統一を決定しようと提唱した（ただし冷戦中のソ連は、ドイツ統一を戦勝四カ国ではなく、東西ドイツが決定すべきと主張していたのだが）。冷戦中はドイツ統一を支持していた西側諸国が、ソ連の提案に関心を示したため、西ドイツ政府は強く反発した。西ドイツ政府はブッシュ大統領に復元型モデルへの反対を表明するよう説得し、これを葬った（サロッティ上、一一一―一一三）。

再生型モデルを提唱したのは、コール首相の「一〇項目提案」であった。この構想は、当面の間東ドイツが存続することを前提にしており、旧東ドイツ指導部と反体制派から成る円卓会議も類似の考えを抱いていた。しかしこの方針は、多くの東ドイツ市民の認識から乖離していた。彼らはむしろ、資本主義体制が提供する消費財に強い魅力を覚え、東ドイツの存続を望んでいなかったのである。再生型モデルを失敗させたのは、早急な生活の改善を望んだ東ドイツ市民の意思であり、これを敏感に感じ取ったコールの方針転換であった。八九年一二月にドレスデンを訪れたコールは、「街頭（ストリート）レベル」の熱狂的な歓迎を目にして、迅速な統一を「自分に課せられた付託」と考えるようになった（サロッティ上、一四〇―一四二）。さらに九〇年一月一五日に東ドイツ秘密警察本部前で開かれたデモが暴動に転じ、東ドイツの統治機構が崩壊しつつあることを明らかにした。この事件は、再生型モデルに対する決定打となる（サロッティ上、一五八―一六二）。

汎ヨーロッパモデルは、東西双方の同盟、すなわちNATOとワルシャワ条約機構の双方を代替ないし包摂する新たな国際機構を創設する案であった。この構想は単発的に浮上していたが、本格的に議論されるようになったのは、復元型モデルの失敗を認めたゴルバチョフが提唱した一九九〇年一月以降であった（サロッティ上、一六五、一七二）。この構想は、ヨーロッパ安全保障会議（CSCE: Conference for Security and Cooperation in Europe）の強化にもつながる。ゴルバチョフの構想には、イギリスやフランスの考えとも共通点があった（サロッティ上、一七三；下、八九）。さらに、西ドイツのゲンシャー（Hans-Dietrich Genscher）外相も同じような構想を検討していた[4]。

この汎ヨーロッパモデルが失敗した理由として、サロッティ著は、主な唱道者となったゴルバチョフの問題を指摘する。まずサロッティ著は、ソ連指導部が「一連の事態の切迫感を見逃していたように見受けられた」と指摘する。ゴルバチョフの構想は具体性を欠き、「すぐに熟成するようなものではなかった」（サロッティ上、一七三―一七四）。さらにこの汎ヨーロッパモデルは、ゴルバチョフがドイツ統一への対応を誤った一因にもなっていた。後述するように、ゴルバチョフはNATOの東方拡大を否定したベーカー発言の文書化を求めなかったが、その一因としてサロッティは、彼が「双方の軍事同盟を完全に解体させる」選択肢を残しておこうとしたと指摘している（サロッティ上、一八〇）。生煮えの汎ヨーロッパモデルに過度の期待を寄せたゴルバチョフが、ベーカー発言が提供したかもしれない機会を見逃したのである。

　サロッティ著の特徴として、三点挙げることができる。第一に、さまざまなアクターの役割に注目し、国際関係史のアプローチをとっていることである。サロッティ著は各国政府のみならず、東ドイツの反体制派にまで検討している。その上でサロッティ著は、コール首相が最大の役割を果たしたと主張する。第二に、各モデル間の競争を決定づけた要因として時間に注目する。ドイツ統一の実施方法をめぐる競争において最終的に候補に残ったのは、汎ヨーロッパモデルとプレハブ型モデルであった。両者の命運を分けたのは、迅速な決定が可能か否かであった。東ドイツ政府が日に日に実体を失い、消費財への欲求と旧体制への不満が東ドイツ市民の間で高まるなかで、迅速な解決策の提示が必要不可欠と考えられた。この必要性を理解していたコールとブッシュは、もっとも実施が容易であり、したがって時間を要しないプレハブ型モデルを選択した。これに対してゴルバチョフは、まずドイツ統一の阻止を目指して復元型モデルを提唱し、その実現が不可能となってから汎ヨーロッパモデルに転換した。しかし、新たな国際機構の創立には当然ながら時間を要するため、プレハブ型モデルに対する優位性を示すことができなかったのである（サロッティ下、一二七）。

　第三の特徴は、プレハブ型モデルの優位性を認めつつも、ドイツ統一の結果として生まれたヨーロッパ国際関係に対する評価が低いことである。プレハブ型モデルは、冷戦中に西側が独力で作り上げた西ドイツ国内体制と国際関係をそのまま東ドイツに拡大する構想であり、旧来の仕組みが冷戦後の世界に適していなかった。とくにNATOの東方拡大は、ソ連を脅威とみなす安全保障体制の境界を「東西冷戦後の世界に存続させた」決定であり（サロッティ上、二一・下、一三六）、その後の国際関係に禍根を残した。[5]

　ただしサロッティ著は、ベーカーの「一インチ」発言をあまり重視していない。この発言の事実性は否定しないものの、サロッティ著が強調するのはゴルバチョフの対応のまずさであり、コールの果たした役割である。ゴルバチョフについては、彼がベーカーの発言を文書化しなかった点、これ以降の交渉でアメリカの立場がベーカー発言から逸脱してもこの逸脱を問題にしなかった点を指摘する（サロッティ上、一八〇、一八五）。さらにサロッティ著は、二月九日のベーカー発言よりも翌一〇日のコール発言の影響を重視する。「ゴルバチョフはベイカー（ママ）が提示した机上の空論ではなく、コールが提示した机上の空論に基づいて行動した」のである。加えて、文書化されなかったベーカー発言と異なり、コール発言がなされた交渉の成果はコールによって公表された。したがって、現在のヨーロッパ国際関係にロシアが「怨恨」を抱いているなら、その責任の一端は西ドイツに求められる（サロッティ上、一八六）。

この議論は、ロシアの「怨恨」を否定するものではない。繰り返しになるが、サロッティ著は東西対立の構図が冷戦後も残ったことに批判的である。サロッティ著の評価は、ベーカー発言の重要性を相対化するもので、ドイツ統一過程におけるアメリカの中心性に疑問を呈していると言えるだろう。

三　ワシントンから見たドイツ統一

『ドイツ統一とアメリカ外交』は、サロッティ著と異なり、アメリカに焦点を当てた研究である。先行研究の多くがアメリカ政府高官の回顧録に依拠してブッシュ政権の政策を再構築するのに対し、吉留著は入手可能な一次史料を駆使してこれら回顧録の信憑性を検証した。その上で吉留著は、アメリカ政府内に存在した見解の相違を位置づけ、「当時のアメリカの動向がドイツ統一とヨーロッパ冷戦終結過程におよぼした影響」を解明しようとする（吉留、二）。

吉留著によれば、対ソ・対ヨーロッパ政策をめぐって、ブッシュ政権内に大きく二つの路線があった。ブッシュ政権には、冷戦の終結過程、対ソ政策、そしてゴルバチョフによる国内改革の評価をめぐって意見対立があった。これらの争点が相互に結びついて、二つの異なる路線を成していた。冷戦終結については、西側に対するソ連の相対的優位を制度化しようとする「勝敗区分的」な終結を目指す方針と、冷戦の勝敗を明らかにしない「東西融和」的な冷戦終結方針とがあった（吉留、二）。対ソ政策については、依然としてソ連を警戒して東西の軍事的均衡に配慮する政策と、ソ連との関係を拡大し、経済交流に積極的な政策があった。この対ソ政策をめぐる相違は、冷戦終結に関する意見の相違と関連していた。対ソ警戒・軍事的均衡を重視する対ソ政策は、「勝敗区分的」な冷戦終結方針によって支えられていた。これに対し、「東西融和」的冷戦終結は対ソ関与・経済交流政策を支えていた（吉留、五）。またゴルバチョフ政権の先行きについて、「棚上げ論」と「行き詰まり論」の相違があった。前者は憶測を控えてゴルバチョフ政権との協力を進める立場であり、後者はソ連の連邦制が崩壊する可能性まで含め、ゴルバチョフ政権が行き詰まる可能性を考慮していた。「棚上げ論」を唱えたのは「東西融和」的冷戦終結を目指し、対ソ関与・経済交流を支持するベーカー国務長官らであり、「行き詰まり論」の支持者は「勝敗区分的」冷戦終結を追求して対ソ警戒・軍事的均衡を重視するスコウクロフト（Brent Scowcroft）安全保障担当大統領補佐官などであった（吉留、一一八―一二〇）。本書評論文では、前者を東西融和＝対ソ関与＝「棚上げ」路線、後者を「勝敗区分的」＝対ソ警戒＝「行き詰まり」路線と称する。

この二路線のうち、有力であったのは「勝敗区分的」＝対ソ警戒＝「行き詰まり」路線であった。ブッシュ大統領がこの路線に近かったことが、理由の一つにあげられる。ブッシュは、スコウクロフトほどソ連に対して悲観的ではなかったものの、「アメリカが冷戦に勝利しつつあるという本音」を抱いており、新たな国際関係の構築におけるソ連の影響を抑制しようとした（吉留、一五九）。ブッシュは一九八九年一二月のマルタにおける米ソ首脳会談で冷戦終結の宣言を避けたが、その理由は、冷戦におけるアメリカの勝利が決定的になる前に冷戦終結を宣言して、ソ連を利することがないようにしたためであった（吉留、一二三一）。さらにブッシュは、九〇年二月末に行われたコール首相との会談でも、「私たちが勝利し、彼は敗れたのだ」と述べて、ソ連がドイツとNATOの関係に影響を与えることを認めようとしなかった（吉留、二九六―二九七）。

この二つの路線の対立は、ドイツ統一問題の過程で一時的に登場したのではなく、ブッシュ政権が成立してまもなく顕在化した。にもかかわらず、ドイツ統一や対ソ交渉に決定的な悪影響を与えるまで、ブッシュ大統領が対立の解消に乗り出すことはなかった。一九八九年初頭からベーカーは、ソ連との関係改善に踏み切るよう大統領を説得しようとしたが、成功しなかった（吉留、七三）。しかしブッシュ大統領は、この年の夏から秋にかけて、ソ連を警戒して西側の結束を求める一方、ゴルバチョフの改革への支持も示す両義的な姿勢をとっていた（吉留、一一二―一一三）。九月に採択された国家安全保障指令（NSD）二三号でも、ソ連の改革に対する「行き詰まり論」と「棚上げ論」が併記されていた。その結果ベーカーは、東西融和＝対ソ関与＝「棚上げ」路線が受け入れられたと解釈してその既成事実化を図る一方、スコウクロフトは「勝敗区分的」＝対ソ警戒＝「行き詰まり」路線を進めようとした（吉留、一二四、一三四）。

一九八九年一一月にベルリンの壁が崩壊し、さらにコール首相の「一〇項目」提案がドイツ統一を俎上に載せると、ドイツ統一と対ソ政策が結びついて議論されるようになった。すなわち、ドイツ統一に慎重なソ連に配慮して漸進的・段階的に統一を進めようとする立場と、ソ連の反発にもかかわらず迅速に統一を進めようとする立場があった。前者は東西融和＝対ソ関与＝「棚上げ」路線を提唱したベーカーが主導し、後者は「勝敗区分的」＝対ソ警戒＝「行き詰まり」路線と親和的であった。しかしブッシュ大統領は、ドイツ統一に関する二つの立場を使い分け、政権内の路線対立を放置した。すなわち、マルタ会談やその後のNATO首脳会談において漸進的・段階的統一に理解を示す発言を行う一方、この二つの会談の間に行われたコールとの首脳会談では統一への行動を進めるように促したのである。この使い分けは、ドイツ統一交渉を複雑化させることになる（吉留、二四一）。

ブッシュ政権内の路線対立と、その対立が放置された結果が、ベーカーによる「一インチ」発言であった。すなわちベーカーは、東西融和＝対ソ関与＝「棚上げ」路線の一環として、NATO管轄権の東ドイツへの拡大を否定したのである（吉留、一八一―一八四）。吉留著は、先行研究の関心が「発言内容の確定と同発言がその後の交渉におよぼした影響」に集中しており、この発言の背景に分析が及んでこなかったと批判する（吉留、三七）。そのうえで、ベーカー発言をアメリカ政府内の路線対立が表面化した事例と位置づけ、この発言が「ドイツ統一交渉過程の一つのエピソードに留まらず、ヨーロッパ秩序再編の方向性に影響を及ぼし得る意義を持っていた」と主張するのである（吉留、同）。このベーカー発言に反発したスコウクロフトが政策の再定義を図り、二月末の米・西独首脳会談で「勝敗区分的」＝対ソ警戒＝「行き詰まり」路線および早期統一論を確定させた（吉留、二九〇―二九八）。

以上のように新たな史料を徹底的に探索し、ベーカー発言の歴史的意義を明らかにしたことは、吉留著の第一の特徴といえるだろう。アメリカの政策を評価する基準となる史料の信憑性に踏み込んだ吉留著の分析は、評者には非常に説得性が高いものに見える。

第二の特徴は、ドイツ統一過程の文脈にアメリカを位置づけ、アメリカ政府の政策の矛盾がこのプロセスを左右したと論じる点である。例えば、一九八九年一二月に行われた米・西独首脳会談において、ブッシュがコールに「吸収合併型の統一に向けて動くように促した」と主張する（吉留、二三六―二三七）。サロッティ著がこの会談でコールがブッシュを「説得し、味方につけた」とみなすのに対し、吉留著はブッシュの主導的役割を強調するのである（サロッティ上、一三〇―一三二）。この判断の根拠は明確に示されていないが、吉留著はこの時点で、西ドイツ高官はドイツ統一に関するソ連との合意が可能とみなしていた点を指摘する（吉留、一七二）。したがって西ドイツ政府が、ソ連との軋轢を生みかねない早期統一に自ら踏み切る可能性は小さいと判断しているのであろう。

アメリカの影響の強調は、ベーカー発言直後のアメリカと西ドイツの間のやり取りにも確認できる。ベーカーの「一インチ」発言と翌日のコール発言を踏まえ、ゴルバチョフがドイツ統一を容認したという時系列の概要について、サロッティ著と吉留著の間に相違はない（吉留、一八四）。しかし上述したように、サロッティ著がコール発言の重要性を強調するのに対し、吉留著はコール発言にほとんど触れていない。ベーカー発言に反発したスコウクロフトの巻き返しについて詳細に論じるものの、コールの反応はほとんど検討されていない。むしろ吉留著は、ブッシュ政権内の路線対立を否定する先行研究や回顧録の検討とその批判にスペースを割いている（吉留、一八一―一九〇）。あくまでもアメリカ政府の政策の展開に焦点を当て、それを徹底的に検証するのが、吉留著の課題なのである。

四　新たな論点――拙速な統一が容認されたのはなぜか

以上の要約と特徴の簡単なまとめから明らかなように、本稿で取り上げた二つの研究は、それぞれの視点からドイツ統一過程を検証した良書であり、今後の研究にとってまず参照すべき重要な先行研究に数えられるであろう。とはいえ、これらの研究をもってドイツ統一過程が完全に解明されたわけではない。評者の問題関心から両著書を批判的に検討し、この作業から導き出される新たな論点を提示して、本稿を閉じることとしたい。結論を先取りするなら、東西融和的な冷戦終結を拒んで迅速なドイツ統一を進めたブッシュ政権やコール首相は、結局のところ何を求めていたのかという問いが未解決とみなすのが、評者の見解である。

論旨の都合上、『ドイツ統一とアメリカ外交』から検討したい。上述のとおり、吉留著はブッシュ政権の外交政策に潜んだ矛盾に着目し、その矛盾の根深さと影響の大きさを論証しようとしている。前者に関する論考は、少なくとも評者にはきわめて説得的であった。ベーカーの「一インチ」発言は、軽微な誤解に起因する単発的なエピソードなどではなく、ブッシュ政権の対ソ・対ヨーロッパ政策をめぐる路線対立から生じた。その一方、ベーカー発言が引き起こした混乱の広がりについては、やや根拠が不明瞭であるように見受けられた。もちろん一般論として、二〇世紀後半の国際関係におけるアメリカの重要性は否定しようがない。しかしながら、上述したようにサロッティ著がアメリカの中心的役割に疑問を示すなど、ドイツ統一過程におけるアメリカの重要性は先行研究における争点であり、当然視できるものではない（サロッティ下、一四二）。史料上の制約も存在したであろうが、アメリカの政策の影響を明確にする作業が必要なのではないだろうか。

さらに、ブッシュ政権の目的に関する問題がある。ブッシュ大統領が冷戦終結をアメリカの勝利とみなしたとして、この「勝利」は何を意味したのか。この問いが重要なのは、著者がブッシュ政権と「冷戦期の対ソ強硬論とは異なるタカ派」を区別しているからである。後者の例としてウォルフォウィッツ（Paul Wolfowitz）国防次官の名前を挙げていることからも、この新たなタカ派がジョージ・W・ブッシュ（George W. Bush）政権で対外政策を牛耳ったいわゆるネオコンの一端をなすと考えられる（吉留、四九一）。すなわち吉留著は、力による民主主義の拡大や単独行動主義と、ブッシュ政権の「冷戦勝利論」を区別しているのである。であれば、ブッシュやスコウクロフトが目指した「勝利」とは、何を意味したのだろうか。吉留著は、一九八九年の春から秋にかけて、ブッシュが東ヨーロッパの体制転換やドイツ統一を期待する意思を示した、と指摘する。ただしこれらは「対ソ牽制のレトリック」であり、当時のブッシュ政権がドイツや東ヨーロッパの急激な変化を進めようとしたわけではなかった（吉留、六二）。

サロッティ著にも、同じような問いが浮かぶ。既述したことの繰り返しになるが、『一九八九』の重要な貢献の一つは、ドイツ統一外交における迅速さの必要性、換言すれば時間という要因の重要性を明らかにしたことにある。プレハブ型モデルの最大の優位点は、既知の仕組みを拡大することで迅速に、予想可能性の高い国際関係を構築できる点にあった。では、コールやブッシュはなぜ、迅速な決定が必要だと考えたのだろうか。ブッシュについては吉留著の「行き詰まり」路線で説明できるとしても、同じことが西ドイツにもあてはまるのであろうか。

結局のところサロッティ著と吉留著はどちらも、アメリカ政府や西ドイツ政府が何を目指してドイツ統一とＮＡＴＯ加盟を強引に達成したのか、その理由を示していない。その代わりに両著書とも、拙速な決定の結果として冷戦期の東西対立が温存された点を批判する。この批判は妥当なものであるが、その原因についての検証は不十分と言わざるを得ない。

ただし両著書とも、この問いへの答えとなりうる争点の一つに言及している。例えばサロッティ著は、ミッテランの補佐官を引用する形で、ブッシュ政権の本当の関心がＮＡＴＯの維持にあったのではないかという問いを示した。さらに続けて、NATOを「ヨーロッパにアメリカの存在（プレゼンス）を確実にすると同時にソ連の脅威を封じ込めるために創設された軍事組織」であったと述べる（サロッティ下、一四三）。ただしNATOには、もう一つの機能が想定されている。すなわち、ドイツの封じ込めである(6)。吉留著も、ドイツ・ナショナリズムの制御という問題がCSCE構想の弱体化をもたらしたと指摘している（吉留、四八六）。

実際、サロッティ著と吉留著の双方に、当時の西ドイツないしドイツの将来に対する不安が広がっていたことを示す記述が複数見出される。例えば一九九〇年五月にベーカーがゴルバチョフに、また翌月にはコールがブッシュに、自由に行動するドイツの不安を煽って統一ドイツのNATO加盟を訴えた（サロッティ下、七二：吉留、三四七、三七二）。これらの発言はレトリックかもしれないが、ドイツに対する不安に付け込む隙があると想定されたからこそ、このようなレトリックが用いられたはずである。一方アメリカ政府には、西ドイツが密かにソ連と連携して統一を達成しようとするのではないかという疑念が根強かった（サロッティ下、一四二：吉留、一五六）。ドイツに対する不安、およびこの不安に煽られた周辺諸国によってドイツの利益が損なわれる不安(7)に駆られたアメリカ政府や西ドイツ政府が、統一ドイツの将来に対する安心を担保するために、統一ドイツのNATO加盟を遮二無二進めたとするなら、その拙速さも説明されるだろう。

仮にドイツの拙速な統一を促した要因の一つがドイツへの不安であったならば、冷戦後のヨーロッパ国際関係が内包する問題は、NATOの拡大のみに表れているわけではないだろう。サロッティ著が指摘しているように、フランスがドイツ統一の支持に転じたのは、通貨統合を西ドイツが受け入れたからであった（サロッティ上、一三六—一四〇：下、四五—四六）(8)。つまり、ヨーロッパ統合の深化は統一ドイツを周辺諸国に深く結びつける手段であり、NATOと同じ効果が期待されていた。サロッティ著では、「プレハブ」がNATOのみならず、ヨーロッパ統合や西ドイツの国内政治体制も包摂する、西ドイツの国内・国際制度とみなされている（サロッティ下、一九—二二、四二）。この「プレハブ」の問題点は、NATOのみに焦点を絞っても十分解明できないだろう。ヨーロッパ統合が順調に進展しているとは言いがたい現在(9)、NATO拡大に留まらないより広い視点から、冷戦後のヨーロッパ国際関係の成り立ちを検討する必要があるのではないだろうか。

冷戦後のヨーロッパ国際関係を再検討するうえで、もう一つ考慮しなければならないのは、アメリカの変容である。ブッシュ政権がNATOを拡大し、米欧関係を維持・強化する政策を追求したとするなら、この政策は後の政権に引き継がれなかった。アメリカ政府の関心はむしろ頻発する地域紛争や、中東を中心としたテロリズムとの争いに向けられる。その原動力の一つは、ブッシュやスコウクロフトと対立した「タカ派」であった。そして、彼らが要職を占めたG・W・ブッシュ政権の下で、従来のNATOパートナーとの関係は著しく悪化していく。ブッシュ政権がNATOというプレハブの建築に貢献したとすれば、後のアメリカ政府はこれを放置してしまったのである。とすれば、アメリカというアクターにとって、一九八九年は必ずしも「起点」にならなかったのではないだろうか。そしてヨーロッパ国際関係というシステムとアメリカというアクターの間に生じたこのギャップは、冷戦後のヨーロッパ国際関係を検討する一つの視点を提供すると期待できるだろう。

本書評論文では、『一九八九』および『ドイツ統一とアメリカ外交』を検討することで、冷戦後のヨーロッパ国際関係の構築に関する論点の提示を試みた。サロッティ著や吉留著のようなドイツ統一過程に関する諸研究は、冷戦終結過程および冷戦後の国際関係に関する歴史的研究の扉を開くものと言えるだろう。今後の研究の発展に期待したい。

（1）小泉悠『「帝国」ロシアの地政学――「勢力圏」で読むユーラシア戦略』（東京堂出版、二〇一九年）、とくに九一―九九頁。

（2）以下、評書については著者名と巻、頁番号を文中に記載する。

（3）「汎ヨーロッパモデル」の語句はサロッティ下、一二六。

（4）ゲンシャーの構想については、板橋拓己『分断の克服　一九八九―一九九〇――統一をめぐる西ドイツ外交の挑戦』（中央公論新社、二〇二二年）などを参照。

（5）塩川伸明『冷戦終焉二〇年――何が、どのようにして終わったのか』（勁草書房、二〇一〇年）も参照。

（6）簡潔な説明として、例えば Geir Lundestad, *The United States and Western Europe since 1945* (Oxford: Oxford University Press, 2003), pp. 5–12.

（7）ドイツの頭越しにその将来が決定されてしまうというコールの不安については、例えば吉留、一七五。

（8）フランスの政策について代表的な研究は Frédéric Bozo, *Mitterrand, the End of the Cold War, and German Unification*, translated by Susan Emanuel (New York: Berghahn, 2009).

（9）ヨーロッパ統合の問題については、例えば遠藤乾『統合の終焉――EUの実態と論理』（岩波書店、二〇一三年）。

（くらしな　いつき　同志社大学）

日本国際政治学会編『国際政治』第212号「二国間と多国間をめぐる日本外交」（二〇二四年三月）

〈書評論文〉

リベラル民主主義国の限界と出入国管理
――「南」の越境移動の現代的意義――

明石純一著『人の国際移動は管理されうるのか―移民をめぐる秩序形成とガバナンス構築―』
（ミネルヴァ書房、二〇二〇年、二九六頁）
松尾昌樹・森千香子編著『グローバル関係学6　移民現象の新展開』（岩波書店、二〇二〇年、二六四頁）

岡部みどり

はじめに

本稿は、明石純一著『人の国際移動は管理されうるのか―移民をめぐる秩序形成とガバナンス構築―』（ミネルヴァ書房、二〇二〇年）及び、松尾昌樹・森千香子編著『グローバル関係学6　移民現象の新展開』（岩波書店、二〇二〇年）の書評論文である。いずれも、出入国管理の政治学的意義、社会の動態と制度化との関連について、従来にない新たな視点や考察を導入している点で画期的な出版プロジェクトである。また、いずれもアジアの（またはアジア人が展開する）人の国際移動を主な研究対象としている点でも共通している。

明石は、人の国際移動のガバナンスについての一般的な動向を秩序形成の観点から整理し、それが政策形成や発展（明石の言葉では「再編」）にいかに反映されているかを考察している。そして、シンガポール、台湾、韓国、インド、アメリカ、日本のケースを比較分析しながら、政策の限界が国際政治構造や国際制度化の状況と連関していることを浮き彫りにした。明石の研究が制度や政策に焦点を当てているのに対して、松尾・森編著は、アジア人が展開する人の国際移動の実態や、主にアジア諸国による移民受け入れ又は送り出しの政治実践が、欧米リベラル民主主義諸国による移民受け入れの議論に対するオルタナティブな議論として説明できるか、ということに腐心している。

本稿では、明石が明示的に、そして松尾・森編著への寄稿者が暗示的に提起する「人の国際移動管理の限界」を批判的に検討しつつ、非欧米諸国のケース分析に基づく考察の学術的な位置づけについて議論をしてみたい。

一 人の国際移動管理の限界

明石は著書のタイトルを通じて「人の国際移動は管理されうるのか」という挑発的な問いを投げかける。この問いは様々な問題提起を内包するものである。そもそも人の国際移動管理とは何か。誰が、どのように管理するのか。「管理されうる」状態とはいったいどんな状態を指すのか。さらには、そもそも人の移動は国家に「管理されうる」状態でなければならないのか。

国家による人の移動管理が進展しているのか、あるいは後退しているのか、という議論は、主に一九九〇年代の米国における政治学者と社会学者との対話を皮切りに展開された(1)。社会学者であるS・サッセンは、グローバル化がリベラルな理念を基礎に置く人権擁護の越境的なレジームを登場させ、これにより人の移動管理における国家の排他的権限はごく小規模に限定されたと説いた(2)。これに対して、政治学者のG・フリーマン、J・ホリフィールド、C・ヨプケ等は、出入国管理は日々進展しており、国家のコントロール能力は決して失効していないと反論した。フリーマンによれば、移動手段の発達により人の越境移動の規模が拡大したのに応じて、国家の出入国管理機能は低下するどころかむしろ向上した(3)。この考察は、一方では、人の越境移動（管理）の安全保障化（securitization）という議論に引き継がれていく。人の越境移動は「南」から「北」への人の移動と同義と捉えられると同時に、「北」の国々が歓迎しない人の流れと認識されるようになっていった。そして、移動手段の発達、情報伝達範囲の拡大、密入国を幇助する業者の暗躍などを背景に、主にアフリカ・アジアからの人の流れへの対応に苦慮する「北」の国々が、このような人の流れを脅威と捉え政策形成の前提としているとの指摘が多くなされるようになった。

本稿では安全保障化の詳細な議論には触れないが、一般に引き合いに出されるような、政治エリートの大衆に向けた発話行為を有効とする「コペンハーゲン学派」の主張よりも、「パリ学派」による議論、即ち司法内務（出入国管理）当局の非政治的（テクニカル）な官僚主義的慣行こそがむしろ安全保障化に成功したという説明の方が、現実の考察としてはより適切なように思われる。[4] 法や遵守メカニズムの整備はもちろんのこと、バイオメトリクス認証や5G等次世代移動通信サービス、ＡＩ（人工知能）などの先端技術により、人の移動はかつてないほどに「監視」されうる状態となっている。行政府による人の国際移動の把握が技術的に可能な時代が到来している。この側面に照らし合わせると、「人の移動は管理されうるのか」という明石の問いかけには肯定的に答えることができるのかもしれない。

しかし、明石の問いの核心はおそらくそこにはないのだろう。つまり、先端技術によって自らの一挙手一投足が行政府に把握されることへの恐怖、というよりも、むしろ、国際的相互依存状態において国家が自律的に出入国管理の実践ができるのか、という観点こそが明石の問いかけの趣旨であるだろう。換言すれば、それは、国家が出入国管理を実践するときに外部（の制度的）要因の影響がどの程度あるか、という問題として提起できるだろう。

明石は「今日の各国政府は、国境の外から迫る脅威の除去（治安・国防能力の向上）、自国経済に貢献する人手や人材の調達（市場効率の追求）、人権の保護や人道問題の解決など（略）複数の政策課題」を抱え込むことになったと指摘し、この問題を（移民政策の）トリレンマと捉える。[5] しかし、今日の各国政府は本当にトリレンマ的な状況に陥っているのであろうか。

明石がいうところの「移民政策のトリレンマ」は、D・ロドリックが唱えた国際政治のトリレンマに着想を得たものと推察できる。ロドリックによれば、①グローバル化、②国家主権、③民主主義は併立しない。しかし、それぞれの概念に他の概念の要素が内包されているとみるならば、それは必ずしも一方を選択すれば他方が成り立たない、という状態には陥らない。例えば、グローバル化が民主主義の目指すところであるとか、国家が主体的にグローバル化を志向している（即ち、国家主権の発揚としてグローバル化の実践がある）とかいった側面が、この三者分立的区分においては捨象されてしまう。

同様に、「移民政策のトリレンマ」においても、例えば市場効率の追求が国力増加のために行われている点や、治安維持が外国人も含めたすべての国内居住者の人権擁護につながる点など、それぞれの政策課題の両義性に目を向けるならば、トリレンマ的状況からの脱出も可能であるように思われる。その三つの側面は果たして明石が捉えるように、一方を犠牲にしないと追求し得ないものなのであろうか。さらに言えば、トリレンマ的状況の前提はそもそも明石が整理するような形で実在するのだろうか。

この疑問を呈する背景には、移民や難民受け入れの「決定要因」が、多くの論究において十分に議論し尽くされていないという筆者の認識がある。本稿で取り扱う二冊も例外ではない。移民や難民の受け入れについての政策領域は、選挙や議会での立法プロセスではなく、政府の閣議決定の形での意思決定プロセスを経て成立する場合が多く、したがって民意が十分に反映されていないものと捉えられやすい(6)。この指摘はあながち的外れとは言えないものの、それでもなお（再）検討に値するのは、それが故に、政府が移民や難民の受け入れに排他的な権限を持っていると断じてよいものだろうか、ということである。これについては明石の論考、松尾・森の論考の双方に共通して、誤解がある。実際は、いかに行政決定であるとはいえ、その裁量判断の元となる世論、つまり受け入れを求める利益集団は国内に確かに存在し、その声に応える形で政策アジェンダが決まっている。

この点は、「なぜリベラル民主主義国家が望まれない移民（unwanted migration）を受け入れるのか」という、欧米のリベラル民主主義諸国の間では古典的な論争を発端に展開されている。日本では、この議論がさほど広く紹介されていないことに加えて、当の欧米諸国においても未だ議論の余地があるように思える。したがって、本稿ではこの議論を敢えて取り上げることで、明石や松尾、森らが提起する諸々の論点を評価してみたい。

二　「望まれない移民」の受け入れと「出入国管理のトリレンマ」再考

フリーマンは、なぜ米国が「望まれない（unwanted）」移民を受け入れるのか、という議論において、M・オルソンの集団行為の議論とJ・Q・ウィルソンの「顧客政治（client politics）」の議論を引き合いに、不特定多数よりも明確な争点を代表する集団がロビー行動に成功することを示した(7)。結果的に、雇用者連合とエスニック集団が「移民受け入れ」という選好を共有することになり、国民（＝不特定多数派）の意見が反映されない状態で受け入れが実践されることにつながるという説明である。フリーマンはこれを米国のケースから明らかにした。つまり、それは、米国内のエスニック集団が選挙権を、あるいは被選挙権をも有している多数から成り立っており、出身国の便宜を図ることを目的とする、いわゆるディアスポラ政治が意図されているようなケースの分析から生まれた考察であった。

これに対し、ヨプケは、移民（外国人労働者）に政治的権利がない西欧諸国においては、望まれない移民の受け入れ要因はむしろ受け入れ国家の側にあると論じた。ヨプケによれば、西欧諸国のリベラル民主主義体制が自縄自縛（self-restricted）の形で作用している(8)。とりわけドイツ（西ドイツ）が行った植民地—宗主国関係にない外国人の受け入れは、司法手続きが家族再統合を後押しすることによって実現したという(9)。

実際、当時西ドイツが外国人労働力の受け入れを原則停止した一九七三年以降、家族呼び寄せを政府が決定したことにより外国人数が急増したことは既に多く語られている。しかし、このことが、専らヨプケが主張するところの自縄自縛的なドイツのリベラル体制への拘束の結果であったかどうか、という点については、後続の研究では異なる主張がある。例えば、M・ホーへらは、人の移動のプッシュ＝プル要因を特定するための実証分析を通じて、西欧諸国への人の移動は必ずしも受け入れ政策の寛大さによって決まるものではない、と結論づける。(10) 彼らの分析結果は、むしろ、植民地―宗主国関係、移民（エスニック）・コミュニティの存在、言語など、社会文化的な要因が、人が移住先を決める要因になっていることを示している。しかしその前提として、経済的な要因は依然として有意で、失業率の程度や、大々的に求人活動が行われているかどうか、ということが大きく影響している。

このような実証研究から考察するならば、西欧諸国でも、リベラルな理念に基づく人道的な受け入れが続いたというよりは、受け入れが原則停止された時期以降も、実際には継続的に外国人労働力への需要があったという説明の方が、受け入れの決定要因としては適切であるように思われる。とりわけ、一九七〇年代前後の欧州諸国は構造不況にあえぐ中、労働市場の硬直性をひとつの克服すべき課題としていた。他方で二重労働市場などの議論が興隆する中、雇用の調整弁としての価値が相対的に高い外国人が好まれたと推察することは、あながち外れてはいないだろう。

このように考えるならば、米国も欧州諸国も、決して政府が国家を犠牲にする判断を下したのではなく、雇用者の便宜に適うように移民受け入れを遂行しようとしたと言えよう。そして、雇用者は、グローバル化の進展に伴い対外投資の規模が拡大する中、グローバル・サプライ・チェーンの一部を「国内に」構築し、実質的に流動性の高い労働市場を導入することに成功したという見方もできるのではないだろうか。つまり、リベラル民主主義国による外国人（労働力）の受け入れは、少なくとも雇用者にとっては決してトリレンマ的状況ではなく、むしろ彼らの合目的的な行動に合致する政策であった。明石は、「国家のみならず企業やＮＧＯなどの非国家主体が広範に関与し、影響力を行使すべきではないのか」と問うが、実際のところ、国家は既に非国家主体の影響を大きく受けていたのではないだろうか。(11)

三　リベラル民主主義国のディレンマと非リベラル国のオルタナティブ性

移民の受け入れがリベラル民主主義国において実際は推奨されていた、という観点は、これらの国々が直面する構造的な問題が従来の移民研究による指摘とは別のところにあったことを想起させる。市場での効率を追求する雇用側を支援しつつ、国民に対してはその含意を明確にせず、さらには、先端技術を駆使した厳格な出入国管理を徹底してみせるという政府や政治の手法は、移民政策というものに対する各方面への歪んだ認識を生んだ。まず、国民にとっては、ネイティブである、即ちたまたまずっとそこに住んでいる、というただそれだけで、満足な仕事につきある程度の社会保障を享受できるという時代が失われつつある。この「喪失」を、民主主義的手続きを通じて取り戻そうとする動きが、ポピュリストや右翼政党への一般的支持の高まりとして顕在化している。右傾化、あるいは反動政治運動への支持者は、自らが求めていないのにもかかわらずグローバルな（越境的な）労働市場における競争を強いられていると感じている。そういった人々にとっては、国連やそこに集う知識共同体が提唱する「秩序ある人の移動」、あるいは明石がいう「規制化された開放」という追求目標は、普遍的な人権擁護どころか自らを攻撃する材料と映るだろう。(12)

次に、移動者側にとっては、自らが歓迎されざる存在であるという状態が一向に改善しない。高度技能者や、欧州の場合はEU市民であるといったごく例外的な状況を除いては、原則として彼らは、少なくとも一九七〇年代前半に外国人労働力の受け入れを停止した欧州諸国へは公には受け入れられないことになっている。しかし、実際には農業などの季節労働者として非熟練労働が認められている。それだけでなく、高度技能者の獲得に成功している米国を除くほぼすべてのリベラル民主主義国においては、高度技能者の受け入れスキームが、実際にはそれほど高度ではない一般労働者の受け入れの名目になってしまっている。加えて、違法滞在者の多くが非正規の労働市場で働いていることも、従来の多くの研究が指摘する通りである。つまり、既にネイティブと同様の労働者として働く多くの外国人がいるのに、彼らは、例外的な、時限的な、あるいは違法の存在として扱われることで、移住先の公の場での身分保証が危うい状況を強いられる。「秩序ある人の移動」スローガンは、従って、このような人々からは歓迎される。ところが、実際に移動（労働）者の権利が十分に保障されるのは、欧州統合のように労働や社会政策分野以外の政策領域、主として経済統合やそれを推し進める安全保障共同体成立という明確な目標がある場合に限られており、少なくとも欧州は非欧米諸国との間で欧州統合と同様の国際連携を進めようとはしていない。

最後に、国家の意思決定過程においては、深刻な政治的真空が生まれる。前述の通り、移民受け入れは多くのリベラル諸国においては閣議決定事項である。また、フリーマンが指摘したように、米国でさえ、移民の受け入れやその拒否を選挙の公約として掲げることはつい最近までタブー視されていただけでなく、選挙に有利になるとは捉えられていなかった。そして、ひとたび入国した移民に対しては、国籍付与に至るまでの法整備こそあれ、移住先の国籍を持たない人に対する人権や生活の保障について、政府は一般的に及び腰である。つまり、国民と同じ技能を持つ外国人を同じ待遇で雇うという非効率を雇用者が強いられることのないように、政府が実質的に後押しする形態が生じてしまっている。各国の労働組合が持っているロビイング・パワーの相対的な低下も、こうした政府の行動に拍車をかけている。

総じて、リベラル民主主義国の政府は、国民をグローバルな労働市場に強制的に巻き込み、外国人労働者の社会的な安定に意図的に関与しないという形で、雇用者のための規制緩和政策として移民受け入れを断行してきた。それは、一方ではグローバル化の進展に伴う企業の競争力確保のために必要であったし、他方では、移民の送出国への送金を通じて途上国支援に大きく貢献した。しかし、受け入れ国の国民と移民が背負った損失は、政府がリベラルな理念を追求することで代償できるものではない。これまで、政府はリベラリズムの人道主義的な側面、つまり外国人に対する寛容と連帯をネイティブの国民にうったえかけることでこの歪みを隠そうとしてきた。しかし、今日ではその歪みが高邁な理念ではもはや隠しおおせなくなってきた。これが、リベラル民主主義国が現在直面しているディレンマである。

このように整理したところで、それでは、アジアやアフリカのケースは、オルタナティブとしていかに考察できるだろうか。松尾昌樹（松尾、森編第三章）や石井由香（松尾、森編第四章）がいう「非包摂型」、即ち湾岸諸国やシンガポールのように、国民と外国人が切り離された社会空間に暮らし、享受できる権利も全く異なる社会においては、リベラル民主主義国家が直面するようなディレンマは構造的には生じない。しかし、明石や石井がシンガポールのケースで言及するように、ＮＧＯなどの介在により越境的なリベラル・イデオロギーが民主化を求める市民行動と結びつき、外国人への待遇改善を政府に求める動きが生じる場合もある[13]。また、Ｓ・イルダヤ・ラジャンとアシュウィン・クマールが（松尾、森編第二章）、そして明石が（明石第八章）考察の対象としたインドのケララ州のように、長い歴史を持つ出移民ネットワークを活かして、移民の海外送金を戦略的に州の経済発展に役立てたり、在外投票を通じたディアスポラ政治を促進したりする方向に（州）政府が自ら積極的に誘導するケースもある。ちなみに、インドは「秩序ある人の移動」をグローバル・ガバナンスの目標とする国連や世界銀行の取り組みに好意的であるが、それはおそらく国際レジームの成立がインドに利益をもたらすという算段に基づく対外姿勢の表れであるだろう。これらは総じて、非国家主体や移民の送り出し国が移民の受け入れ国への民主化圧力になりうるケースである。

他方で、特に松尾、森編では、公の空間における移動者の権利保障の動きが、既存の越境労働環境に与える影響を図りきれない場合が検討される。細田尚美（松尾、森編第一章）、ラジャンとクマール、中山裕美（松尾、森編第五章）、松本尚之と川口幸大（松尾、森編第六章）がそれぞれフィリピン人、インド人、南部アフリカ諸国の人々、そしてナイジェリアの中国人を分析するように、インフォーマルな同胞の越境的ネットワークが越境者自身の安全保障に役立っているという場合においては、そこに公の制度が関与することで安全保障の強化につながることもあれば、却ってその弱体化を導くこともあるだろう。この点は、福田友子（松尾、森編第八章）が考察するアフガニスタン人による南アジアでの商人ネットワークについても同様に指摘できよう。

以上を俯瞰する中で浮き彫りになるのは、本稿で取り上げた二冊の著者たちが異口同音に主張するように、確かに現在の「北」、つまりリベラル民主主義国の法制度及びそれを支えるメカニズムによって構成される社会システムとは異なる社会システムが、「南」で展開されているということだろう。しかし、その光景は「北」にとっては、かつて見た光景なのかもしれない。つまり、「南」は出入国管理体制が発展途上の状態であり、国際機関やＮＧＯの介在によって「北」に近いリベラルで民主主義的な国家体制へと転生していくのかもしれない。

あるいは、「南」の移民管理の態様は今後も「北」とは一線を画したままであるのかもしれない。今日、グローバル化はいわば国際構造の変動期における資本主義の大きな波となって、アフリカやアジア諸国を巻き込んでいる。例えば、ラゴス（ナイジェリア）のチャイナ・タウンやザンビアへの中国人投資家の移住などが象徴するのは、少なくともリベラル民主主義諸国が名目上想定するような形で国民や移民の人権擁護を想定しない、中国資本による「非リベラル」な経済発展である(14)。欧米諸国が作り上げた人権についての国際レジームがアフリカ、湾岸諸国、アジアの移民の救世主となるのか、それとも彼らは見捨てられ、インフォーマルなネットワークを通じて自己生存を図ろうとするのかについての議論のためには、今後の詳細なフィールド・スタディーズを待たなければならない。

松尾、森編著が最後に取り上げたテーマである「北からの人の移動」は、人によっては冷酷極まりないと感じるような、グローバル化のひとつの帰結であるだろう。それは、反移民キャンペーン支持者が最も忌み嫌う事態、即ち、母国内での「グローバルな労働市場」での競争に敗れた人々が自らの意思に反して移住を余儀なくされるという一つの側面を持つからだ。大石奈々と小野綾は（松尾、森編第九章）「北―北移動」と捉えたケースは、いわゆる南北問題が、従来想起されるような国家間の問題としてではなく、北（そして潜在的には南）の国家の「内部」で展開され、越境的にも交錯しうるものとして興味深い。オーストラリアでベビー・シッティングをする日本人留学生が、日本のコンビニエンスストアで働くアジアやアフリカからの留学生とは別格の存在だと果たして言い切れるだろうか。また、小野真由美（松尾、森編第一〇章）が描き出す日本人退職者のマレーシアへの「ライフスタイル」移住は、森千香子が「国際分業の緯度（ラチテュード）」という概念を用いて説明するような、植民地主義の過去の実践に根ざした不平等な国際構造を基礎に置く所得や権利のグローバル格差を利用した人の越境移動の形態であるかもしれない(15)。しかし、森が同時にいみじくも論じるように、グローバルな経済格差が国家の「内部」で拡大していることに端を発するという点に照らし合わせると、退職者の移住は北から（南への）労働移民と同根であることが指摘されよう(16)。もちろん、本書で紹介されている北からの移民は、少なくとも当人の主観においては、強制移住などではなく、より良い生活を求める自発的な動機に基づくものであるだろう。しかし、そのような意思決定の背景に国際構造の変化や、先進国、途上国を問わずあらゆる国家の社会的な構成のダイナミズムがあり、双方の動態がグローバル化によりもたらされている、という考察をすることには意義がある。

おわりに

松尾と森が論じるように、非リベラル民主主義国（＝「南」）に主眼を置く人の越境移動の考察は、「グローバルな移民現象における「北」と「南」の境界が融解していく様子」を明らかにする(17)。それは、アジア諸国の分析を通じて明石が到達した、シンガポールをリベラル民主主義諸国の（困った意味での）「先進事例」として位置づける観点にも連なる。[18] 人の国際移動とその受け入れの論理は、民主主義国であるかそうでないか、また、先進国であるか発展途上国であるかにかかわらず、極めて資本主義的な国家の経済パフォーマンスの現れである。しかし、リベラル民主主義国家はその資本主義的な理念の追求と人道主義、人権擁護の理想の追求との狭間であえいでいる。そして、人権を度外視する余地を与えられてきた権威主義体制の主導者は、ビジネスと倫理に結びつきが深まる中、より民主的な、人権を尊重する方針の検討を迫られている。

「北」と「南」の融合が越境移動者の安全保障や受け入れ国、送り出し国双方の平和や繁栄につながるのであれば、それは願ってもないことである。しかし、それに向けては、旧植民地—宗主国関係という歴史の呪縛から抜け出し、客観的な国力比較を前提に置いた、政治（経済）体制と出入国管理との連関についての研究が求められるだろう。「南」が潜在的移民にとっての魅力的な地域である、との分析は、世界の構造的な不平等という認識の再検討を促す実証の糧にもなりうる。本稿で取り上げた両書とも、そのような知的好奇心を掻き立てるには十分すぎるほど魅惑的な研究の成果である。

（1）一連の議論は、岡部みどり『外交政策としての出入国管理の研究—国境の再構築と規範の波及—』東京大学博士論文（二〇一四年）第一章でも論じられている。

（2）Sassen, S (1996) *Losing Control? Sovereignty in an Age of Globalization*, New York: Columbia University Press.

（3）Freeman, G. "Can Liberal States Control Unwanted Migration?" *Annals of American Academy of Political and Social Science*, vol. 534, 1994, pp. 17–30.

（4）Lemberg-Pedersen, M. "Security, industry and migration in European border control," in: Agnieszka Weinar; Saskia Bonjour; Lyubov Zhyznomirska. 2018. *The Routledge Handbook of the Politics of Migration in Europe*. Routledge 2018. また、官僚主義的慣行の議論については、Léonard, S. 2010. *EU border security and migration into the European Union: Frontex and securitization through practices. European Security*, 19(2), pp. 231–254.

（5）明石純一『人の国際移動は管理されうるのか—移民をめぐる秩序形成とガバナンス構築—』ミネルヴァ書房（二〇二〇年）、三九頁。

（6）二〇一八年の日本での法改正は国会での立法プロセスを経たものであったが、これは他国との比較においてはむしろレアケースといえる。なぜ国会での審議プロセスが可能となったのかについては将来の歴史的分析や考察を待たなければならないが、衆議院において与党（自民党）が圧倒的多数を占める議員構成がこれを可能にしたことは現段階においても指摘できよう。詳細は、岡部みどり「二〇一八年入管法改正の政治的意義—外国人労働力導入の先進事例分析を手がかりに—」『季刊労働法』第二六五号（二〇一九年）。

（7）Freeman, G. "Can Liberal States Control Unwanted Migration?" *The Annals of the American Academy of Political and Social Science*, Vol. 534, 1994: pp. 17–30.

（8）Joppke, C. "Why Liberal States Accept Unwanted Immigration," *World Politics*, 50, no. 2 (January 1998): p. 270.

（9）Joppke, C. *op.cit.* pp. 283–293.

（10）Hooghe, M. et. al., "Migration to European Countries: A Structural Explanation of Patterns, 1980–2004," *International Migration Review*, 42(2), 2008.

（11）明石前掲書、四〇頁。

(12) 明石前掲書、四〇頁。
(13) 明石前掲書、一二一―一二四頁。松尾昌樹、森千香子編『グローバル関係学6　移民現象の新展開』岩波書店（二〇二〇年）、一〇三―一〇五頁。
(14) このケースでは移民即ち中国人側ではなく、ネイティブであるナイジェリア人、ザンビア人の人権保障が危ぶまれることとなる。
(15) 松尾、森編前掲書、一七六頁。
(16) 松尾、森編前掲書、一七七頁。なお、森は「産業国」内の経済格差が拡大するというが、ここでの「産業国」とはおそらく欧米先進諸国だけでなく、非欧米世界の新興国も含めた概念として提示しているのだろう。
(17) 松尾、森編前掲書、一五頁。
(18) 明石、前掲書、一四四頁。

（おかべ　みどり　　上智大学）

日本国際政治学会編『国際政治』第212号「二国間と多国間をめぐる日本外交」（二〇二四年三月）

〈書評論文〉

ルールセッターは誰か？

――国際秩序の再構築をめぐる日米中の角逐――

金　ゼンマ

ミレヤ・ソリース著、浦田秀次郎監訳、岡本次郎訳『貿易国家のジレンマ：日本・アメリカとアジア太平洋秩序の構築』（日本経済新聞出版社、二〇一九年、四二一頁）（Mireya Solís, *Dilemmas of a Trading Nation: Japan and the United States in the Evolving Asia-Pacific Order*, Brookings Institution Press, 2017, 283 pp.）

廣野美和編『一帯一路は何をもたらしたのか：中国問題と投資のジレンマ』（勁草書房、二〇二一年、三五六頁）

一 自由で開かれた国際秩序をめぐるリーダーシップ競争

自由で開かれた国際秩序とは何か。(1) ジョセフ・ナイは望ましい国際秩序の基本的概念を「国際的に開かれたルールに基づいた国際秩序」と表現している。(2) そのような戦後の国際秩序は、市場経済、民主化、多国間協力の後退しつつある東アジアでは、その基盤が根底から揺らいでいる。(3) そうした中、国際秩序を維持しようとするアメリカ、それに挑戦する中国、そしてミドル・パワーの日本がリーダーシップを担う構図が、東アジアの新たな特徴となりつつある。

戦後国際秩序のリーダーであったアメリカは、特にアジア太平洋地域において、国際経済秩序を主導するコミットメントと能力に陰りが見えている。(4) 自由主義的経済秩序を唱え、アジアへのリバランス（pivot to Asia）政策に基づいて「環太平洋パートナーシップ協定」（以下、TPP）を牽引してきたアメリカは、トランプ政権以降、TPPから離脱し、保護主義の道を辿っている。アメリカの経済外交が単独主義へと転換し、また米中間の経済的競争が激化したことにより、すでに脆弱となっていた多国間貿易システムは一層揺り動かされている。

他方、アメリカが牽引する国際秩序の恩恵を受けてきた日本は、長年ルールテイカーとして「後方支援リーダーシップ（leadership from behind）」によってアジア太平洋地域秩序の維持に努めてきた。(5) しかし、近年の日本は、片田の「Japan is Back」という言葉が表すように、ルールメーカーとしての役割を担うようになった。(6) すなわち、日本は「環太平洋パートナーシップに関する包括的及び先進的な協定」（以下、CPTPP）を牽引し、アジア太平洋地域における経済秩序構築においてリーダーシップを発揮している。イギリス、韓国、台湾などの新規加盟国の受け入れによってCPTPPの影響力も増していくと予測されている。それ故にCPTPPは、ミドル・パワーによる、ルールに基づく経済秩序を守るための枠組みとして捉えられる。

さらに中国が、国家主導の資本主義のシステムで、米国主導の制度とイデオロギーに挑戦し始めた。(7) 中でも中国の「一帯一路」構想（Belt and Road Initiative：以下、BRI）をめぐる議論は、白熱の一途をたどっている。BRI政策がリベラルな経済秩序を後押ししているとの主張と、既存のグローバル・ガバナンスに対する挑戦であるとの主張が拮抗している。例えば、アメリカのランド研究所は、中国は戦後国際秩序の「条件付き協力者」であるとしたうえで、グローバル・ガバナンスのレベルでは、責任ある国家として国際秩序のルールを順守しているとする。(8) ブレンドン・J・キャノンは、地政学的動機よりも、国内の余剰労働力や国内成長の鈍化など経済的動機のほうが、中国のBRIに対する説明としてはより適切であるとする。(9) BRIは、「多すぎる投資資本のはけ口であり、中国経済のエンジンスピードを落としたくない中国企業の販路」だという。

他方、中国がBRIを通じてアジア太平洋諸国にパワーを行使しようとしているとの批判的見解は依然として根強い。こうした見解は、中国の投資受入国や近隣諸国が中国による経済の「戦略化」や「債務の罠」外交に対する警戒感を露わにしているとしてＢＲＩを批判する。マハティール首相は、中国の経済外交を「新植民地主義」と批判した[10]。船橋とアイケンベリーも、中国のＢＲＩ戦略は、地政学的意図に基づいていると主張する[11]。今日、国際秩序が変革期にある中で、習近平が明言しているとおり[12]、もはやＢＲＩは経済協力に限定されるものではない。中国は新型コロナウィルスの世界的流行を経て、ＢＲＩをグローバル・ガバナンス・システムの改革のプラットフォームとして位置づけるようになった[13]。事実、ＢＲＩは、静的なものではなく、変化し続ける動態的な概念として捉えられるだろう[14]。

こうした米中両国の国際秩序をめぐるせめぎ合いのもとで、ＴＰＰやＢＲＩを通じた経済ガバナンスの構築をめぐり、相反する二つの興味深い論考がある。それぞれについて、貿易ガバナンスをめぐるジレンマと、中国問題と投資をめぐるジレンマという二つの柱からアプローチしたい。以下、紹介する。

二　ＴＰＰをめぐる貿易ガバナンスのジレンマ

まず、ミレヤ・ソリースの『貿易国家のジレンマ：日本・アメリカとアジア太平洋秩序の構築』から見てみよう。ソリースは、米国を代表する日本・アジア太平洋研究者として名高い。ブルッキングス研究所東アジア政策研究センター（ＣＥＡＰ）所長であり、比較政治経済学や通商政策を専門としている。ソリースは、日米関係や日本の政治・経済に精通しており、*Banking on Multinationals*、*Cross-Regional Trade Agreements*、*Competitive Regionalism* など日本の対外経済政策や日米関係に関して複数の著書がある。原書は *Dilemmas of a Trading Nation* であり、二〇一八年に第三四回大平正芳記念賞を受賞している。

同書でソリースは、通商戦略は二一世紀の国家の運命を左右する最も重要なイシューであるとの前提から論じる。日本とアメリカにとってＴＰＰ貿易交渉は、国益を増進し、同盟を深化させ、国際経済ガバナンスを提供するという共通認識に基づいていた。ところが、日本が安倍政権のもとで国内の反発を乗り越えてＴＰＰ締結に至った一方で、アメリカはトランプ政権のもとで保護貿易へと進んだ。ソリースは、異なる道を歩んだ日米両国の政策決定の実態を解明する。

通商政策は、経済の繁栄と国民への便益との矛盾、協定締結への決断、競争力のない産業の救済、秘密交渉に対する反発など、国内の葛藤と政策目標のジレンマを克服しなければ成り立たない。日本は、これらの厳しいジレンマをどう乗り越えてきたのか。中国が台頭する中で、東アジアの行方を大きく左右する日米の通商政策に必要な要素は何か。日本はアジア太平洋諸国の発展のための枠組みづくりをリードできるのか。同書はこのような関心から、通商戦略を考察するための新たな概念的な枠組みを提示する。貿易国家としての日米両国が直面するジレンマの構図を解き明かし、それらを乗り越える政治的リーダーシップの重要性を浮き彫りにしている。

　ここで本書の概要について簡単に紹介しておく。本書の前半では、主にアメリカの経験から貿易政策目標の達成とトレードオフに必要な課題を詳述している。後半では、貿易ジレンマの枠組みを用いて、日本の非効率分野に対する打開策を論じる。具体的には、まず第二章で貿易政策の背後にある強い意図を明らかにする。貿易協定がもたらす安全保障の外部性を概観し、大国の役割に焦点を当てる。続く第三章から第五章では、貿易政策の正当性問題に主眼を置き、経済的繁栄の共有、国家の規制主権、「民主主義の赤字」論争を論じる。第六章では、批准プロセスにおける政治的実行可能性を視野に、国家の決断の条件を生み出す政治制度の役割を示している。第七章では、決断力か包摂性か、改革か補助金か、という二つの貿易ガバナンスのジレンマを解明する。それぞれのジレンマに取り組むための戦略として、貿易政策の代表性を向上させるために協議のサークルを拡大すること、また、労働者が困難な経済変化を克服するためのセーフティーネットの整備を指摘する。より長期的な正当性の問題にも着目し、なぜアメリカにおける貿易ガバナンス・ジレンマの解決策が有効ではなかったのかを明らかにしている。

　続く三つの章では、日本のFTA／TPP戦略に焦点を当てる。[15] 第八章は、国際貿易交渉において、日本が受け身のルールテイカーから積極的なルールメーカーにシフトしたことを論じる。日本は初期のFTAにおいて一定の成果を収めたが、TPPは日本の貿易戦略を一新し、四つのメガ貿易交渉を可能にしたことを明らかにする。第九章では、貿易政策における決断力と包摂性のジレンマを解決する安倍首相のリーダーシップに焦点を当て、日本のTPP参加決定と農業システム[16]（減反プログラムと農業協同組合ネットワーク）改革において、集権化された政策決定と改革範囲を加減する政治的現実主義との組み合わせが功を奏したと論じる。第一〇章では改革と補助金のジレンマに焦点を当て、TPPへのコミットメントは、停滞する分野の国際化を追及し、鉄の三角形を一新するという日本の政治指導者の決意を試すリトマス試験であると主張する（二四五頁）。結論では、二一世紀の貿易国家として日本とアメリカを特徴づけるジレンマを再確認する。それは、日本の場合は決断力と改革の追求であり、アメリカの場合は国際主義を支持する国内コンセンサスの再構築である。

　本書の詳細な内容は割愛せざるを得ないが、それぞれの章において緻密で示唆に富んだ分析がなされている。TPPについては日本ではほとんど出し尽くされたと言っても良いほど一般向けの書籍や論文など多く出ている中で、ソリースはアメリカと日本のTPP戦略や交渉過程についてユニークな視点から緻密に検証しており、読み応えがあった。評者のコメントとして、下記三点について触れたい。

　まず、本書は、貿易をめぐる国内政治力学について、新しい視点を提示している。TPPをめぐる日本の貿易外交に関する先行研究は多々ある中で、従来の研究で前提とされていた貿易政策形成に関する単線的な見方に抗い、貿易政策の重要な目標として、経済競争力、社会的正当性、政治的実行可能性というキーワードを提示している。ソリースは、主要な貿易目標の同時追求は、二つの根本的なジレンマを生み出すとしたうえで、困難なトレードオフを管理するための具体的な戦略を提示している。まず、決断力と包摂性のジレンマを解決するために、貿易政策の代表性向上の重要性を指摘する。次に、補助金供与と改革のジレンマの解決策として、調整志向の全体的セーフティーネット構築の重要性を挙げ、これらの目標間の達成過程で現れる困難なトレードオフについて日米両国の資料をふんだんに駆使し、斬新な観点から貿易国家の道筋を示している。米国を代表する日本研究者として長年培ってきた研究の集大成ともいえよう。

次に、従来の研究で十分に検討されてこなかった、TPPをめぐる日本の国内的なリーダーシップの背景を明らかにした点である[17]。東アジアにおけるFTAやTPPの事例研究の大多数は、国際システム要因に関心を向けていた。国際システム以外に着目する研究の焦点は、文化や情緒などの要因に限られていた。東アジア、特に日本を対象にした研究においては、国内政治要因に関する研究は未開拓の領域として残っていた。しかし、ソリースは、FTAは構成国の国内政治問題と不可分としたうえで、日本でTPPが推進された理由を国内政治要因を中心に分析している。

中国の介入主義的産業政策と、アメリカの多国間主義からの離脱による貿易システムの危機の中、日本はルールに基づく経済秩序を守るために積極的な外交へとシフトした。ソリースによれば、初期のFTA形成過程において逡巡していた日本が最終的にTPPに参加できた要因は、安倍首相の「調整に基づく決断力」であった。決断力と包摂性とのジレンマを解消するために、首相官邸がアクター間の政策対立を調停し、TPP対策本部を発足させることで司令塔としての機能を果たしたとされる。本書では、強いリーダーシップに基づいてTPPへの参加と農業協同組合システムの改革という政策イニシアティブを実現させたプロセスが見事に検証されている。

最後に、TPPの地政学的な意味合いについて触れたい。TPPは国際貿易構造の再編成という「地経学」と、中国の台頭に対してアジアにアメリカを繋ぎ止め、二国間同盟を強化する「地政学」の両面で、日米両国の利益の合致を明確に示している。ソリースは、TPPを「アジア太平洋経済構造の構築に利用しようとする、アメリカと日本が共有する地政学的、ルール形成上の利益」にかなうものであると考察する（二五〇頁）。TPPは、国家資本主義に対する規準を明文化しており、中国に対して貿易慣行の改革を促すための効果的な手段であると指摘する（三〇〇頁）[18]。

しかし、益尾が指摘するように、中国の台頭をめぐる問題群を米中両国の問題に単純化してしまっているのではないだろうか[19]。ソリースは中国の台頭が実際にどう東アジア各国に影響を及ぼすかについては言及していない。BRIについても、中国の軍備増強やアジア地域秩序における経済力の政治利用に関連した戦略的意図は明らかになっていないとする（三一一頁）。白石とハウが分析しているように、米中両国によって展開されるダイナミックな国際関係において、周辺国がどのような政策を展開していくかという問題にも、分析の焦点があてられるべきである[20]。このように中国脅威論を前提に日米両国のアジア太平洋秩序の構築を論じたソリースとは相反する、興味深い論考がある。以下で見てみよう。

三　中国問題と投資のジレンマ

中国のBRIは、既存の国際秩序を揺るがし、投資先で債務の罠を生じさせるのではないかとの懸念を呼んでいる。世界第二の経済大国となった中国は、二〇一三年よりBRIを推進し、二〇一五年にはAIIBを設立するなど、グローバルな影響力を強め、「中国脅威論」が取りざたされている。米中経済安全保障調査委員会（USCC）の二〇一八年の年次報告書では、BRIの目的は、中国国内の経済発展に寄与し、インフラを建設し、中国の軍事的パワーを拡散させるとともに、自らの地政学的影響力を高めることだと指摘されている。また、中国がBRIをもとに権威主義的統治モデルを輸出したり、海外の権威主義的指導者を正当化したりすることで、アメリカの国益にとって重大な挑戦になりかねないと危惧する。[21] 果たして中国は本当に修正主義国家なのだろうか？[22] 中国はBRIを通じて軍事的覇権を拡散させようとしているのだろうか？

ここで紹介する廣野美和の『一帯一路は何をもたらしたのか：中国問題と投資のジレンマ』は、この問題に正面から取り組む。これまで廣野は、中国の「責任ある大国」としての役割に焦点を当て、中国のPKO活動と人道援助に注目し、国際関係論で軽視されがちな発展途上国の視点から研究を進めてきた。廣野は「現在の日本や米国の論壇では中国脅威論ばかりが目につくが、実際に様々な国で彼らの中国観をインタビューするとそれはまさに百花斉放」としたうえで、中国が経済面だけでなく国際秩序にも積極的に貢献していくことを望む声が多い一方で、特にアジア地域においては不信感が強いとする。そこで同書では、BRIをめぐる議論――中華帝国への野心の表れか、経済開発の切り札か――について、中国国内のさまざまなアクターと、投資先の国々の動向を分析し、その実像を明らかにする。

本書の概要を以下に述べる。本書は大きく四部構成である。第一部では、BRIが抱える課題について、BRI研究からの視点、グローバル・ガバナンス論からの視点、また日本の視点から論じる。第二章では、BRIが国際秩序にどのような影響を与えうるのかという問いに対して、グローバル・ガバナンスと国内ガバナンスの両面から、様々な論点を考察する。「一帯一路関連プロジェクトの推進が、開かれた経済、大国間主義、自由主義的民主主義などを、どのように揺るがせているのか、実証的に検証していく必要」（一七頁）を訴え、BRIが国内問題化されていく過程に焦点を当てる。第三章では、日本にとってBRIが何を意味するかという問いに対し、「自由で開かれたインド太平洋」ビジョンの面から検討している。日本は従来、援助・投資・貿易の「三位一体」「自助努力」を開発援助の基本理念として展開してきたが、現在はハード・ソフトインフラの整備を通して「ルールに基づく国際秩序」を強化するに至っていると論じる。

第二部（第四章〜第一〇章）では、BRIのグローバル展開の特徴を、中国外交と対外援助の多様化の視点から分析すると同時に、主な中国アクターのグローバル化という観点から検討している。第四章では、中国外交には集権化と分権化という相矛盾する要素が組み込まれていることに注目し、それがBRIに与える影響について論じている。第五章では、債務の罠に関して、中国による対外援助額と受入国の産業構造との関係に注目し、実証分析を行っている。第六章では、中国のBRIにおける発展途上国への関与は、投資・貿易・援助が三位一体となっているということを、カンボジアの事例を用いて考察する。第七章では、BRIにおける対外援助の性質の変容について分析している。第八章〜第一〇章では、BRIにおける主要な中国アクターとして、大型国有企業集団、民営企業、華人ネットワークに焦点を当て、それぞれの特徴や問題点について検証している。

特に、華人ネットワークの重要性は、第三部（第一一章〜第一六章）で、BRIが沿線国において国内問題化されていく過程を分析する際に重要な観点を示唆する。第三部では、発展途上国を舞台に、BRIが現地の政治社会的文脈の中に取り込まれ、国内問題化していくプロセスを明らかにしている。第一一章では、タイの東部経済回廊にBRIによる中国資本を受け入れていく過程において、タイ華人が果たした役割について検討する。第一二章では、インドネシアにおいて中国資本と現地勢力との強力な結びつきがBRIを可能にしたことを、ジャカルタ・バンドン高速鉄道の事例を用いて分析している。第一三章から第一六章は、利害が絡み合う現地の複雑なメカニズムの中にBRIが取り込まれ国内問題化していく様相を、それぞれミャンマー、パキスタン、ウズベキスタン、中東の事例から浮き彫りにしている。終章では、BRIがグローバル・ガバナンスと国内ガバナンスに与える影響について触れ、結びとしている。

本書は、いくつかの点で従来の研究とは異なる特徴が存在する。第一に、廣野はインタビューに基づいた丹念な実証分析を行っている。従来、BRIが正確に何を意味し、目的としているのかについて実証的な研究は稀であった。中国が地政学的に覇権を確立するための道具であるという議論や、スリランカの例でみられるように多額の債務を負わせることにより新植民地化を図っているなどという議論がある一方で、BRIには明確な定義が存在せず、中国政府自身もそれを必ずしも明確に定義しているわけではなかった（四頁）。例えば、山本吉宣は、中国のBRIを「空飛ぶ円盤」だと表現する。それは「よく分からないからだ。今も分からないし、将来のこともよく分からない。どこに落ちるかも分からない」という。[23] 高原明生はBRIを多元的でいわば星座のようなものだとし、全体像が何かは不可解な部分が多いと説明する。BRIをめぐる議論は証拠に基づく事実というより、観念の範疇であり、解釈を一種の前提として議論されることが多いとされる。[24] しかし、本書では、BRIにおいて実態のある「星」である主要なアクターや受入国における政治経済のダイナミズムに焦点を当て、その性質を緻密に実証分析しており、注目される。

第二に、本書が受入国のアクターの観点を取り込んでいることも、特筆すべきであろう。ＢＲＩに関する研究は多く蓄積されている中で、中国のアクターと受入国のアクターの双方の分析を行った研究は稀であった。多くの研究者が指摘している通り、ＢＲＩをめぐってはシステムレベルおよび国家レベルからの分析に焦点が当てられ、アクターレベルでの分析はほとんどみられなかった。すなわち、単一アクターとしての「中国」の国益に関わる議論はなされてきた一方で、中国の個人や各省庁、企業などを含む国家レベル以下の多様なアクターの存在を考慮した分析は稀であった（一五頁）。ＢＲＩをめぐる先行研究においては、受入国に及ぼす影響に関する議論が大半であった。廣野によると、その視点は、「国際社会において力を持つ強者が弱者に対してインパクトを与えるという図式になり、ベクトルが強者から弱者へと、一方的な方向にしか向いていない」（二三五頁）。ＢＲＩを受入国における国内問題の一部と捉えることにより、双方向的なベクトルでＢＲＩの推進要因を説明するうえで一定の有用性を持つ。習近平政権下において党への権力集中が進む中で、分権化やアクターの多様化も同時に進んでおり、国家レベルよりさらに詳細なアクターの観点を重視する必要性が検証された。さらに、ＢＲＩのもとで行われる投資や援助のあり方が欧米諸国のそれと異なることから、グローバル・ガバナンスの視点も加味し、ＢＲＩが国際秩序を構造的にどのように変えうるのかにまで議論の射程を広げており、読み手の関心を惹く工夫がなされている。

最後に本書の課題として、ＢＲＩをめぐる経済安全保障の問題に触れたい。本書ではＢＲＩの目的は「純粋な」経済利益の追求であるとし、ＢＲＩと安全保障との関連については言及されていない。しかし、ＢＲＩは、いわゆる「エコノミック・ステイトクラフト」[25]、すなわち中国が経済的な手段により政治的・戦略的目標を達成するためのツールとして位置づけられるのではないだろうか。鈴木がいうように、たとえ中国政府に戦略的意図がなかったとしても、援助に対して対象国が依存するようになり、その投資と引き換えに政治的な影響力を受け入れるということが起きれば、それは結果的にエコノミック・ステイトクラフトとして捉えられる[26]。ファレルとニューマンによれば、中国によるＢＲＩの推進は、米国による「武器化」された相互依存を通じた経済的強制力を緩和しようとする試みであると同時に、中国が初期段階の相互依存の「武器化」を追求しようとしているという意味合いも重ね持つとされる[27]。他方、中国が経済的秩序、米国が安全保障の秩序を支配する二重の秩序（**dual hierarchy**）が台頭する中で、アメリカと中国がともに経済と安全保障を連携させている動きもある[28]。このように経済安全保障が強化される傾向に対して、ＢＲＩにおいても経済と安全保障の結びつきを分析することがより必要になってくるのではないか。単純化を恐れずに言えば、対象国に中国のデジタル化されたインフラが普及することが軍事能力を対象地域に配備していることになるという仮説に対して、著者はどう答えるのだろうか[29]。

このような若干の疑問は生じるものの、本書の学術的な価値を損なうものではない。従来のＢＲＩ議論に一石を投じた論争的な書籍として高く評価したい。

四　おわりに代えて——安定的な国際秩序の形成に向けて

近年の日米中が競合する構図は、いわば地域秩序構築（regional architecture）競争の一側面として解釈できる。日本はＣＰＴＰＰを牽引し、東アジア地域包括的経済連携（ＲＣＥＰ）にも積極的である。「失われた三〇年」の長期不況から脱するために、ＴＰＰのような自由化のレベルが高いメガＦＴＡを推進することで、経済の活性化を図ると同時に、拡大する中国の東アジアにおける影響力を牽制する戦略である。[30]

東アジア地域アーキテクチャの再設計においては、冷戦時代のような覇権よりも他の国の支持を得るためのリーダーシップが重要性を増してきている。[31]大国の間で地域アーキテクチャのビジョンが競合する場合、これを調和できるミドル・パワーの力量が重要になってくる。

ソリースが指摘するように、近年のアメリカと中国による貿易戦争は、日本が必要とする地域経済秩序の再構築の機会を与えた。片田によれば、日本はアジア太平洋地域における地経学的戦略に基づいて、新重商主義に基づく戦略から、ルールを確立し公共財としての制度の構築を掲げるリベラルな戦略へとシフトした。[32]日本がイニシアティブを取ったＣＰＴＰＰはデジタル経済などの新しい分野をカバーし、世界経済の保護主義への後退を防ぎ、アメリカのリベラルな国際秩序構築への復帰を促している。一方で、米中の完全なデカップリングは非現実的であり、中国によるＣＰＴＰＰ加盟申請やＲＣＥＰの妥結からもみるように、中国を排除するのは難しいとされる。[33]それ故に、バイデン政権は米中関係を「戦略的競争」ととらえ、対決する分野と協力する分野を区別するのである。

今後ＢＲＩは、グローバル・ガバナンスにおいて、どのような役割を果たすことになるのだろうか。ＢＲＩが「開かれた経済」というグローバル・ガバナンスの一側面を強化すると同時に、国内ガバナンスにおいては「計画」という中国的ニュアンスを含んでいるという廣野の分析は示唆に富む。果たしてＢＲＩは「自由で開かれたインド太平洋」に対抗する戦略として精緻化され、中国と周辺国との対立を深めることになるのか。あるいは、新しい協力の枠組みとして発展していくのか。今後、中国のグローバル・ガバナンスのシステムの改革に関する分析が、より注目されることとなるだろう。[34]さらにバイデン政権が国内の反発が根強いＴＰＰの代わりに打ち出したインド太平洋経済枠組み（ＩＰＥＦ）の行方も目が離せない。[35]「アメリカ版」一帯一路戦略[36]の帰趨が注目される。

（1）国際秩序に関する議論は下記を参考されたい。Evelyn Goh, *The Struggle for Order: Hegemony, Hierarchy, and Transition in Post-Cold War East Asia* (Oxford: Oxford University Press, 2015); G. John Ikenberry eds., *Power, Order, and Change in World Politics* (Cambridge: Cambridge University Press, 2014); 石田淳「国際秩序」中西寛・石田淳・田所昌幸編『国際政治学』有斐閣、二〇一三年、一六九—二三〇頁。

（2）Joseph Nye, “China Will not Surpass America Any Time

Soon," *Financial Times*, February 19, 2019 [https://www.ft.com/content/7f700ab4-306d-11e9-80d2-7b637a9e1ba1] 二〇二二年六月一八日閲覧

（3）佐橋亮『冷戦後の東アジア秩序：秩序形成をめぐる各国の構想』勁草書房、二〇二〇年。

（4）イアン・ブレマーは、各国が自国の利益を優先してリーダー国としての米国が機能不全に陥り、それに代わる覇権国の不在である状況を「Gゼロ」的な状況と表現している。Ian Bremmer, *Every Nation for Itself: Winners and Losers in a G-Zero World* (New York: Portfolio, 2012).

（5）Yoichi Funabashi and G. John Ikenberry, eds., *The Crisis of Liberal Internationalism: Japan and the World Order* (Washington, D.C.: Brookings Institution Press, 2020).

（6）Saori N. Katada, *Japan's New Regional Reality: Geoeconomic Strategy in the Asia-Pacific* (New York: Columbia University Press, 2020).

（7）Funabashi and Ikenberry, *op.cit.*, p. 6.

（8）国連平和維持活動に約二千五百人の要員を派遣していることがその事例といえる。

（9）ブレンドン・J・キャノン「自由で開かれたインド太平洋とリベラルな国際秩序：評論」『国際問題』六八七号、二〇一九年一二月、四二頁。

（10）その他にも、「一帯一路」に対して「中国版マーシャル・プラン」や「新時代の朝貢システム」と指摘する論者もいる。

（11）Funabashi and Ikenberry, *op.cit.*

（12）習近平は、中国が国際秩序の変革を牽引していくと提唱した。中国は、共に話し合い、共に建設し、共に分かち合うというグローバル・ガバナンス観を持ち、開発途上国の代表性と発言権を拡大することで、より公正で合理的な方向へ発展させるとする。

（13）二〇一八年六月、習近平政権二期目の外交方針として、「人類運命共同体」の構築やグローバル・ガバナンス体系の改革の主導も含む一〇項目の原則が示された。渡辺紫乃「一帯一路構想の現在」『国際問題』七〇五号、二〇二二年二月、三〇—四一頁。

（14）実際にそのネーミングを見ても、One Belt and One Road から Belt and Road Initiative へと変わってきた。

（15）Christina L. Davis, "Japan: Interest Group Politics, Foreign Policy Linkages, and the TPP," in Benedict Kingsbury, David M. Malone, Paul Mertenskötter, Richard B. Stewart, Thomas Streinz, and Atsushi Sunami, eds., *Megaregulation Contested. Global Economic Ordering After TPP* (Oxford: Oxford University Press, 2019), pp. 573–591；Mireya Solis and Jeffrey D. Wilson, "From APEC to Mega-regionals: The Evolution of the Asia-Pacific Trade Architecture," *The Pacific Review*, 30-6 (March 2017), pp. 923–937.

（16）TPPにおける日本の農業改革の中で、コメ農家の利益を守る枠組みの維持と政治的補償の集票力という側面は従来と変わらない。一方で重大な変化として、農業聖域の縮小、農業協同組合（JA）改革などが挙げられる。

（17）日本のリーダーシップについて触れた論考として、以下を参照されたい。Mireya Solis, "Follower no more? Japan's Leadership Role as a Champion of the Liberal Trading order," Funabashi and Ikenberry, *op.cit.*, pp. 79–105; Chirstina L. Davis, "Japanese Trade Policy," Robert J. Pekkanen and Saadia M. Pekkanen, eds., *The Oxford Handbook of Japanese Politics* (Oxford: Oxford University Press, 2021), pp. 557–580.

（18）WTOルールでは対処が困難な中国の貿易政策の特徴として、外国直接投資に関する非対称的な相互主義、国有企業への過剰な補助金供与、技術移転の義務化などが挙げられる。

（19）益尾知佐子「中国と国際関係論：中国の台頭がもたらす課題」『国際政治』第一八〇号、二〇一五年三月、一三六―一四五頁。

（20）白石隆・ハウ―カロライン『中国は東アジアをどう変えるか――21世紀の新地域システム』中央公論新社、二〇一二年。

（21）河合正弘「『一帯一路』構想と『インド太平洋』構想」一一一頁。[https://www2.jiia.or.jp/pdf/research/R01_World_Economy/05-kawai.pdf] 二〇二二年六月一八日閲覧。

（22）同上。二〇一七年一二月の『国家安全保障戦略』では、中国をインド太平洋地域で国家主導型の経済モデルの範囲拡大により米国の価値観や利益に反する世界をつくろうとする「修正主義国家」だと位置づけた。

（23）日中シンポジウム「現代のシルクロード構想と中国の発展戦略」二〇一六年二月二二日開催 [https://spc.jst.go.jp/event/symposium_reports/conf160222.html] 二〇二二年六月一八日閲覧。

（24）高原明生「中国の一帯一路構想」川島真・遠藤貢・高原明生・松田康博編『中国の外交戦略と世界秩序：理念・政策・現地の視線』昭和堂、二〇二〇年、一五―二四頁。

（25）Robert D. Blackwill and Jennifer M. Harris, *War by Other Means: Geoeconomics and Statecraft* (Cambridge: Harvard University Press, 2016).

（26）鈴木一人・小野純子・中野雅之・土屋貴裕偏『米中の経済安全保障戦略』芙蓉書房出版、二〇二一年。

（27）Henry Farrell and Abraham L. Newman, "Weaponized Interdependence and Networked Coercion: A Research Agenda," in Daniel W. Drezner, Henry Farrell, and Abraham L. Newman, eds., *The Uses and Abuses of Weaponized Interdependence* (New York: The Brookings Institution Press, 2021).

（28）Henry Farrell and Abraham L. Newman, "The Janus Face of the Liberal International Information Order: When Global Institutions are Self-Undermining," *International Organization*, 75-2 (February 2021), pp. 333–358; John Ikenberry, "Between the Eagle and the Dragon: America, China, and Middle State Strategies in East Asia," *Political Science Quarterly*, 131-1 (Spring 2016), pp. 9–43; Yong Wang "Offensive for Defensive: the Belt and Road Initiative and China's New Grand Strategy," *The Pacific Review*, 29-3 (March 2016), pp. 455–463; Vinod K. Aggarwal and Kristi Govella, eds., *Linking Trade and Security: Evolving Institutions and Strategies in Asia, Europe, and the United States* (New York: Springer, 2013).

（29）例えば、インフラ建設後のテロリスク対応などにおいて、人民解放軍をテロリスク対応要員として派遣するかたちで他国への軍の展開も始まっているといわれる。中国の人工衛星網の利用を前提とさせることで受入国を囲い込み、中国型統治モデルの浸透を進めているのではないかとの見方も根強い。

（30）金ゼンマ「貿易：FTAが生み出すリージョナル・ガバナンス」大芝亮・秋山信将・大林一広・山田敦編『パワーから読み解くグローバル・ガバナンス論』有斐閣ブックス、一二九―一四八頁。

（31）Richard Stubbs, "The Developmental State and Asian Regionalism," Mark Beeson and Richard Stubbs, eds., *Routledge Handbook of Asian Regionalism* (New York: Routledge, 2012), pp. 90–99.

（32）片田は、日本がＴＰＰのプラチナ・スタンダードに適応しているのは中国の影響力に対抗するためであり、日本の地経学的戦略の一環であると述べる。Katada, *op.cit.*

（33）T. J. Pempel, "Regional Decoupling: The Asia-Pacific minus the USA?" *The Pacific Review*, 32-1 (May 2018), pp. 256–265.

（34）渡辺、前掲論文。

（35）ＩＰＥＦは貿易、サプライチェーン、クリーン経済、税・反汚職の四本柱で構成する。デジタル貿易のルールづくりや、半導体といった戦略物資の調達協力など、異論が少ない分野に取り組む。

（36）"The Rivalry between America and China will Hinge on South-East Asia," February 27, 2021 [https://www.economist.com/leaders/2021/02/27/the-rivalry-between-america-and-china-will-hinge-on-south-east-asia] 二〇二一年六月二七日閲覧。

（キム　ゼンマ　　明治大学）

書評

リチャード・C・アイケンバーグ著

『ジェンダー・戦争・世界秩序――世論の研究』

（Richard C. Eichenberg, *Gender, War and World Order: A Study of Public Opinion*, Ithaca and London: Cornell University Press, 2019, 181 pp.）

志田淳二郎

冷戦終結から三〇年以上が経過し、現代は米ソの核戦争の脅威に怯えることはなくなったが、力の行使は頻発している。二〇二〇年以降の事例だけを見ても、二一年には、ミャンマーでの軍事クーデタ（二月）、アフガニスタンでのタリバンの政権奪取（八月）、エチオピア内戦（一一月）が、二二年に入るとロシアのウクライナ侵攻が発生した（二月）。こうした国際的危機が生じるたび、危機を打開するための力の行使の是非がテーマとなる。高度に情報化が進んだ現代社会では専門家でなくとも市民がこうしたテーマを考えるきっかけが生まれる。市民といった場合、二〇世紀以降の女性の社会進出もあいまって、女性の声は無視できない。戦争をめぐる世論に関して、男性と女性の間の性差（gender difference）は存在するのであろうか。この問いに取り組むことが本書の目的である。本書冒頭では次の三つの問い、すなわち、第一に、安全保障問題に関して男性と女性の間の世論に著しい差が存在するのであろうか、第二に、そのような差が存在するのであれば、原因はどのようなものなのであろうか、第三に、右記の諸点を分析することによっていかなる理論的・政治的含意が得られるのか、が設定され、これらの問いの解明に対し国や時代を超えて取り組む本書の姿勢が打ち出されている。

明示的な区分けがされていないが、本書は第一章と第二章の理論パートと第三章から第七章までの事例パートという二部構成をとり、理論パートで提示された仮説を事例パートで定量的に考察するというスタイルをとる。著者によれば、戦争と性差を考察するために有益な仮説は四つある（第一章）。第一の仮説は、男性は闘争的で女性はそうではないとする進化生物学に拠る本質主義者の仮説である。第二の仮説は、女性の社会的地位が向上することで女性は左傾化し、安全保障よりも社会保障に関心を払うようになるとするイングルハート／ノリス（二〇〇三）仮説である。第三の仮説は、男性に比べ女性は何らかの脅威に直面した際、被害者の立場に転落することを恐れ、それゆえ、何らかの脅威に対応するための力の行使に肯定的な立場を示さないとする仮説である。第四の仮説は、男性と女性は、それぞれ国際関係理論のリアリストとリベラリストの世界観を有するというウォルフォード／ジョンストン（二〇〇〇）仮説である。同仮説によれば、パワーを重視し競争的な世界観を有する男性とは異なり、連帯や共同体といったリベラルな規範を重視する女性は国連等の多国間主義の枠内であれば、最後の手段としての力の行使を支持する傾向があるという。以上四つの仮説を示した著者は、結局、軍事力の効用の評価に関して著しい性差があるのではないかと指摘をした上で（第二章）、次章以降の事例分析に移る。

第三章では国防費に関する世論をめぐる性差の考察が行われている。著者によれば、米国における一九六〇年代以降の世論調査結果から分かることは、男性に比べ女性は国防費の増加にあまり支持を示さない点である。それでは、米国の世論状況はヨーロッパに当てはまるのか。著者は、定量分析を可能とする二〇〇三年と二〇一三年の世論調査のデータセットを用いて回帰分析を行い、「時として戦争は必要」という信念を持つ国民やイデオロギー的右派が国防費増加を支持する傾向があることを発見した。この分析から分かるように、ヨーロッパにおいては国防費の増加に関して性差は見られなかった。第四章では拷問に関する世論をめぐる性差の考察が行われている。拷問といえば、二〇〇四年に明るみになったアブグレイブ刑務所における米兵によるイラク人捕虜虐待事件が有名である。著者は拷問の是非に関する米国内の世論調査結果（二〇〇四―一一年）とブッシュ共和党政権の支持率のデータセットを用いて回帰分析を行い、対テロ戦争の一環として拷問を支持する割合として、すべての考察対象時期において共和党支持の男性が常に高く、民主党支持の女性が常に低い結果を導き出した。また、共和党支持者であっても女性は男性に比べ拷問を支持する割合が相対的に低かった。以上を踏まえ、著者は拷問の是非に関する世論形成には、党派性と性差が強く作用していることを見出したが、アブグレイブでの捕虜虐待写真が公になった二〇〇四年やオバマ大統領が拷問を禁止する行政命令に署名した二〇〇九年直後に行われた世論調査には、性差や党派性以前に、米国民の間で高まった倫理的関心も強く作用した時代状況にも留意する必要性があると指摘する。第五章では軍事力の使用に関する世論をめぐる性差の考察が行われている。著者は、第二次大戦以降の米国が関与した戦争・軍事作戦・平和維持活動等の二七の事例に関する米国内の世論調査結果を基に、「人道的介入」、「平和維持活動」、「国連への言及」、「NATOへの言及」、「兵力の維持」、「兵力の増強」、「空爆・ミサイル攻撃」、「武器売却・供与」、「犠牲者」等を変数に設定した回帰分析を行い、米国による軍事力の使用に関する国内の性差の存在を数点発見した。まず、男性に比べ女性は人道的介入や平和維持活動について軍事力の使用に肯定的であったが、同時に、他の変数を統御した場合、国連やNATOの枠内での軍事力の使用については女性よりも男性が軍事力の使用を支持していたことも判明した。また、「空爆・ミサイル攻撃」や紛争当事者への「武器売却・供与」の場合、女性よりも男性の支持が多いが、一方、「兵力の維持」、「兵力の増強」については著しい性差は確認できなかった。さらに、著者は「兵力の維持」、「兵力の増強」、「犠牲者」等の項目で歴然とした性差が存在するアフガニスタンとイラクでの戦争に関する世論調査結果を除外した場合の考察も行い、男性は軍事力が使用される際の「犠牲者」の発生にさしたる関心を抱かない傾向があることを解明した。

第六章と七章では軍事力が使用された複数事例を基にクロス・ナショナル分析が行われ、国や時代を超えた戦争に関する世論における性差の特徴として、①本質主義者の仮説は実態と合致しておらず、②最も暴力的な軍事力の使用について女性はほとんど支持を示さないが、③人道的介入や国連の枠内での軍事力の使用についてはは支持を示す傾向があり、④こうした性差が見られる国々は、女性の社会進出に代表されるジェンダー平等が達成されている社会である結果が導き出された。ただ、各国が置かれている安全保障環境がジェンダーとは別に戦争に関する世論形成の要因となることに留意する必要があるとの指摘もなされている。以上の考察からうかがえることは、男性に比べ女性が戦争を支持するかといえば、そうではない——つまり性差が存在する——といういたってシンプルなものである。そして著者は、各国におけるジェンダー平等の達成が、すぐさま平和主義的な世論を世界大で生み出すとはいえないものの、本書で示されたように、戦争に対し懐疑的な女性の世論の存在が、本書で示されたように、各国の軍事・安全保障政策に影響を与えてきたという過去の経験に鑑みれば、こうした傾向が将来も存在することは否定できないと指摘する。各国政府はこうした世論動向に留意する必要があることから、ともすると、今後、より軍事色の少ない安全保障政策が採用されていく可能性があることを展望しながら、著者は本書を結んでいる（終章）。

著者が指摘しているように、戦争と世論に関する先行研究は存在するものの、性差の視点を組み込んだ研究はこれまで行われてこなかった。戦争と世論の研究の発展に貢献している点において本書の意義がある。だが本書には問題点が少なからず存在する。評者なりにまとめると、第一に、本書のタイトルにある「戦争」と「ジェンダー」については分析されているものの、戦争に関する世論形成に果たす性差の存在が「世界秩序」とどのような関係にあるのかについて議論がなされていない。第二に、各章を読み進めていくうちに、果たしてこれは「戦争」という用語で考察してよいのであろうかという疑問を抱く読者は少なくないはずである。「国防費の増加」や「拷問」を広く「戦争」に関する現象として分析する第三章や第四章の考察に違和感を覚えるのは評者だけではないだろう。最重要概念である「戦争」や「軍事力の使用」等の定義が本書冒頭でなされるべきであった。第三に、ジェンダーを男性と女性という具合に二分法で捉える本書の考察は、ＬＧＢＴＱ等の性的少数者の存在感が増している現実政治を適切に反映しているのだろうか。性的少数者を考察対象から除外したのかについての説明がほしかったところである。著者の問題関心や有効なデータセットの有無等の理由から性的少数者を考察から除外したことと推察するが、やはり考察対象を男女に限定した理由について言及されるべきであった。

とはいうものの、本書は、課題の設定、仮説の提示、データセットを駆使した定量分析、結果の考察という定量分析のお手本となる議論の組み立て方が存分に披露されており、本書で用いられた様々な世論調査から抽出されたデータセットや変数の設定等は、本書のテーマや方法論に関心を持つ研究者にとって参考になるものである。いうなればアイケンバーグ・モデル（二〇一九）として本書を活用することで、男女のみならず性的少数者も組み込んだ性差と戦争に関する世論形成の研究を発展させることができるだろう。本書は、今後、性差を組み込んだ戦争と世論に関する研究を発展させるため、参照され続ける文献であるといえる。

（しだ　じゅんじろう　名桜大学）

山尾大著

『紛争のインパクトをはかる――世論調査と計量テキスト分析からみるイラクの国家と国民の再編』

（晃洋書房、二〇二一年、二八四頁）

高岡　豊

歴史・地理・宗教などの諸事情により、世界の諸地域の政治・経済研究で適用されてきた理論や方法論を単純に当てはめることは難しいと言われたこともあった中東諸国の研究でも、最新の理論と方法論に沿った分析枠組みを設定した調査・研究は不可避になっている。権威主義体制の統治下にある国がほとんどを占める中東においては、長年大規模かつ信頼のおける社会調査は不可能だと考えられてきた。しかし、近年は政治・社会情勢の変化や情報通信技術の発展により、世論調査の実施や大量の報道記事の利用などが可能となっている。本書は、過去一〇年余の期間にイラクの現地機関と協力して実施した五度にわたる世論調査の結果などに基づくものである。世論調査から得られたデータそのものが、世界的にも先駆的な成果として注目すべきものでもある。

本書が考察の対象とするイラクでは、二〇〇三年のイラク戦争以来続く宗派対立に起因する内戦や反体制運動、イスラーム国（ＩＳ）

に代表されるイスラーム過激派の活動による紛争の結果、国家が機能不全をきたし、イラク人意識が弱まっていると考えられてきた。こうした既存研究・通説に対し、本書は学術的な実証を欠いていると指摘し、世論調査では「イラクの人々は公的な国家機関を信頼していないにもかかわらず、国家機構に対し本来の役割を果たすよう期待している」、「イラクの人々は、国家の役割を代替している非国家アクターに信頼も期待もしていない」、「イラクの人々の大半は国民統合政策を重視し、強いイラク人意識を抱いている」という矛盾した意識が表明されたと提起する。本書では、これらの意識が表明されるのはなぜかを実証的に分析することを通じ、紛争のインパクトをはかる作業が試みられる。

第一章は、イラクの人々が右で挙げた矛盾した意識を持つようになった背景を理解するため、イラク戦争後の政治プロセスを時系列的に概観する。イラク戦争後に発生した紛争の結果、同国では公的な国家機構の機能不全とその機能を代替する非国家主体の台頭という現象が見られた。治安・国防の分野で国家機能を代替したのは、部族（覚醒評議会）、シーア派民兵（人民動員隊）だった。これらの主体の特徴は、強い影響力を持つもののイラク国民全体を代表するわけではなく、国家内国家のようなものを出現させるまでには至らないという点である。それゆえ、これらの主体は個別の利益を最大化するための活動を展開し、新たな紛争やさらなる国家機能のマヒを引き起こしていった。著者を中心とする研究チームが複数回実施した世論調査のデータを基に、機能不全に陥った国家機構やそれを代替する非公式な主体へのイラクの人々の見解を詳述したのが、第二章である。世論調査は、二〇一一年、二〇一六年、二〇一七年、二〇一八年、二〇一九年の五回実施された。調査の結果明らかになったのは、スンナ派アラブ、シーア派アラブ、クルド人の宗派や民族の違いを超えて、首相・議会・政党などの国会機関・政治エリートへの不信が広がっていることである。ところが、国家機構に代わる役割を果たすようになり、影響力を拡大したとの通説が唱えられることが多かった非国家主体もイラクの人々から信頼されていないことも明らかになった。また、イラクの人々（クルド人を除く）は累次の世論調査で、統合政策への支持、強いイラク人意識、そして治安やインフラ整備だけでなく雇用の確保といった分野でも国家の機関が役割を果たすことへの期待を表明した。こうしたイラクの人々の意識について、本書は国家機構を機能させられない政治エリート信頼しない一方で国家機構が本来の役割を果たすことを否定しているわけではなく、むしろ国家機構に対する期待が増幅されたと解釈する。そして、この矛盾した意識を紛争の広がりにもかかわらず、国家や国民が崩壊しない要因を解明する手掛かりになる可能性を指摘している。

第三章は、紛争が続く中でも多くのイラク人がイラク人であるとの意識を強固に抱く理由を、フセイン政権下で用いられた旧教科書とイラク戦争後に導入された新教科書との比較分析を通じた国民統合政策の変遷を解明することで答えようとする。分析によると、旧教科書が国民統合に利用した資源としての革命・英雄・戦争・外敵

（イランやアメリカ）・古代メソポタミア文明のうち、新教科書で利用可能だったのは古代メソポタミア文明だけだった。新教科書では、古代メソポタミア文明を家族愛と結合させて愛国心を強調するとともに、イラク人自身が民主主義を獲得したとの物語を導入し、そこから「国史」を創造した。これは諸要素をつなぎ合わせた脆弱なものと評価されるが、本書は世論調査の結果の記述統計と計量分析を通じ、一定程度イラク国民に受け入れられており、紛争の中でも国民統合の推進と対立回避の役割を果たしていると結論付けた。

現在のイラクでは、主にスンナ派とシーア派との間の宗派対立が紛争の中心的論点となってきた。ただし、この対立により高強度の紛争が常態化しているわけではない。第四章は、先行研究で十分議論されてこなかった、どのような状況で宗派対立が激化する／しないのかという問いに取り組むものである。具体的には、選挙期には宗派主義が政治的に重要な意味を持つようになる、選挙間期には宗派主義の政治的規定力や重要性が低下するという二つの仮説を、二〇一一年、二〇一六年、二〇一七年、二〇一八年の世論調査の結果を統合したプールデータの解析で検証する。解析の結果は二つの仮説を支持するもので、ＩＳの台頭のような別の要因がなければ宗派対立は選挙動員の結果である。そのため、政治動員が活発化する選挙の際は対立が促進されるが、その後対立が減退するという紛争のサイクルが生じ、国家や国民の決定的な分断は回避される。

残る問題は、ＩＳの台頭という現象が対立にどのような影響を与えたかということだ。第五章では、ＩＳの台頭により同派に協力したとされる旧バアス党勢力への反発も強まり、旧バアス党勢力をどの程度新たな国民として取り込むのかという、国民形成の問題に深刻な影響が生じたのではないかという問いを、世論調査のデータを基に実証的に解明する。分析の結果、ＩＳの台頭が旧バアス党勢力の包摂政策に悪影響を与えたことが確認されたが、その一方でこの影響はイラク社会を構成する諸集団に一律に現れるのではないことも判明した。すなわち、紛争の強度によって諸集団の反応が異なり、旧バアス党勢力との和解を支持しやすくなる集団も現れたこと、ＩＳの出現によって生じた和解に反対する見解も、時間の経過とともに再び和解重視が大半を占めるよう移り変わる、という独自の発見が得られたのである。第六章では、ＩＳの台頭が宗派主義の拡散にどのような影響を与えたのかを計量テキスト分析の手法を用いて明らかにしようとする。分析の対象は、筆者がイラクの専門家としての経験を基に選択した主要新聞四紙の宗派主義を巡る報道トーンである。分析の結果、各紙に性格があるもののＩＳの台頭によって主要紙は和解を通じた国民統合を促す報道トーンをとる傾向が強まったことが実証された。これはＩＳの台頭により宗派主義の言説が広まったと主張する通説に反する結果であった。

ここまでの考察を経て、本書はイラクでの紛争、特にＩＳがもたらした紛争が宗派対立による社会の分断を促進したとの通説に対し、イラクの社会にそれとは逆の国家・社会の分断を克服しようとする回復力を見出している。本書の問題提起と分析を整理すると、世論調査の記述統計・計量分析、及び新聞報道のテキスト分析を通じた実証的分析が特徴といえるが、それは研究対象とする地域が調査の実施はおろか出入りすら困難な紛争地域となってしまってもなお地域研究者としての本分を尽くそうとした上での到達点である。

本書でも指摘されているとおり、データ解析が万能ではないことは事実だが、全体の傾向や平均を把握する上での意義は大きい。ここで把握した傾向や平均は状況によって変動する可変的なものであることに留意した上で、中東の政治研究の多数を占めてきた定性的研究との間での手法の選択や協働により、研究水準の向上に資するものとして評価できる。評者の疑問を敢えて挙げるならば、中央政府が治安の維持や社会基盤の整備のみならず、雇用確保のような役割をも果たすべきだとの期待についての解釈である。本書の八六頁にてフセイン政権の社会主義的な権威主義体制の下で形成された意識が残存し、中央政府がサービス提供で中心的役割を果たすことが当然だという感覚が人々に受け入れられてきたこと、それゆえに紛争で国家や国民に亀裂が入るとそれに抵抗するように国家機構に対する期待や強いイラク人意識が表明されると説明している点だ。湾岸危機から現在に至るまでイラク政府が「そのような」役割を果しえなくなっておよそに一世代にあたる年月が経過している。サービス提供における中央政府の役割に対する意識とイラク人意識の形成・表明についての考察は、更なる世論調査の実施によって一層発展させることができるのではないだろうか。

本書は、本邦における計量分析やテキスト分析に依拠した中東諸国の政治・社会の研究の嚆矢ともいうべきものである。今後同様の発想・手法に基づく研究が発展することが予想されるが、その際にある手法や理論を用いることが自己目的化し、事例やデータの選択で学術的な価値が高いとは言えない仮説の設定・検証に終始するようなことになるのは好ましくない。本書で表明された進取の精神を旨とする研究の発展を期待する。

（たかおか　ゆたか）

編集後記

編集委員会から特集号の担当を打診されたのは二〇二〇年秋のことだった。「二国間と多国間をめぐる日本外交」という特集テーマを引き受けたときには、進展著しい戦後日本外交史研究に新たな視点を提供してみたいという密かな思惑もあった。だが、振り返ってみると、いささかハードルの高いテーマだったという感が強い。特集号を成立させるだけの論文数を確保するという「量」の不安と、特集号の意義とクオリティを損じてはならないという「質」のプレッシャーとの狭間でストレスも小さくなかった。

このように書くと特集号の編集担当という仕事がさも苦行のように聞こえるかもしれない。だが、知的刺激に満ちた投稿論文の最初の読者となるのは特集担当に与えられた贅沢な特権だった。どの論文も二国間外交と多国間外交の交錯という視点から戦後日本外交の新たな側面を克明に描き出しており、充実した特集号になったと自負している。編者個人としても学ぶところが非常に大きく、戦後日本外交史研究の奥深さ、面白さを再確認することができた。最先端の御論考をお寄せいただいた執筆者の方々に深く御礼をお伝えしたい。

戦後日本にとって、もっとも重要な二国間外交の相手が米国であることは論を待たない。だが、その米国は内向き志向を強め、日本の対米外交の先行きにも不透明感が増している。中国や韓国といった近隣諸国との二国間関係も緊張をはらんでいる。他方、近年の日本外交はトランプ政権がＴＰＰを離脱した後にＣＰＴＰＰ成立を主導し、日米豪印によるクアッドを重視するなど積極的な多国間外交を展開している。国際情勢が一段と混沌を深めるなか、現代ほど二国間と多国間を結び付けた戦略的な外交が求められる時代はないだろう。二国間外交と多国間外交の交錯という本特集のテーマは、その意味で現代的な意義も有している。

この特集号が日本外交史研究を発展させる一助となり、これからの日本外交のあり方を考えるヒントを提供するものとなれば、編者にとって望外の喜びである。

今号の刊行が当初の予定よりも大幅に遅れてしまったのはひとえに編集を担当した私の責任である。この間、多大なるご支援をいただいた編集委員会主任の宮城大蔵会員と前編集委員会副主任の潘亮会員には感謝の言葉もない。査読を快くお引き受けくださった会員各位にも感謝の気持ちをお伝えしたい。中西印刷の小口卓也さんには校正作業の最後までご迷惑とご心配をおかけしてしまった。刊行までご助力いただいたすべての方に、この場を借りて心からの御礼申し上げる。

（高橋和宏）

編集委員会からのお知らせ

独立論文応募のお願い

『国際政治』に投稿された独立論文は、年度末に刊行する独立論文号への掲載を優先する必要性から、投稿から掲載まで時間を要しがちで、早期掲載の希望が寄せられておりました。その要望に応え、Newsletter 167号でもすでに理事会便りとしてご案内差し上げたように、二〇二一年度よりすべての独立論文を各特集号に掲載し、独立論文号の刊行は停止し、年間三号の刊行となります。それに伴って、各特集号のページ数は掲載論文数に応じて拡大することとなりますので、『国際政治』の年間総ページ数は従来通りとなります。なお、独立論文の査読・掲載条件等には、何ら変更はありませんので、会員の皆様の積極的な投稿をお待ちしています。

論文の執筆にあたっては、日本国際政治学会のホームページに掲載している「掲載原稿執筆要領」に従ってください。特に字数制限にはご注意ください。投稿いただいた原稿は、「独立論文投稿原稿審査要領」に従って審査いたします。

独立論文の投稿原稿は、メールで『国際政治』編集委員会に宛てて提出して下さい。

メールアドレス　jair-edit@jair.or.jp

特集号のご案内

編集委員会では、以下の特集号の編集作業を進めています。

213号「アメリカ――対外政策の変容と国際秩序――」（編集担当・西山隆行会員）

214号「地球環境ガヴァナンス研究の最先端（仮題）」（編集担当・阪口功会員）

215号「国際政治のなかの日米関係――同盟深化の過程（仮題）」（編集担当・楠綾子会員）

216号「地域主義の新局面（仮題）」（編集担当・勝間田弘会員）

217号「国際関係への文化的アプローチ（仮題）」（編集担当・川村陶子会員）

編集委員会（二〇二二―二〇二四）

宮城　大蔵（主任）
井上　正也（副主任、独立論文担当）
大林　一広（副主任、独立論文担当）
柄谷利恵子（副主任、書評担当）
『国際政治』編集担当者
福田　円（研究分科会・ブロックA〔歴史系〕幹事）
青木　まき（研究分科会・ブロックB〔地域系〕幹事）
齊藤　孝祐（研究分科会・ブロックC〔理論系〕幹事）
古沢希代子（研究分科会・ブロックD〔非国家主体系〕幹事）

書評小委員会

柄谷利恵子（委員長）
大山　貴稔　小浜　祥子　河越　真帆　小林　昭菜
佐々木雄一　大道寺隆也　手塚　沙織　藤山　一樹
松尾　昌樹　三船　恵美

二国間と多国間をめぐる日本外交　『国際政治』212 号

令和 6 年 3 月11日　印刷
令和 6 年 3 月25日　発行

〒187-0045　東京都小平市学園西町一丁目 29 番 1 号
一橋大学小平国際キャンパス国際共同研究センター 2 階
発行所　一般財団法人　日本国際政治学会
電　話　042(576)7110

〒101-0051　東京都千代田区神田神保町 2-17
発売所　株 式 会 社　有　斐　閣
振替口座　00160-9-370
https://www.yuhikaku.co.jp/

ISBN 978-4-641-49004-8　印刷・中西印刷株式会社

CONTRIBUTORS

TAKAHASHI Kazuhiro	*Professor, Hosei University, Tokyo*
SUZUKI Hironao	*Professor, Shizuoka University, Shizuoka*
YAMAGUCHI Makoto	*Director, Society of Social & Technological Innovation, Tokyo*
NAKANISHI Yuta	*Ph.D. Student, Doshisha University, Kyoto*
TAKEDA Yu	*Associate Professor, Hiroshima City University, Hiroshima*
SHIRATORI Junichiro	*Associate Professor, The Open University of Japan, Chiba*
CHO Fumitaka	*Lecture, Hiroshima City University, Hiroshima*
WAKATSUKI Hidekazu	*Professor, Hokkai-Gakuen University, Hokkaido*
MURAKAMI Tomoaki	*Associate Professor, University of Marketing and Distribution Sciences, Hyogo*
HATAKEYAMA Kyoko	*Professor, University of Niigata Prefecture, Niigata*
HIRAI Yudai	*Graduate Student, The University of Tokyo, Tokyo*
KURASHINA Itsuki	*Professor, Doshisha University, Kyoto*
OKABE Midori	*Professor, Sophia University, Tokyo*
KIM Jemma	*Professor, Meiji University, Tokyo*
SHIDA Junjiro	*Associate Professor, Meio University, Okinawa*
TAKAOKA Yutaka	*Independent*

Summary

Historical Reassessment of the Bilateral and Multilateral Diplomacy of Postwar Japan

TAKAHASHI Kazuhiro

The history of postwar Japanese diplomacy had been a fruitless field of study due to the delay in releasing Japanese diplomatic documents to the public. However, this situation has been almost entirely resolved with the Freedom of Information Act (2001), the renewal of the diplomatic records disclosure system after the so-called "secret nuclear agreements" investigation (2010), and the Public Records and Archives Management Act Public Records Management Act (2011). The quality and quantity of diplomatic documents released to the public have improved dramatically. Many studies on the history of postwar Japanese diplomacy have been published in recent years, using such available documents to reconstruct the diplomatic negotiations and policy-making process in detail.

This special issue aims to reassess postwar Japanese diplomacy from the perspective of the interaction of bilateral and multilateral diplomacy and clarify the characteristics of postwar Japanese diplomacy. Based on the accumulation of such research, this special issue aims to reexamine postwar Japanese diplomacy from the perspective of bilateral and multilateral diplomacy interaction. Generally, bilateral diplomacy and multilateral diplomacy have been understood as independent and described as such in diplomatic history studies. However, bilateral and multilateral diplomacy are closely interrelated in actual diplomatic negotiations. This special issue attempts to sculpt a picture of Japan's postwar diplomacy that has not been portrayed in the past through a multilayered examination of such cases.

The articles in this special issue cover the following topics: negotiations on the withdrawal of trade discrimination against Japan under the GATT article XXXV, the intersection of Southeast Asia-Pacific diplomacy and Japan-U.S. relations in 1967, international talks on nuclear materials over the realization of the International Plutonium Storage (IPS), the 1979 Tokyo Summit, the Japan-U. S. relations over the commercial whaling issue, negotiations with China at the end of the Cold War including the Tiananmen Square Incident and the Official Development Assistance to China, UN diplomacy over the peace in Cambodia,

and the Indo-Pacific regional order of Japan and Australia.

Though combining bilateral and multilateral diplomacy, postwar Japanese diplomacy has pursued national interests such as gaining status in the international community, securing national economic benefits, and seeking a stable regional order overlapping these interests with the international public interest.

The Issue of the Application of GATT Article XXXV to Japan: Free Trade, Imperial Order, the Cold War, and Nationalism

SUZUKI Hironao

This article examines Japan's efforts to revoke Article XXXV of the General Agreement on Tariffs and Trade (GATT) after it was invoked, in the context of multilateral diplomacy and bilateral diplomacy with Western European countries.

Japan officially joined the GATT in 1955, but Western European countries, such as Britain, France, the Benelux countries, and several other countries, invoked the GATT's Article XXXV against Japan and refused to engage Japan in GATT relations. This meant that Japan faced economic discrimination, and the revocation of Article XXXV became one of Japan's key diplomatic agendas. Britain and France invoked Article XXXV against Japan to protect their domestic industries and maintain their empires. The United States needed to tie Japan to the West, so it supported Japan in its Cold War strategy. The issue of invoking GATT Article XXXV against Japan was one in which multiple interests and logic intersected: trade liberalization, the preservation of empires, the Cold War, and nationalism.

In the GATT, a multilateral diplomatic arena, Japan sought to withdraw discriminatory treatment in line with its free trade philosophy, creating an atmosphere of support for Japan. Japan also promoted trade liberalization, using it as leverage to keep countries invoking Article XXXV against Japan in check. What Japan was using in the GATT was the 'logic of trade liberalization'. In bilateral diplomacy with Britain and France, in addition to the 'logic of trade liberalization', Japan tried to persuade them through the 'logic of nationalism', which held that economic discrimination affected Japan's prestige, and the 'logic of the Cold War', which held that the withdrawal of discriminatory treatment towards Japan was needed for strengthening the free world.

It can be said that Japan confronted Western countries invoking Article XXXV using three points of logic: trade liberalization, nationalism, and the Cold War. Regarding the British withdrawal process, the most effective argument was the 'logic of trade liberalization'. Britain sought access to the Japanese market as

it shifted the centre of its foreign trade policy from empire or commonwealth to Europe during the 'decline of empire'.

Eventually, from 1963 to 1964, Japan concluded trade treaties with Western European countries, such as Britain, France, and the Benelux countries, which were the main recipients of Article XXXV and succeeded in repealing it. However, substantial discrimination remained in the trade treaties, and Japan placed more importance on nominal 'equality' through the revocation of Article XXXV than on completely reversing economic discrimination. For Japan, GATT Article XXXV was an economic issue related to trade expansion but also largely an issue related to nationalism.

Why Japan Succeeded in Agreeing to the Anglo-Japanese Commercial Treaty of 1962: The Issue of GATT Article XXXV Disinvocation against Japan

YAMAGUCHI Makoto

The purpose of this paper is to investigate why Japan succeeded in reaching an agreement on the Anglo-Japanese Commercial Treaty in 1962. By winning the Commercial Treaty, Japan obtained most favored nation treatment and eliminated trade discrimination from European countries within a few years. Previous research suggests that the UK government's Board of Trade (BOT) consistently maintained a positive attitude towards improving relations with Japan, believing that Japan would become an attractive export market in the near future. However, this assertion is not entirely accurate. This research is based on an analysis of official documents from each foreign office.

Japan became a member of the General Agreement on Tariffs and Trade (GATT) in 1955, but the UK invoked GATT Article XXXV against Japan, refusing to establish a GATT relationship. Consequently, the UK continued to impose import restrictions on most Japanese industrial goods.

In 1960, the BOT recognized the growing political risk associated with maintaining import discrimination against Japan, particularly in light of Kishi's safeguard proposal. As a result, the BOT became more proactive in improving commercial relations with Japan. They proposed a bilateral safeguard agreement to Japan, which would govern the trade relationship between the two countries. If the safeguard proved effective, the UK would withdraw the invocation of GATT Article XXXV against Japan in the subsequent treaty. However, due to the

prevailing negative stance among most UK ministers, industries, and the BOT regarding reducing import restrictions on Japanese goods, Japan could not accept the BOT's proposal.

At that time, Japan had only just begun its trade liberalization efforts, allowing increased imports of UK goods based on the principle of pound for pound value equalization. In July 1960, both sides reached an agreement. In June 1961, trade results between the UK and Japan revealed that the value of Japan's newly imported goods was several times larger than that of the UK. This difference further widened in October as Japan's trade liberalization progressed at an unprecedented pace, making it difficult for the UK to keep up. It was only in December 1961 that UK ministers and the BOT became determined to adopt a more aggressive approach to improve trade discrimination against Japan. They began persuading most UK industries not to prohibit the import of goods from Japan. After a year of negotiations, in order to meet Japan's fundamental requirements, the UK minimized the sensitive list of items temporarily or permanently protected against Japanese exports, leading to the signing of the commercial treaty between the UK and Japan.

Searching the Vision of Japan's Southeast Asian Diplomacy in the Sato's Cabinet Office: Sato's Visit to Southeast Asia, Oceania, and the U. S. in 1967

NAKANISHI Yuta

This article examines how the Sato cabinet office defined its foreign policy linkages to Southeast Asia and the United States during Prime Minister Sato's visit to Southeast Asia, Oceania, and the U. S. in 1967 by analyzing the policy planning of Sato's brain trust group which is the so-called "Sato-operation" (or "S. Op."). Previous studies have argued that Sato showed that pro-American stance in his foreign policy for Southeast Asia, supporting the U.S. Vietnam policy and, in return, making progress in negotiation about the reversion of Okinawa. On the other hand, this study demonstrates that S. Op. pursued its foreign policy for Southeast Asia which was different from Sato's policy.

In May 1967, S. Op. recommended Sato the purpose of his visit to Southeast Asia and Oceania: gaining internal support for the Sato administration for overcoming the problem of extension of the Japan-U.S. security treaty in 1970. In this process, S. Op. showed their diplomatic vision, linking foreign policy to the

political situation in Japan. S. Op. planned to manage the media campaign which contained Sato's speech on the TV show and the briefing for the media about Sato's trip.

However, S. Op. needed to reconsider their diplomatic concept due to Sato's decision to visit South Vietnam which aimed at making progress in the negotiation of the reversion of Okinawa. Sato's decision caused criticism of his trip by the opposition parties and the media. Fearing the failure of their diplomatic concept on this issue, S. Op. dealt with criticism for Sato's trip with his speech on the TV show and planned Japan's special envoy for North Vietnam. But, the official of the Ministry of Foreign Affairs of Japan opposed the plan of the special envoy, and S. Op. abandoned the project. Thus, the issue of Sato's visit to South Vietnam clarified the policy differences between Sato and S. Op.

After Sato's trip, S. Op. drafted Sato's speech in the Diet, showing the connection between foreign policy for Southeast Asia and the U.S. Sato's speech noted that 'the international community' looked forward to Japan's role in global peace and prosperity. This speech showed that policy differences between Sato and S. Op. no longer exist. Therefore, S. Op. recognized that the diplomatic objectives of Sato and them could be compatible.

In conclusion, this paper shows that S. Op. pursued "double-linkage" between foreign and internal policy, Japan's diplomacy for Southeast Asia and the U.S. Therefore, S. Op. was responsible for thinking about the Sato's diplomacy in the cabinet office.

Multilateral Approaches to Nuclear Materials and Japanese Diplomacy: The Rise and Fall of the International Plutonium Storage, 1978–1982

TAKEDA Yu

Nuclear materials, especially plutonium, have been a major concern of the international community since 1945, as they could be used both as fuel for electricity generation and as material for nuclear warheads. One way of dealing with this threat was international control under the auspices of the International Atomic Energy Agency (IAEA), which has been discussed repeatedly since the 1940s. Of these proposals, including the Baruch Plan in 1946 and a proposal for IAEA custody of Japanese plutonium stocks after the Fukushima Daiichi nuclear accident, the most detailed and closest to realization was the International

Plutonium Storage (IPS). It was planned to place the plutonium of participating states in the custody of the IAEA, and its design was discussed internationally from 1978 to 1982. However, it ultimately failed and has not received much scholarly attention.

To fill this gap, this article examines the rise and fall of the concept from a Japanese perspective, drawing on Japanese, US and UK archives. Japan, a resource-poor economic giant, took the initiative to find a compromise because of its dependence on nuclear energy, including plutonium as nuclear fuel, while the United States insisted on abandoning peaceful uses of the material. Working with Western European allies, Japan sought to persuade the United States to allow non-nuclear weapon states to use plutonium under the IPS regime.

Although the developed countries gradually reached consensus, it took too long. In 1981, developing countries such as India began to attend meetings on IPS, insisting on the right to peaceful use with little regard for previous negotiations on the details of the regime. In addition, by this time Japan and Western European countries were losing enthusiasm for the project as Washington changed its policy to allow peaceful use of plutonium on the basis of bilateral agreements rather than through the international framework. The report on IPS was submitted to the IAEA Board of Governors in February 1983 and was left as it was.

The above process showed an achievement and a limitation of Japanese nuclear diplomacy. On the one hand, through bilateral negotiations, it was successful in obtaining US approval for its plutonium utilization program. On the other hand, at the multilateral level, it failed to address developing countries' criticism of restrictions on the peaceful use of plutonium and let the concept die. This choice came back to haunt Japan when its plutonium program was halted after the 1990s. Although the United States has expressed concern about Japan's plutonium stocks, the country has no such option to transfer its plutonium stocks under international auspices.

An Economic Super Power in a Dilemma: The Role of Japanese Diplomacy in the 5th G7 Summit

SHIRATORI Junichiro

The 1970s was a decade in which a cooperative framework was emerged among the Western industrialized countries to restructure the international economic order. Japan played a key role in this process. The first Economic Summit Meetings was held in November 1975, and the annual meeting became a regular

event, providing a stage for summit diplomacy that demonstrated the unity of the West. While there are several multilateral summits today, the G7 was Japan's only stage during the Cold War. While diplomatic history research on the early G7 is ongoing, there are few studies that have examined in detail, including the preparatory process, based on Japanese diplomatic documents.

This article examines Japanese diplomacy at the 5th G7 Summit, which Japan chaired for the first time, as a series of processes from the preparatory sherpa meetings to the summit meetings. This summit was held in the midst of the second oil crisis, and the energy issues were a major topic of discussion. The G7 successfully demonstrated solidarity by agreeing on fixed oil consumption and import targets for each country not only for 1979 and 1980, but also for 1985.

It is possible to evaluate the contribution of Japan, as the G7 chair, to the agreement on issues that directly affect the economic management of each country. Japan's agreement to the oil import target was a political decision by Prime Minister Ohira Masayoshi. However, the process leading to the agreement was dismal. Ohira did not expect that the summit discussions to focus on energy issues, and he was unable to control the meetings. This was because Japan had two problems. First, the conflict between the Ministry of Foreign Affairs and the Ministry of International Trade and Industry, which had been evident since the preparatory stage, had a negative impact on the negotiation process. Second, the Japanese Prime Minister's unfamiliarity with multilateral negotiations at the summit-level negotiations and his weak domestic political position were also significant. Ohira himself had served twice as foreign minister and had a good understanding of energy issues. Nevertheless, this was his first time at a G7 summit, and in the difficult position of chairperson. His insights were rarely shared at the summit meetings or in domestic coordination.

As the chair of the 5th G7 Summit, Japan faced the difficult task of balancing its international responsibilities with domestic understanding. The G7 Summit is a complex mix of bilateral and multilateral diplomacy, and is a stage on which the diplomatic skills of prime ministers are reflected.

Japanese Diplomacy over the 1982 Moratorium on Commercial Whaling: From the Disillusionment with the IWC to the Negotiations with the United States

CHO Fumitaka

In the early 1970s, Japan began to receive rapidly-mounting criticism from the US over whaling. The 1972 United Nations Conference on the Human Environment, held in Stockholm, recommended a 10-year moratorium on commercial whaling. Despite Japan's struggle to turn the anti-whaling tide, the International Whaling Commission (IWC) in 1982 decided to implement a pause in the commercial whaling of all whale species and populations. The 1982 moratorium encouraged Tokyo to negotiate with Washington, leading to a compromise in the mid-1980s.

This article aims to reveal how US–Japan relations evolved over the lifespan of this debate, with a special emphasis on the way the multilateral diplomacy at IWC intersected with the Japanese diplomacy vis-à-vis the United States. Analyzing primary sources from the Japanese government along with other materials such as newspapers, this paper examines the process in which the Japanese government grew increasingly disillusioned with the IWC's viability and turned to the series of negotiations with the American government to secure the right of whaling in some fashion.

This article, moreover, provides a broader perspective by examining a seminal change in international relations. The 1970s saw the diversification of the entities involved in international exchanges, as the influence that the media, citizens, NGOs, and lawmakers had on cross-border discussion became greater. Consequently, intangible concepts, such as images and emotions that one country's public holds vis-à-vis the other, became as important as official foreign policies. In other words, both governmental and societal relations among nations came to define international relationships.

Early literature mainly focuses on Japan's whaling policy as well as domestic structures—political, cultural, and societal—surrounding whaling. When it comes to US–Japan disputes over whaling in the early 1970s, there are some existing studies, but none utilizes primary sources to deal with the timespan from the early 1970s to the mid-1980s, during which the Japanese and Americans engaged in heated debate over whaling. Regarding primary sources, this paper mainly utilizes the materials of Japanese Ministry of Foreign Affairs, which are the most advanced in terms of declassification and openness to the public among

Japanese ministries.

With regard to US–Japan relations, the period that this paper explores witnessed the friction between the two countries bearing cultural and social contours. The US public began problematizing a "closed, parochial, and inhumane" character of the Japanese society. This kind of blame marked an ominous sign for "Japan bashing" that characterized the US–Japan relationship from 1980s to the early 1990s.

Japan's Diplomacy with China at the End of the Cold War: In the Context of Multilateral Diplomacy

WAKATSUKI Hidekazu

In this paper, I would like to examine how Japan tried to build relations with China and the Soviet Union while maintaining cooperative relations with the United States and Western countries in the process of the end of the Cold War in 1989~91, utilizing internal documents disclosed by the Ministry of Foreign Affairs and testimonies of diplomatic officials at the time. More specifically, the analysis examines the connection between discussions at the Arches - Houston Summits on China and Soviet policies and ones at the Japan-U.S., Japan-China and Japan-China summit meetings.

Through examining the trajectory of Japan diplomacy from 1989~91, I am strongly impressed by the fact that Japan's China policy adhered to the policy of supporting China's reform and opening-up policy based on the premise of the Soviet threat. In addition, at the multilateral diplomatic forum of the Summit, Japan will urge the G7 not to tilt itself in a hard-line direction toward China, and at the level of bilateral diplomacy with the United States and Western countries, Tokyo will carefully work toward the resumption of yen loans. There was a recognition that Western values such as democracy and human rights should not be unilaterally imposed on China. This recognition was shared by ASEAN countries, with which Japan had built partnerships in the international community. At that time, Japan diplomacy linked multilateral diplomacy with bilateral diplomacy and sought to balance the positions of "a member of the West" and "a member of Asia."

On the other hand, the Japan government could not get out of the thinking of the US-Soviet Cold War confrontation, and stubbornly repeated the assertion that "Gorbachev's new-thinking diplomacy did not extend to Asia," and fell behind in diplomacy with the Soviet Union, including the resolution of the territorial issue. Politicians and diplomats in Japan were so focused on territorial issues that they had little idea of how to integrate the Soviet Union into the

regional order. Compared to adhering to a policy of engagement with China, the callousness of the Japan toward the Soviet Union is striking. For Japan, it may have been more comfortable to develop diplomacy toward Asia based on the premise of the "US, China, Japan, versus the Soviet Union" structure that had existed since the late 1970s.

However, while Japan firmly maintained and promoted its policy of engagement with China, it began to project Western values such as democracy and human rights and global issues such as arms export restrictions on bilateral relations between Japan and China more than during the Cold War. The catalyst for this was political change in the Soviet Union and Eastern Europe, as well as the Gulf crisis. As the 1990s progressed, the sense of redemption of the past and the solidarity of "members of Asia" diminished in Japan's diplomacy toward China, and universal values and realist security perceptions gradually became more important. PM Kaifu visit to China in 1991 marked the beginning of such a change in Japan-China relations.

Japan's Diplomacy with Cambodia as a Nonpermanent Member of the the United Nations Security Council: Japan–Thailand Mediation and UN Security Council Resolution 792

MURAKAMI Tomoaki

During the time since its accession to the United Nations in 1957, Japan has served 12 two-year terms as a nonpermanent member of the Security Council. This is the largest number of any nonpermanent member states. This paper focuses on Japan's diplomacy with Cambodia during its seventh term on the Security Council (1992–1993), based on its diplomatic achievements as a nonpermanent member of the Security Council for more than 20 years. This case was a turning point when Japan dispatched its Self-defense Forces to the United Nations Transitional Authority in Cambodia (UNTAC) for the first time. At the same time, Japan's active nonpermanent diplomacy was also recognized, such as its attempts to persuade the Khmer Rouge to follow UNTAC with Thailand.

This paper shows that Japan developed a multitrack approach to diplomacy that combined multilateral consultation, such as with the Security Council, and the expanded P5 with bilateral consultation, such as the Japan–Thailand mediation. Japan's strategy was to pressure the Khmer Rouge to make

concessions under pressure from the Security Council and the expanded P5, but if that failed, China could abandon its faction and go along with a tougher Security Council resolution. Because of Japan's deep involvement in all aspects of the peace negotiations with such a multilayered approach, Japan's knowledge of the content of the peace negotiations was appreciated by France, and Japan was able to participate in the drafting of Resolution 792. This was a crucial resolution that showed the Security Council's firm determination to ensure elections were held in May 1993 without the Khmer Rouge, and it corrected the course of UNTAC's mandate in that direction.

Second, the paper also finds that France used the expanded P5 as a preconsultation body for the Security Council and drew up a multilateral agreement in stages through creating a scenario that led to the resolution of sanctions. It was only because of France as screenwriter that Japan–Thailand mediation could help build an international consensus. However, this scenario would not have been complete without the Japan–Thailand diplomatic effort. These achievements of Japan's nonpermanent membership diplomacy gave confidence to Japan's diplomats who aim for Japan to become a permanent member of the Security Council immediately after the end of the Cold War.

Japan's and Australia's Bilateral and Multilateral Diplomacies towards the Indo-Pacific Order: The Nature of the Threat and the Proximity

HATAKEYAMA Kyoko

This paper examines what factors drive a state's behaviour when it faces a threat by comparing Japan's bilateral and multilateral diplomacy during the second Abe administration with that of Australia. Australia and Japan have much in common. They are allies of the United States, they share a common view of the regional order and liberal values, and they perceive China as a threat. Unsurprisingly, in the face of rising China, both countries are strengthening their security and diplomatic ties with a view to maintaining the current regional order. Given these commonalities, both countries might be expected to exhibit similar patterns of behaviour. Yet this is not the case.

Japan, which has a territorial dispute with China over the Senkaku Islands, should be more concerned about the security threat posed by China. However, it is Australia that has taken a hard-line stance toward China. How can this

seeming paradox be explained? Are the differences between Australia and Japan the result of differing domestic factors? Why are there differences in the two countries' approach toward China?

In examining Japan's and Australia's approaches to China at bilateral and multilateral levels, this article focuses on the nature of threat perceptions and proximity as factors influencing a state's behaviour. It categorises threats into three types—external, internal, and international—and examines proximity as an intervening variable. Unlike the traditional view, which argues that external threats trigger a balancing behaviour, the article argues that a state with strong external threat perceptions does not necessarily engage in balancing and instead may adopt an engagement policy. Conversely, states with low external threat perceptions may engage in balancing behaviour when they perceive international and domestic threats even if the external threat level is low. In other words, the nature of the threat and geographic proximity both influence a state's behaviour.

The Realism of Responsibility: Yoshikazu Sakamoto Revisited

HIRAI Yudai

This paper reviews the arguments of Yoshikazu Sakamoto, a postwar Japanese scholar of international politics, and in particular will examine and reevaluate the central argument of Sakamoto's work, the theory of political responsibility. According to Sakamoto, a political leader's sense of responsibility to their people is essential to achieve international peace, and this responsibility is not assured without the adequate functioning of democratic control over political leaders.

The first section provides an overview of realist arguments against democratic control of diplomacy in order to compare with those of Sakamoto. Diplomats and realists in international politics have been critical of such control, emphasizing the importance of elite diplomacy that is not hampered by mass ignorance and emotionalism.

Conversely, Sakamoto argued that a leader's foreign policy could not secure the lives of their people without democratic control. His view of international politics was influenced by two thinkers in particular: Edmund Burke and Hans J. Morgenthau. The second section explores Sakamoto's work on Burke and the similarities and differences in his logic and Morgenthau's. Sakamoto argues that Burke's idea of democracy emphasizes leaders' political responsibility to their own people, and that this responsibility cannot emerge without the trust (control) of the people themselves. He accepted Burke's concept of responsibility with

Morgenthau's realism, which emphasizes the importance of consequences and power in politics, to form his own unique theory of international politics, which defends democracy from a realist standpoint.

The third section reconsiders Sakamoto's Cold War arguments. Analyzing the Cold War along the lines of his theory of political responsibility, he argued that the peaceful coexistence between the U.S. and the Soviet Union that developed from the 1950s to the 1960s was possible because the political leaders of the two superpowers shared the basic responsibility of securing their people's lives. In addition, in Sakamoto's view, nuclear deterrence between the U.S. and the Soviet Union could not have been realized without the leaders' sense of responsibility to their own people. If political leaders are willing to accept great risks for their people, there will be no need to fear retaliation, and thus deterrence cannot work.

This paper reconsiders the position of Yoshikazu Sakamoto, who has been viewed as an idealist in Japanese international politics due to his stance on the Japan-US Security Treaty, and reexamines him as a realist. At the same time, his arguments afford us the opportunity to reexamine the conventional debate on the relationship between foreign policy and democracy.

日本国際政治学会編　国際政治　既刊

日本国際政治学会編　**国際政治**　既刊

一九五七年度—二〇二三年度

1 平和と戦争の研究
2 日本外交の分析
3 日本外交史研究—明治時代—
4 現代国際政治の構造
5 宇宙兵器と国際政治
6 日本外交史研究—大正時代—
7 二つの世界とナショナリズム
8 現代国際政治史
9 国際政治学の体系
10 集団安全保障の研究
11 日本外交史研究—昭和時代—
12 ソ連外交政策の分析
13 アメリカ外交政策の分析
14 日本外交史研究—幕末・維新時代—
15 日中関係の展開
16 東南アジアの研究
17 日米関係の展開
18 アフリカの研究
19 日本外交史研究—日清・日露戦争—
20 国際政治の理論と思想
21 共産圏の研究
22 日韓関係の展開
23 日本外交史研究—第一次世界大戦—
24 国連と日本外交
25 現代国際政治の基本問題
26 日本外交史の諸問題Ⅰ
27 欧州統合の研究
28 日本外交史の諸問題Ⅱ
29 中ソ対立とその影響
30 東西世界の統合と分裂
31 日露・日ソ関係の展望
32 軍縮問題の研究
33 日本外交史研究—外交指導者論—
34 日米関係のイメージ
35 現代ヨーロッパ国際政治史
36 開発途上国の政治・社会構造
37 日本外交史の諸問題Ⅲ
38 平和と戦争の研究Ⅱ
39 第三世界
40 [illegible]

41 日本外交史研究—外交と世論—
42 国際政治の理論と方法
43 満州事変
44 戦後東欧の政治と経済
45 戦争終結の条件
46 国際政治と国内政治の連繋
47 日中戦争と国際的対応
48 国際社会の統合と構造変動
49 世界政治とマルクス主義
50 国際政治学のアプローチ
51 日本外交の国際認識
52 沖縄返還交渉の政治過程
53 「冷戦」—その虚構と実像—
54 「平和研究」—その方法と課題—
55 国際紛争の研究
56 一九三〇年代の日本外交
57 第三世界政治家研究
58 日英関係の史的展開
59 非国家的行為体と国際関係
60 国際経済の政治学
61・62 戦後日本の国際政治学
63 現代の安全保障
64 国際開発論
65 社会主義とナショナリズム
66 変動期における東アジアと日本
67 相互浸透システムと国際理論
68 日豪関係の史的展開
69 国際関係思想
70 冷戦期アメリカ外交の再検討
71 日本外交の思想
72 第二次大戦前夜
73 中東—一九七〇年代の政治変動—
74 国際政治の理論と実証
75 日本外交の非正式チャンネル
76 国際組織と体制変化
77 国際統合の研究
78 東アジアの新しい国際環境
79 日本・カナダ関係の史的展開
80 現代の軍縮問題
81 [illegible]

82 世界システムと国際政治論
83 科学技術と国際政治
30周年記念号 平和と安全—日本の選択
84 アジアの民族と国家
85 日本占領の多角的研究
86 地域紛争と国際理論
87 国際社会における人間の移動
88 現代アフリカの政治と国際関係
89 第二次大戦終結の諸相
90 転換期の核抑止と軍備管理
91 日中戦争から日英米戦争へ
92 朝鮮半島の国際政治
93 国際政治経済学の模索
94 政治統合に向かうEC
95 中ソ関係と国際環境
96 一九二〇年代欧州の国際関係
97 昭和期における外交と経済
98 ラテンアメリカ
99 共産圏の崩壊と社会主義
100 冷戦とその後 第100号記念特別号
101 国家主権と国際関係論
102 環太平洋国際関係史のイメージ
103 変容する国際社会と国連
104 CISの行方
105 一九五〇年代の国際政治
106 システム変動期の国際協調
107 冷戦変容期の国際政治
108 武器移転の研究
109 終戦外交と戦後構想
110 エスニシティとEU
111 グローバル・システムの変容
112 改革・開放以後の中国
113 マルチメディア時代の国際政治
114 グローバリズム・リージョナリズム・ナショナリズム
115 日米安保体制—持続と変容
116 ASEAN全体像の検証
117 安全保障の理論と政策
118 米中関係史
119 [illegible]

INTERNATIONAL RELATIONS

MEMBERSHIP INFORMATION: *International Relations* (*Kokusaiseiji*), published three times annually—around August, November, and February—and *International Relations of the Asia-Pacific*, published three times—January, May and August—are official publications of the Japan Association of International Relations (JAIR) and supplied to all JAIR members. The annual due is ¥14,000. Foreign currency at the official exchange rate will be accepted for foreign subscriptions and foreign fees. The equivalent of ¥1,000 per year for international postage should be added for foreign subscriptions. Current issues (within two years of publication) of *International Relations* (*Kokusaiseiji*) are priced at ¥2,200 per copy and available at Yuhikaku Publishing Co., Ltd., 2-17 Jinbo-cho, Kanda, Chiyoda-ku, Tokyo 101-0051, Japan, http://www.yuhikaku.co.jp; for the back issues, please visit J-STAGE at https://www.jstage.jst.go.jp/browse/kokusaiseiji. Regarding *International Relations of the Asia-Pacific*, please visit Oxford University Press website at http://www.irap.oupjournals.org for further information. Applications for membership, remittances, or notice of address changes should be addressed to the Secretary, the Japan Association of International Relations, c/o 2nd floor, Center for International Joint Research, Kodaira International Campus, Hitotsubashi University, 1-29-1, Gakuennishimachi, Kodaira-shi, Tokyo 187-0045, Japan.

Review Articles

Book Reviews

INTERNATIONAL RELATIONS

Volume 212 **March 2024**

Historical Reassessment of the Bilateral and Multilateral Diplomacy of Postwar Japan

CONTENTS